XIANDAI WULIU ZUOYE SHIWU

现代物流作业实务

主编◎刘元福 周 磊 孙海燕

华东师范大学出版社
·上海·

图书在版编目(CIP)数据

现代物流作业实务/刘元福,周磊,孙海燕主编. —上海:华东师范大学出版社,2022
ISBN 978-7-5760-3063-1

Ⅰ.①现… Ⅱ.①刘…②周…③孙… Ⅲ.①物流管理 Ⅳ.①F252

中国版本图书馆 CIP 数据核字(2022)第 127519 号

现代物流作业实务

主　编　刘元福　周　磊　孙海燕
责任编辑　陈文帆
特约审读　陈雅慧
责任校对　廖钰娴　时东明
装帧设计　庄玉侠

出版发行　华东师范大学出版社
社　　址　上海市中山北路 3663 号　邮编 200062
网　　址　www.ecnupress.com.cn
电　　话　021-60821666　行政传真 021-62572105
客服电话　021-62865537　门市(邮购)电话 021-62869887
地　　址　上海市中山北路 3663 号华东师范大学校内先锋路口
网　　店　http://hdsdcbs.tmall.com

印 刷 者　常熟市文化印刷有限公司
开　　本　787×1092　16 开
印　　张　19
字　　数　456 千字
版　　次　2022 年 8 月第 1 版
印　　次　2022 年 8 月第 1 次
书　　号　ISBN 978-7-5760-3063-1
定　　价　49.80 元

出版人　王　焰

(如发现本版图书有印订质量问题,请寄回本社客服中心调换或电话 021-62865537 联系)

主　编　刘元福　周　磊　孙海燕

副主编　杨朝英　官越霖　张　宁

编　委　梁　强　徐法惠　周忠武　卢潭溪　谭　敏　陈玉磊　石海燕　逄晓峰

前言

物流业已成为我国经济领域中发展最快、最活跃、最具热点的行业之一。伴随着物流服务产业突飞猛进的发展，市场对物流人才的需求与日俱增，截至 2020 年 3 月，全国共有物流相关法人单位 40 万家左右，从业人员超过 5 000 万人，这就需要物流服务观念必须不断更新、技术不断进步、设备不断完善，因此，培养大批的高素质的物流专业人才已迫在眉睫。《现代物流作业实务》一书就是为了满足社会需求，为了培养既熟知物流理论又掌握物流操作的人才而编写的。

编者在本书编写过程中，对物流行业、企业、毕业生等开展了多方调研，结合近几年的教学改革实践，形成了以下鲜明特色。

1. 以精品课程为根基

为深入贯彻党的十九大精神和全国教育大会部署，落实党中央、国务院关于教材建设的决策部署和《国家职业教育改革实施方案》，深化职业教育"三教改革"，我们以青岛市级精品课程《现代物流综合作业》为根基，对该课程进行重新建设，与中国邮政物流青岛分公司和胶州海尔空调合作共建《现代物流作业实务》课程，以课程建设推动教材建设。

2. 聚焦实践能力的培养

与物流产业相对接，紧跟行业发展，编写内容以物流企业的工作流程为导向，充分体现物流行业企业的新标准、新知识、新技术、新方法、新规范和新要求，密切联系生活实际。

3. 对接最前沿行业标准

本教材对接中职物流服务与管理专业教学标准，对接物流管理技能大赛等级标准，根据物流管理"1+X"证书制度改革要求，进行模块化教学改革，对教学内容和教学大纲进行有效重构，满足教、学、做、考相结合的需要。

4. 注重系统性与规范性

本教材在编写中特别注意内容的系统性与规范性，在每个项目开头都对该项目的主要内容做了概括,每个项目后都附有项目小结,以利于学生加深理解。另外,本教材在编写中融入了实用知识、方法的讲解,以及操作技能的介绍。

  本书由胶州市职业教育中心学校的刘元福、周磊、孙海燕担任主编,负责大纲的制定、全书框架结构的设计、内容的修改、统稿、定稿及项目一、项目二、项目三、项目四的编写等工作。胶州市职业教育中心学校的杨朝英、官越霖、张宁担任副主编,负责项目五的编写及图片处理、表格制作、项目技能训练与案例收集整理工作。本书在编写中参阅了大量同行专家的有关著作、教材等,在此深表感谢。

  由于编者水平有限,书中难免存在疏漏和不妥之处,恳请读者批评指正。

编 者
2022.06

内容简介

2019年国务院印发《国家职业教育改革实施方案》,职业院校的"1+X"证书制度正式落地施行。"1+X"证书制度是职教改革的重大制度设计,也是促进产教融合校企合作的重要抓手,它重视职业实践的需要和学生职业生涯发展的需要,将企业行业实际岗位技能培训与学校教学进行融合,在提高物流职业教育水平、加强物流人才培养等方面将发挥重要作用。

为了让学习者能更好地把握物流管理"1+X"职业技能等级认证要求,本教材参考"1+X"考核要求和物流行业标准,分为五个项目:项目一仓储作业,主要介绍了仓储的种类功能,常见仓储技术和设施设备,库存监控调整的方法、仓储单证的缮制;项目二配送作业,主要介绍了配送类型配送模式,配送设备的选择,配送路线优化方法等;项目三运输作业,主要介绍了运输的分类、方式选择,公里货物运单、铁路货物运单填写,保险索赔和国际货运代理等;项目四作业任务优化,以物流公司日常业务为背景,讲述库存信息表等九类表单的缮制;项目五综合作业,介绍了仓储、配送、运输三大类业务的综合作业操作流程。每个项目都配有相关任务来锻炼学习者学以致用的能力。

书中融入近年来物流技能大赛的技能点,拓展了现有的教学内容,既有机衔接教育部最新物流专业教学标准,突出以"1+X"证书制度为导向的专业教学内容和教学理念,又能为技能大赛选拔人才,实现以赛促教,让所有学生都能使用大赛实训设施设备,培养岗位技能。

本书在编写上,重点突出,循序渐进,图文并茂,操作步骤清晰直观,学习者通过理论学习和技能训练,可以快捷直接地掌握物流管理岗位核心技能。本书适应信息化教学要求,配有微课、课件、动画、案例习题等数字资源,既能拓展学习者视野,又能辅助教学,化解理论、技能教学中的重点、难点。

本教材可作为职业院校物流管理专业教学用书,也可作为物流技术人员岗位培训教材,亦可用于自学。

目录

物流基础篇

项目一　仓储作业 ·2·
　　任务一　走进仓储　　·4·
　　任务二　仓储技术　　·13·
　　任务三　仓储设施设备　　·27·
　　任务四　库存监控与调整　　·41·
　　任务五　仓储单证　　·54·

项目二　配送作业 ·70·
　　任务一　配送认知　　·72·
　　任务二　配送设备与设施　　·82·
　　任务三　配送路线优化　　·91·

项目三　运输作业 ·98·
　　任务一　认识运输　　·100·
　　任务二　填制公路货物运单　　·107·
　　任务三　填制铁路货物运单　　·114·

物流操作篇

项目四　作业任务优化　　　　　　　　　　　　　　·120·

　　任务一　缮制库存信息表　　　　　　　　　　　　·122·
　　任务二　缮制 ABC 分类表　　　　　　　　　　　·144·
　　任务三　缮制移库计划表　　　　　　　　　　　　·151·
　　任务四　缮制入库计划表　　　　　　　　　　　　·156·
　　任务五　缮制出库计划表　　　　　　　　　　　　·164·
　　任务六　缮制补货计划表　　　　　　　　　　　　·178·
　　任务七　缮制盘点单　　　　　　　　　　　　　　·188·
　　任务八　缮制配送任务计划表　　　　　　　　　　·193·
　　任务九　缮制运输作业计划表　　　　　　　　　　·201·
　　任务十　物流作业优化总结汇报　　　　　　　　　·211·

项目五　综合作业　　　　　　　　　　　　　　　·220·

　　任务一　物流职业素养　　　　　　　　　　　　　·222·
　　任务二　移库作业　　　　　　　　　　　　　　　·229·
　　任务三　入库作业　　　　　　　　　　　　　　　·236·
　　任务四　补货作业　　　　　　　　　　　　　　　·249·
　　任务五　出库作业　　　　　　　　　　　　　　　·257·
　　任务六　盘点作业　　　　　　　　　　　　　　　·273·
　　任务七　运输作业　　　　　　　　　　　　　　　·277·

第一部分

物流基础篇

项目一 仓储作业

项目概述

李阳是一名刚从大学物流专业毕业的大学生,通过层层筛选进入福兴祥物流运输仓储有限公司从事仓储工作。对工作满心期待的李阳在上班第一天就被现实浇了一盆冷水,自己在学校里学的许多专业知识在工作中并没有得到应用,仓库中的诸多设施设备在之前也没有接触过。在一阵失望过后,李阳重拾信心,决定跟随单位老同事重新学习有关仓储的诸多知识。

本项目以青岛市福兴祥物流有限公司的日常业务为背景,以物流仓储认知及作业为主要内容,以仓储作业中的是任务需求为主线,通过对任务中所及的知识要点行剖析,促进学生对于知识的理解与掌握,在此基础上帮助学生有效完成仓储作业任务。通过本项目学习,学生要求达到以下目标:

1. 掌握仓储的性质、作用、功能及种类;
2. 掌握堆码方式及各自优缺点、掌握储位分配方式、编码方法,能够正确选择储位;
3. 正确使用仓储设施、设备,进行安全操作;
4. 掌握常用库存控制方法,合理进行需存规划;
5. 掌握仓储作业流程,制作仓储作业单证。

项目导学

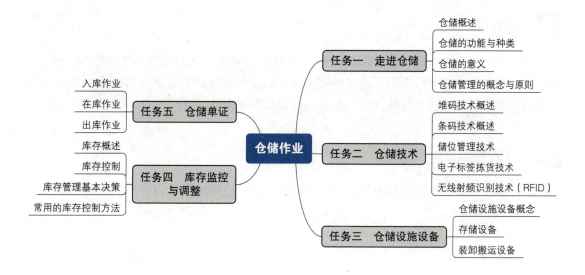

任务一　走进仓储

1. 了解仓储、仓储管理的概念；
2. 掌握仓储的性质、作用、功能及种类；
3. 理解仓储的意义及仓储管理的原则。

任务导入

福兴祥物流运输仓储有限公司拥有多种类型仓储形式。李阳来公司工作的第一天，仓储管理部门负责人老王给李阳下达了一项任务，要求李阳将上午运至公司的物品按照不同类别进行入库管理。货品包括：钢材、水泥、清洁剂、五金工具、酒精、小麦、液化石油气。

任务要求

作为福兴祥物流运输仓储有限公司仓储管理人员，请根据物品属性对货品进行仓储形式分类，并说明理由。

知识链接

一、仓储概述

1. 仓储的含义

"仓"即仓库（如图 1-1-1），是存放、保管、储存物品的建筑物和场地的总称，可以是房屋建筑、洞穴、大型容器或特定的场地等，具有存放和保护物品的功能。"储"即储存、储备，具有收存、保管、交付使用的功能。

仓储是利用仓库及相关设施设备进行物品的入库、存贮、出库的活动（根据中华人民共和国国家标准《GB/T 18354—2006 物流术语》）。仓储是物流领域的一个中心环节，在物流领域中起着缓冲、调节、集散和平衡的作用，被称为物流的支柱。仓储的基本功能主要包括物资的保管功能、供需功能、运输功能、配送功能和对物资的节约功能。要实现仓储的活动和基本功能，应该根据储备货物的性质种类，储存货物的周转量大小，储备时间的长短以及相关的自然条件等因素，合理进行仓储管理，从而为有效地进行仓储作业创造条件。

▲ 图 1-1-1 仓库

2. 仓储的性质

仓储是物质产品的生产持续过程,物质的仓储也创造着产品的价值;仓储既有静态的物品储存,也包含动态的物品存取、保管、控制的过程;仓储活动发生在仓库等特定的场所,仓储的对象既可以是生产资料,也可以是生活资料,但必须是实物。由此可见,从事商品的仓储活动与从事物质资料的生产活动虽然在内容和形式上不同,但它们都具有生产性质,无论是处在生产领域的企业仓库,还是处在流通领域的储运仓库和物流仓库,其生产的性质是一样的。

尽管仓储具有生产性质,但与物质资料的生产活动却有很大的区别,主要表现为以下特点:

(1) 不创造使用价值,但可以增加价值;
(2) 具有不均衡和不连续性;
(3) 具有服务性质。

3. 仓储的作用

仓储活动是现代物流管理过程中的核心环节之一,是重要的物流节点,对于整个物流运作过程起着至关重要的正向作用。

(1) 仓储是物流的主要功能要素之一。在物流体系中,运输和仓储被称为两大支柱。运输承担着改变物品空间状态的重任;仓储则承担着改变物品时间状态的重任。

(2) 仓储是整个物流业务活动的必要环节之一。仓储作为物品在生产过程中各间隔时间内的物流停滞,是保证生产正常进行的必要条件,它使上一步生产活动顺利地进行到下一步生产活动。

(3) 仓储是保持物资原有使用价值和物资使用合理化的重要手段。生产和消费的供需在时间上的不均衡、不同步造成物资使用价值在数量上减少,质量上降低,只有通过仓储才能减小物资损害程度,防止产品的一时过剩浪费,使物品在效用最大的时间发挥作用,充分发挥物品的潜力,实现物品的最大效益。

(4) 仓储是加快资金周转、节约流通费用、降低物流成本、提高经济效益的有效途径。有了仓储的保证,就可以免除加班赶工的费用,免除紧急采购的成本增加。通过仓储的合理化,可以加速物资的流通和资金的周转,从而节省费用支出,降低物流成本,开拓"第三利润源泉"。

仓储是物流系统中一种必要的活动,也是一把双刃剑,经常存在冲减物流系统效益,恶化物流系统运行的趋势。甚至有人明确提出,仓储中的库存是企业的"癌症"。因为仓储会使企业付出巨大代价,这些代价主要包括以下四部分。

(1) 固定费用和可变费用支出。仓储要求企业在仓库建设、仓库管理、仓库工作人员工资和福利等方面支出大量的成本费用。

(2) 机会损失。储存物资占用资金以及资金利息,如果用于另外项目可能会有的更高的收益。

(3) 陈旧损失与跌价损失。随着储存时间的增加,存货时刻都在发生陈旧变质,严重的更会完全丧失价值及使用价值。同时,一旦错过有利的销售期,又会因为必须低价贱卖,不可避免地出现跌价损失。

(4) 保险费支出。为了分担风险,很多企业对储存物采取投保缴纳保险费方法。保险费支出在仓储物资总值中占了相当大的比例。在信息经济时代,随着社会保障体系和安全体系的日益完善,这个费用支出的比例还会呈上升的趋势。

二、仓储的功能与种类

1. 仓储的功能

仓储主要是对流通中的商品进行检验、保管、加工、集散和转换运输方式,并为解决供需之间和不同运输方式之间的矛盾,提供场所价值和时间效益,使商品的所有权和使用价值得到保护,加速商品流转,提高物流效率和质量,促进社会效益的提高。概括起来,仓储的功能可以分为以下几个方面。

(1) 调节功能。仓储在物流中起着"蓄水池"的作用。一方面,仓储可以调节生产与消费的矛盾,如销售与消费的矛盾,使它们在时间上和空间上得到协调,保证社会再生产的顺利进行。另一方面,它还可以实现对运输的调节。因为产品从生产地向销售地流转,主要依靠运输完成,但不同的运输方式在流向、运程、运量及运输线路和运输时间上存在着差距。

(2) 检验功能。在物流过程中,为了保障商品的数量和质量准确无误,明确事故责任,维护各方的经济利益,要求必须对商品及有关事项进行严格的检验,以满足生产、运输、销售以及用户的要求。而物流过程中的检验,一般安排在仓库进货、储存或出货作业环节,仓储为组织检验提供了场地和条件。

(3) 集散功能。物流仓储把各生产企业的产品汇集起来,形成规模,然后根据需要分散发送到各消费地去。通过一集一散,从而衔接产需、均衡运输,提高了物流速度、物流效率与效益。

（4）配送功能。仓储的配送功能是根据用户的需要，对商品进行分拣、组配、包装和配送等作业，并将配好的商品送货上门。也可以这样说，仓储的配送功能是仓储保管功能的外延，它提高了仓储的社会服务效能。

2. 仓储的种类

虽然说仓储的本质都是为了物品的储藏和保管，但由于经营主体的不同、仓储对象的不同、仓储功能的不同、仓储物处理方式的不同，不同的仓储活动具有不同的特性。

(1) 按经营主体划分

① 企业自营仓储

企业自营仓储包括生产企业的自营仓储和流通企业的自营仓储。生产企业的自营仓储是指生产企业的使用自有的仓库设施，对生产使用的原材料、半成品和最终产品实施储存保管的行为。生产企业的自营仓储的对象一般来说品种较少，基本上以满足生产需要为原则。流通企业的自营仓储则是流通企业自身以其拥有的仓储设施对其经营的商品进行仓储保管的行为。流通企业的自营仓储的对象种类较多，其目的在于支持销售。企业自营的仓储行为具有从属性和服务性特征，即从属于企业，服务于企业，所以相对来说规模较小、数量众多、专用性强、仓储专业化程度低，一般很少对外开展商业性仓储经营。

② 营业仓储

营业仓储是仓库所有者以其拥有的仓储设施，向社会提供商业性仓储服务的仓储行为。仓储经营者与存货人通过订立仓储合同的方式建立仓储关系，并且依据合同约定提供服务和收取仓储费。营业仓储的目的是为了在仓储活动中获得经济回报，追求的目标是使经营利润最大化。其经营内容包括提供货物仓储服务、提供场地服务、提供仓储信息服务等。

③ 公共仓储

公共仓储是公用事业的配套服务设施，为车站、码头提供仓储配套服务。其主要目的是对车站、码头的货物作业与运输流畅起支撑和保证作用，具有内部服务的性质。处于从属地位。但对于存货人而言，公共仓储也适用营业仓储的关系，只是不单独订立仓储合同，而是将仓储关系列在作业合同、运输合同之中。

④ 战略储备仓储

战略储备仓储是国家根据国防安全、社会稳定的需要，对战略物资实行战略储备而形成的仓储。战略储备由国家政府进行控制，通过立法、行政命令的方式进行，由执行战略物资储备的政府部门或机构进行运作。战略储备特别重视储备品的安全性，且储备时间较长。战略储备物质主要有粮食、油料、能源、有色金属、淡水等。

(2) 按仓储对象到分

① 普通物品仓储

普通物品仓储是指不需要特殊保管条件的物品仓储。例如一般的生产物资、普通生活用品、普通工具等物品，它们不需要针对货物设置特殊的保管条件，因而可以视为普通物品，采用无特殊装备的通用仓库或货场来存放。

② 特殊物品仓储

特殊物品仓储是指保管中有特殊要求和需要满足特殊条件的物品仓储。例如危险物品仓储、冷库仓储、粮食仓储等。特殊物品仓储应该采用适合特殊物品仓储的专用仓库，按照物品的物理、化学、生物特性，以及有关法规规定进行专门的仓储管理。

(3) 按仓储功能划分

① 储存仓储

储存仓储是指将物资较长时期存放的仓储。储存仓储一般设在较为偏远但具备较好交通运输条件的地区。因此，存储费用低廉就很有必要。储存仓储的物资品种少，但存量大。由于物资存期长，储存仓储特别注重两个方面：一是仓储费用的尽可能降低；二是对物资的质量保管和养护尽可能周到。

② 物流中心仓储

物流中心仓储是指以物流管理为目的的仓储，是为了有效实现物流的空间与时间价值，对物流的过程、数量、方向进行调节和控制的重要环节，一般设置在位于经济中心、交通便利、储存成本较低的口岸。物流中心仓储品种并不一定很多，但每个品种基本上都是较大批量进货、进库，一定批量分批出库，整体吞吐能力强，故要求机械化、信息化、自动化水平要高。

③ 配送仓储

配送仓储也称为配送中心仓储，是指商品在配送交付消费者之前所进行的短期仓储，是商品在销售或者供生产使用前的最后储存，并在该环节进行销售或使用前的简单加工与包装等前期处理。配送仓储一般通过选点，设置在商品的消费区间内，要求能迅速地送达销售和消费地点。配送仓储物品种类繁多、但每个品种进库批量并不大，需要进货、验货、制单、分批少量拣货出库等操作，往往需要进行拆包、分拣、组配等作业，主要目的是支持销售和消费。配送仓储特别注重两个方面：一是配送作业的时效性与经济合理性；二是对物品存量的有效控制。基于此，配送仓储十分强调物流管理信息系统的建设与完善。

④ 运输转换仓储

运输转换仓储是指衔接铁路、公路、水路等不同运输方式的仓储，一般设置在不同运输方式的相接处。如港口、车站库房场所进行的仓储。它的目的是保证不同运输方式的高效衔接，减少运输工具的装卸和停留时间。运输转换仓储具有大进大出以及货物存期短的特性，十分注重货物的作业效率和货物周转率。基于此，运输转换仓储需要以高度机械化作业为支撑。

⑤ 保税仓储

保税仓储是指使用海关核准的保税仓库存放保税货物的仓储行为。保税仓储一般设置在进出境口岸附近。保税仓储受到海关的直接监控，虽然说货物也是由存货人委托保管的，但保管人要对海关负责，入库或者出库单据均需要由海关签署。

(4) 按仓储物的处理方式划分

① 保管式仓储

保管式仓储是指存货人将特定的物品交由仓储保管人代为保管，物品保管到期时，保管人将代管物品交还存货人的方式所进行的仓储。保管式仓储也称为纯仓储。仓储要求保管物除了发生的自然损耗和自然减量外,数量、质量、件数不应发生变化。保管式仓储又可分为物品独立保管仓储和物品混合在一起保管的混藏式仓储。

② 加工式仓储

加工式仓储是指仓储保管人在物品仓储期间,根据存货人的合同要求,对保管物进行合同规定的外观、形状、成分构成、尺度等方面的加工或包装,使仓储物品满足委托人所要求达到的变化的仓储方式。

③ 消费式仓储

消费式仓储是指仓库保管人在接受保管物的同时接受保管物的所有权。仓库保管人在仓储期间有权对仓储物行使所有权,待仓储期满,保管人将相同种类、品种和数量的替代物交还委托人所进行的仓储。消费式仓储特别适合于保管期较短的商品储存,如储存期较短的肉禽蛋类、蔬菜瓜果类等农产品的储存。消费式仓储也适合于在一定时期内价格波动较大的商品的投机性存储,是仓储经营人利用仓储物品开展投机经营的增值活动。它具有一定的商品保值和增值功能,同时又具有较大的仓储风险,是仓储经营的一个重要发展方向。

三、仓储的意义

商品的仓储是由商品生产和商品消费之间的矛盾所决定的。商品在从生产领域向消费领域转移的过程中,一般都要经过商品的仓储阶段,这主要是由于商品生产和商品消费在时间上、空间上以及品种和数量等方面的不同步所引起的。也正是在这些不同步中,仓储发挥了重要的作用。

1. 搞好仓储是社会再生产过程顺利进行的必要条件

商品由生产地向消费地转移,是依靠仓储来实现的。可见,仓储的意义正是由于生产与消费在空间、时间以及品种和数量等方面存在着矛盾所引起的。因此,在仓储中不能采取简单地把商品生产和消费直接联系起来的做法,而是需要对复杂的仓储进行精心组织,拓展各部门、各生产单位之间相互交换产品的深度和广度,在流通过程中不断进行商品品种上的组合,在商品数量上不断加以集散,在地域和时间上进行合理安排。通过搞活流通,搞好仓储,发挥仓储连接生产与消费的纽带和桥梁作用,借以克服众多的相互分立又相互联系的生产者之间、生产者与消费者之间地理上的分离,衔接商品生产与消费时间上的不一致,以及调节商品生产与消费在方式上的差异,使社会简单再生产和扩大再生产能建立在一定的商品资源的基础上,保证社会再生产顺利进行。具体来讲,仓储主要从以下几个方面保证社会再生产过程的顺利进行。

(1) 克服生产与消费地理上的分离

从空间方面来说,商品生产与消费的矛盾主要表现在生产与消费地理上的分离。在自给自足的自然经济里,生产者同时就是其自身产品的消费者,其产品仅供本人和家庭消费。随着商品生产的发展,商品的生产者逐渐与消费者分离。商品生产不再是为了生产者本人的消费,而是为了满足其他人的消费需要。随着交换范围的扩大,生产与消费空间上的矛盾也逐渐扩大,这是由社会生产的客观规律所决定的。

(2) 衔接商品生产与消费时间上的间隔

商品的生产与消费之间有一定的时间间隔。在绝大多数情况下，今天生产的商品不可能马上就被全部卖掉，这就需要商品的仓储。有的商品是季节生产、常年消费；有的商品是常年生产、季节消费；也有的商品是季节生产、季节消费或常年生产、常年消费。无论何种情况，在产品从生产过程进入到消费过程之间，都存在一定的时间间隔。在这段时间间隔内，形成了商品流通的暂时停滞。商品在流通领域中的暂时停滞过程就形成了商品的仓储。同时，商品仓储又是商品流通的必要条件，为保证商品流通过程得以继续进行，就必须有商品仓储。为了使商品更加符合消费者的需求，许多商品在最终销售以前要进行挑选、整理、分装、组配等工作。这样便有一定量的商品停留在这段时间内，也会形成商品储存。此外，在商品运输过程中，车、船等不同运输工具需要衔接，由于在时间上不可能完全一致，因此也会产生在途商品对车站、码头等流转性仓库的储存要求。

(3) 调节商品生产与消费在方式上的差别

生产与消费的矛盾还表现在品种和数量方面。一方面，专业化生产将生产的产品品种限制在比较窄的范围之内，专业化程度越高，一个工厂生产的产品品种就越少。另一方面，生产越集中，生产的规模越大，生产出来的产品品种也就越少。这样，在生产方面，每个工厂生产出来的产品品种比较单一，但数量却很大；而在消费方面，每个消费者需要的品种很多，但数量却较少。因此，整个流通过程就要求在众多企业所提供的品种上不断加以组合，在数量上不断加以分散。

商品的仓储活动不是简单地把生产和消费直接联系起来，而是需要一个复杂的组织过程，在品种和数量上不断地进行调整。只有经过一系列调整之后，才能使遍及全国各地的零售商店向消费者提供不同品种、规格和花色齐全的商品。

总之，商品生产和消费在空间、时间、品种、数量等方面都存在着矛盾。这些矛盾既不能够在生产领域里得到解决，也不可能在消费领域里得到解决，只能在流通领域，通过连接生产和消费的商品仓储活动加以解决。商品仓储在推动生产发展，满足市场供应中具有重要意义。

2. 搞好仓储是保持物资原有使用价值和合理使用物资的重要手段

任何一种物资，在它生产出来以后至消费之前，由于其本身的性质、所处的条件，以及自然的、社会的、经济的、技术的因素，都可能使物资的使用价值在数量上减少、在质量上降低，如果不创造必要的条件，就不可避免地会使物资受到损害。因此，必须进行科学的管理，加强对物资的养护，搞好仓储，以保护好处于暂时停滞状态的物资的使用价值。同时，在物资仓储过程中，还需努力做到流向合理，加快物资流转速度，注意物资的合理分配、合理供料，不断提高工作效率，使有限的物资能够及时发挥最大的效用。

3. 搞好仓储是加快资金周转、节约流通费用、降低物流成本、提高经济效益的有效途径

仓储是物质产品在社会再生产过程中必然出现的一种状态。这对整个社会再生产，对国民经济各部门、各行业的生产经营活动的顺利进行，都有着巨大的作用。然而，在仓储活

动中,为了保证物资的使用价值在时空上的顺利转移,必然要消耗一定的物化劳动和活劳动。尽管这些合理费用的支出是必要的,但是由于它不能创造使用价值,因而在保证物资使用价值得到有效的保护的前提下,这种费用支出越少越好。搞好仓储,就可以减少物资在仓储过程中的损耗和劳动消耗,就可以加速物资的流通和资金的周转,从而节省费用,降低物流成本,开拓"第三利润源泉",提高物流社会效益和企业的经济效益。

4. 物资仓储是物资供销管理工作的重要组成部分

物资仓储在物资供销管理工作中有着特殊的地位和重要的作用。从物资供销管理工作的全过程来看,它包括供需预测、计划分配、市场采购、订购衔接、货运组织、储存保管、维护保养、配送发料、用料管理、销售发运、货款结算、用户服务等主要环节。各主要环节之间相互依存、相互影响,关系极为密切。与其中许多环节相比,仓储所消耗和占用的人力、物力、财力多,受自然的、社会的各种因素影响很大,组织管理工作有很强的经济性,既涉及经济学、管理学、物理、化学、机械、建筑、气象等方面的知识,又涉及物资流通的专业知识和专业技能,它与物资管理经济管理专业的其他课程都着有着密切的联系。因此,仓储直接影响物资管理工作的质量,也直接关系到物资从实物形态上确定分配供销的经济关系的实现。

四、仓储管理的概念与原则

1. 仓储管理的概念

仓储管理就是对仓库及仓库内储存的物资所进行的管理,是仓储机构为了充分利用所拥有的仓储资源,提供仓储服务所进行的计划、组织、控制和协调过程。具体来说,仓储管理包括仓储资源的获得、仓库管理、经营决策、商务管理、作业管理、仓储保管、安全管理、劳动人事管理、财务管理等一系列计划、组织、指挥、控制与协调工作。

2. 仓储管理的原则

(1) 效率原则

效率是指在一定劳动要素投入量时的产品产出量。较少的劳动要素投入和较高的产品产出才能实现高效率。高效率是现代生产的基本要求。高效率意味着劳动产出大,劳动要素利用率高。仓储的效率表现在仓库利用率、货物周转率、进出库时间、装卸车时间等指标的先进性上,能体现出"快进、快出、多存储、保管好"的高效率仓储。仓储生产管理的核心就是效率管理,是以最少的劳动量的投入所获得最大的产品产出的管理。效率是仓储其他管理的基础,高效率的实现是管理艺术的体现。仓储管理要通过准确核算、科学组织、妥善安排场所和空间,实现设备与人员、人员与人员、设备与设备、部门与部门之间的合理配置与默契配合,使生产作业过程有条不紊地进行。高效率还需要有效的管理过程的保证,包括现场的组织调度,标准化、制度化的操作管理,严格的质量责任制的约束。

(2) 经济效益、社会效益与生态效益相统一的原则

厂商生产经营的目的是追求最大的利润,这是经济学的基本假设条件之一,也是社会现

实的反映。利润是经济效益的表现。实现利润最大化则需要做到经营收入最大化或经营成本最小化。作为市场经营活动主体的仓储业,应该围绕着获得最大经济效益的目的进行组织和经营。同时,仓储业也需要承担一定的社会责任,履行治理污染与环境保护、维护社会安定的义务,满足创建和谐社会不断增长的物质文化与精神文化的需要,实现生产经营综合效益的最大化,实现仓储企业与社区的和谐发展,实现仓储企业与国民经济、行业经济、地区经济的同步可持续发展。

(3) 服务原则

服务是贯穿于仓储活动中的一条主线,仓储的定位、仓储的具体操作、对储存货物的控制等,都要围绕着服务这一主线进行。仓储服务管理包括直接的服务管理和以服务为原则的生产管理。仓储管理要在改善服务、提高服务质量上狠下工夫。仓储的服务水平与仓储经营成本有着密切的相关性,两者互相对立。服务好,成本高,收费就高;服务差,成本低,收费就低。合理的仓储服务管理就是要在仓储经营成本和服务水平之间寻求最佳区域并且保持相互间的平衡。

 任务实施

按照仓储对象,可将仓储分为普通物品仓储和特殊物品仓储。根据货品的性质,可以将货品作如下分类:

1. 钢材、水泥、清洁剂、五金工具等物品不需要特殊的保管条件储存,因此应划归为普通物品仓储;

2. 酒精、小麦、液化石油气属于危险品和特殊要求物品,因此应划归为特殊物品仓储。

任务二 仓储技术

学习目标

1. 了解堆码的含义、原则、要求,条码含义与应用,储位管理含义、对象及原则,电子标签拣货系统的概念、种类,无线射频技术的概念与应用;
2. 理解堆码方式及优缺点,条码技术的作用与应用,储位管理方法,电子标签拣货系统的优点,无线射频识别技术的意义;
3. 掌握堆码方式及各自优缺点、储位分配方式和编码方法。

任务导入

福兴祥物流运输仓储有限公司近日接到客户的一批乐事薯片需做入库处理,该批薯片一共12箱,规格为545*295*325 mm。经测量确定,万福物流运输仓储有限公司食品存放区货架高度为1 000 mm,仓库托盘尺寸为1 200*1 000*60 mm。

任务要求

作为仓储管理工作人员的李阳,需要根据仓库货架、托盘规格,选用合理的堆码方式对商品进行堆码作业。

知识链接

一、堆码技术概述

1. 堆码的含义

堆码是将物品整齐、规则地摆放成货垛的作业。

2. 堆码的重要性

(1) 堆码对货品质量具有维护作用

正确的堆码方式可以减少货物因挤压碰撞造成的损坏,可以识别和检查货品质量,对于维护货品的质量具有重要的意义。

(2) 堆码能够充分利用库房容积并提高装卸作业效率

合理的堆码能够提高仓库的空间使用率。堆码后的货品要整齐、牢固,这样在进行装卸搬运时货品不易掉落,避免造成货品损失,可节省搬运时间,提高作业效率。

(3) 堆码要与所采用的托盘相匹配

在仓储管理过程中,堆码通常以托盘为主。因此,托盘的规格不一致,就要根据不同的托盘进行堆码,以方便叉车、托盘车搬运作业。而且托盘上的货品要尽量堆放平整,便于堆放。

3. 堆码的原则

为保证仓储管理的安全、高效、有序进行,在进行货品堆码时,往往要遵循以下原则。

(1) 分类存放原则

分类存放原则是货物储存保管的基本原则,具体表现为不同类别、规格、批次、等级、流向或经营方式的货物应分区、分类存放。码放商品必须按照同种同类同一款码放,便于管理、拣选,同时应做到先进先出。

(2) 面向通道原则

货垛和货位的一面与通道相连,并使货物的正面面向通道,堆码物品的标签要求朝外,以便查看货物包装上的标注和对其直接作业。

(3) 上轻下重原则

堆码货物时要贯彻大不压小、重不压轻的要求,遵循轻货置上、重货置下的规则,避免下方货物被压坏或发生货垛倒塌现象。

(4) 充分利用空间原则

堆码货物时,应根据地面承重和单位面积堆存量,较多采取立体储存的方式,尽可能地将货物往高处码放,以提高仓库利用率。

4. 堆码要求

(1) **合理**。分开堆码,垛形合理;高度适中,不压坏底层的商品和地坪,与屋顶、照明灯保持一定距离;货垛的间距,走道的宽度、货垛与墙面、梁柱的距离等,都要合理、适度。

(2) **牢固**。货垛必须不偏不斜,不歪不倒,确保堆垛的安全、牢固和货物不受损害。

(3) **定量**。每行每层的数量力求成整数,过秤商品不成整数时,每层应该明显分隔,标量重量,这样,便于清点发货。

(4) **整齐**。整齐有序,横成行,纵成列,同类物品垛形统一,包装标识应一律向外,便于查找。

(5) **节约**。堆垛时应注意节省空间位置,适当、合理安排货位的使用,提高仓容利用率。

(6) **方便**。便于装卸搬运,便于收发保管,便于维护点数,便于安全消防。

5. 堆码货垛"五距"

商品堆码要做到货堆之间,货垛与墙、柱之间保持一定距离,留有适宜的通道,以便商品的搬运、检查和养护。要把商品保管好,"五距"很重要。五距是指墙距、柱距、顶距、灯距和垛距。

墙距是指货垛与墙的距离，内墙距不得小于0.3 m，外墙距不得小于0.5 m。

柱距是指货垛与屋柱之间的距离，不得小于0.3 m。

顶距是指货堆的顶部与仓库屋顶平面之间的距离，平房仓库0.2—0.5 m，多层楼房仓库不小于0.5 m。

灯距是指仓库里的照明灯与商品之间的距离，不小于0.5 m。

垛距是指货垛与货垛之间的距离，货垛间距离为1 m左右。

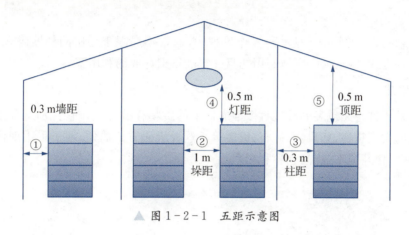

▲ 图1-2-1 五距示意图

6. 堆码方式

在仓储管理过程中，货物堆码通常会根据货物特性、形状、规格、质量、包装等情况，综合考虑出负荷量和储存时间等因素选用合理的堆码方式。

(1) 托盘堆码方式

① 重叠式：重叠式堆码是指逐件逐层向上重叠码高，各层码放方式相同，上下对应的堆码方式。

优点：操作简单，速度快，货品四个角和边重叠垂直，承压能力大。

缺点：层与层之间缺少咬合，稳定性差，容易发生塌垛。

② 纵横交错式：纵横交错式堆码是相邻摆放旋转90°，一层横向放置，另一层纵向放置，层次之间交错的堆码方式。

优点：操作相对简单，层与层之间有一定的咬合效果，稳定性比重叠式好。

缺点：咬合度不够，稳定性不足。

③ 旋转交错式：第一层相邻的两个包装体互为90°，两层间堆积相差180°。

优点：相邻两层之间咬合交叉，托盘货品稳定性较高，不容易塌垛。

缺点：堆码难度大，中间形成空穴，降低托盘利用率。

④ 正反交错式：正反交错式堆码是同一层中的不同列货品以90°垂直码放，相邻两层货物码放形式旋转180°。

优点：不同层间咬合度较高，相邻层次间相互压缝，稳定性较好。

缺点:操作较麻烦,人工操作速度慢。

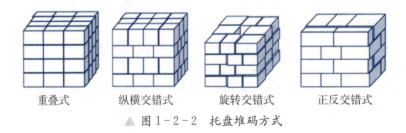

▲ 图1-2-2 托盘堆码方式

需要注意的是,在实际托盘堆码操作过程中,通常不局限于采用同种堆码方式,而是采用混合式堆码方式,以最大限度地利用托盘并提高货架存放的利用率。

(2) 散堆法

散堆法是一种将无包装的散货直接推成货港的货物存放方式。它特别适合于露天存放的没有包装的大宗货物,如煤炭、矿石、散粮等。这种堆码方式简便,便于采用现代化的大型机械设备,节约包装成本,提高仓容利用率。

▲ 图1-2-3 散堆图1

▲ 图1-2-4 散堆图2

(3) 堆垛法

对于有包装的货物和裸装的计件货物一般采取堆垛法。具体方式有：重叠式、压缝式、纵横交错式、通风式、栽柱式、俯仰相间式等。货物堆垛方式的选择主要取决于货物本身的性质、形状、体积、包装等。一般情况下多平放（卧放），使重心降低，最大接触面向下，这样易于堆码，货垛稳定牢固。

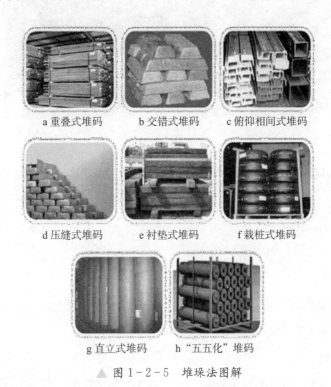

▲ 图 1-2-5　堆垛法图解

(4) 货架存放法

货架存放法即直接使用通用或专用的货架进行货物堆码。这种方法适用于存放不宜堆

▲ 图 1-2-6　货架 1

▲ 图 1-2-7 货架 2

高,品种规格复杂且数量较少,需要特殊保管的小件、高值、包装脆弱或易损的货物,如小百货、小五金、医药用品、贵重零件等。

二、条码技术概述

1. 条码的含义

条码是由一组规则排列的条、空及其对应字符组成的,用以表示一定信息的标识。深颜色反射率低的称为条,浅颜色反射率高的称为空。

2. 条码的种类

条码根据码值不同,可分为如下种类:

(1) 一维条码

一维条码即指条码条和空的排列规则。一维条码只在一个方向(一般是水平方向)表达信息,而在垂直方向不表达任何信息。

▲ 图 1-2-8 一维条码

一个完整的一维条码通常由静区、起始字符、数据字符、校验字符、种子字符组成。

静区:位于条码两侧无任何符号及信息的白色区域。

起始字符:条码符号的第一位字符,标志一个条码符号的开始。

数据字符:位于起始字符后面的字符,标志一个条码符号的数值,其结构异于起始字符,可允许进行双向扫描。

校验字符:校验字符代表一种算术运算的结果,阅读器在对条码进行解码时,对读入的各字符进行运算,如运算结果与校验字符相同,则判定此次阅读有效。

终止字符:条码符号的最后一位是终止字符,它的特殊空条结构用于识别条码符号的结束。

在物流领域常用的一维条码主要有三种:通用商品条码、储运单元条码和贸易单元条码。

① 通用商品条码适用于标识国际通用商品代码的一种模块组合型条码,分为标准版商品条码(EAN-13码)和缩短版的商品条码(EAN-8码)。EAN-13码从起始符到终止符结束共有13位数字,由左到右依次为前缀码、厂商识别代码、产品项目代码以及校验码。EAN-8码始EAN-13码的压缩版,由8位数字组成,只有前缀码、商品项目代码和校验码。

▲ 图1-2-9　EAN条码构成图

② 储运单元条码是专门表示储运单元编码的一种条码,常用于搬运、仓储、订货和运输过程中。

在储运单元条码中又分为定量储运单元和变量储运单元。定量储运单元可用14位交叉二五条码(ITF-14)标识。变量储运单元编码由14位数字主代码(ITF-14)和6位数字的附加代码(ITF=6)组成。

▲ 图1-2-10　ITF14码构成图

③ 贸易单元128条码。贸易单元128条码是一种长度可变的连续型的字母数字条码。贸易单元128条码是由双字符起始字符、数据字符、校验字符、终止字符及左、右侧空白区组

成。128码可携带大量信息,包括生产日期、有效期、运输包装序号、重量、尺寸、体积送出地址。

一维条码的应用可以提高信息录入的速度,减少差错率。但是一维条码数据容量小,只包含字母和数字,条形码尺寸相对较大,条形码损坏后不能读取。

2. 二维条码

二维条码是用某种特定的几何图形按一定规律在平面(二维方向上)分布的、黑白相间的、记录数据符号信息的图形。二维条码是在水平和垂直方向的二维空间内存储信息。根据不同的编码方式,二维条码通常可分为三种类型:线性堆叠式二维码、矩阵式二维码、邮政编码。

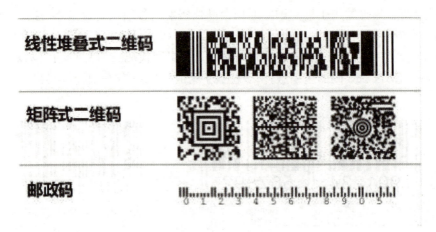

▲ 图1-2-11 二维条码类型

3. 条码技术的作用与应用

条码技术是实现物流信息技术自动采集和输入的重要技术,它在配送中心的保管技术中占有重要地位,通过条码对货品从入库到出库的全程进行跟踪和管理,可实现仓库作业的无纸化、快捷化和准确化,以提高客户满意度,增强企业竞争力。在库存管理领域,通过对条形码的识别,可以掌握入库、出库、库存数量、库内内位置的信息,以支持库存管容理和库内作业;在重点管理领域,根据条形码信息,可以通过相关软件自动生成ABC的分类,从而支持了重点管理;在配送领域,根据条形码信心,进行拣选或分货,实现配送作业。

三、储位管理技术

1. 储位管理的含义

储位管理就是利用储位来使商品处于"被保管状态"并且能够明确显示所储存的位置,同时当商品的位置发生变化时能够准确记录,使管理者能够随时掌握商品的数量、位置,以及去向。

2. 储位管理的对象

(1) 保管商品

保管商品是指在仓库的储存区域中的保管商品,它对作业、储放搬运、拣货等方面有特殊要求,使得其在保管时会有很多种的保管形态出现,例如托盘、箱、散货或其他方式,这些虽然在保管单位上有很大差异,但都必须用储位管理的方式加以管理。

(2) 非保管商品

① 包装材料。包装材料就是一些标签、包装纸等。由于现在商业企业促销、特卖及赠品等活动的增加,使得仓库的贴标、重新包装、组合包装等流通加工比例增加,对于包装材料的需求就越大,必须对这些材料加以管理,如果管理不善,欠缺情况发生,会影响到整个作业的进行。

② 辅助材料。辅助材料就是一些托盘、箱、容器等搬运器具。目前流通器具的标准化,使得仓库对这些辅助材料的需求愈来愈大,依赖也愈来愈重。为了不影响商品的搬运,就必须制订专门的管理办法对这些辅助材料进行管理。

③ 回收材料。回收材料就是经补货或拣货作业拆箱后剩下的空纸箱。虽然这些空纸箱都可回收利用,但是这些纸箱形状不同,大小不一,若不保管起来,很容易造成混乱,从而影响其他作业,必须划分一些特定储位来对这些回收材料进行管理。

3. 储位管理的原则

储位管理与其他管理一样,其管理方法必须遵循一定的原则,基本原则有以下三个。

(1) 储位标识明确

先将储存区域详细划分,并加以编号,让每一种预备存储的商品都有位置可以存放。此位置必须是很明确的,而且是经过储位编码的,不可以是边界含糊不清的位置,例如走道、楼上、角落或某商品旁等。需要指出的是仓库的过道不能当成储位来使用,虽然短时间会得到一些方便,但会影响商品的进出,违背了储位管理的基本原则。

(2) 商品定位有效

依据商品保管方式的不同,应该为每种商品确定合适的储存单位、储存策略、分配规则,以及其他储存商品要考虑的因素,把货品有效地配置在先前所规划的储位上,例如是冷藏的商品就该放冷藏库,流通速度快的商品就该放置在靠近出口处,香皂就不应该和食品放在一起等等。

坚持商品有效定位原则,需要从以下六方面入手:
① 根据货物的尺度、货量、特性、保管要求选择储位;
② 保证先进先出,缓不围急;
③ 入库频率高的货物使用方便作业的储位;
④ 小量集中、大不围小、重轻近远;
⑤ 方便操作;
⑥ 作业分布均匀。

(3) 变动更新及时

当商品被有效地配置在规划好的储位上之后,接下来的工作就是储位的维护,也就是说商品不管是因拣货取出、或是商品被淘汰,或是受其他作业的影响,使得商品的位置或数量发生了改变时,就必须及时地把变动情形加以记录,以使记录与实物数量能够完全吻合,如此才能进行管理。由于此项变动登录工作非常繁琐,仓库管理人员在繁忙的工作中会产生惰性,使得这个原则成为储位管理中最困难的部分,也是目前各仓库储位管理作业成败的关键所在。

4. 储位分配方式

(1) **固定储位**:指储位只用于存放确定的货物,对其必须严格区分使用,绝不混用、串用。对于长期货源和有计划性的库存,大都采用这种方式。固定储位便于拣选、查找货物,但是仓容利用率较低。

(2) **随机储位**:指货物任意存放在有空的储位,不加分类。这种方法有利于提高仓容利用率,但是仓库内会显得混乱,不便查找和管理。对于周转快的配送企业,货物保管时间短,大都采用这种方式。不固定货物的储位在计算机配合管理下,不仅能充分利用仓容,也方便查找。需要注意的是,采用不固定储位方式时仍然要遵守储位选择原则。

(3) **分类固定货物的储位**:指所有的储存货物按照一定特性加以分类,每一类货物都有固定存放的位置,而同属一类的不同货物又按一定的法则来指派储位。通常按货物相关性、流动性、货物尺寸和质量以及货物特性来分类。这种方式有利于货物保管,也较方便查找货物,仓容利用率亦可以提高。大多数仓库都采用这种方式。

(4) **分类随机储存**:指每类货物有固定存放位置,但在各类储区内,每个储位的指派是随机的。分类随机储存兼具分类储存及随机储存的特色,需要的储存空间介于两者之间。

(5) **共用储存**:指在确切知道各货物的进出仓库时间,不同的货物可共用相同储位的方式。共用储存在管理上虽然较复杂,但所需的储存空间及搬运时间却更经济。

5. 储位编码方法

为了建立良好的保管秩序,必须对储位进行统一编号。

(1) **四号定位式**。我国商品仓库多采用"四号定位",即由库房号、货架号、货架层号和仓位顺序号等四组号数来表示一个储位。储位编号的表示方法有数字表示法、字母表示法和数字字母混合表示法:数字表示法是利用 0—9 共 10 个数字表示;字母表示法是用汉语拼音字母或英文字母表示;数字字母混合表示法是同时用数字和字母表示。一般用数字字母混合表示法,易记且直观,在实际中运用较多。

(2) **品项群别方式**。把一些相关性货品经过集合以后,区分成好几个品项群,再对每个品项群进行编码。此种编码方式适用于比较容易商品群别保管及品牌差距大的货品。例如服饰、五金方面的货品。

(3) **地址式**。利用保管区域中的现成参考单位,例如建筑物第几栋、区段、排、行、层、格等,依照其相关顺序来进行编码,就像地址的几段、几巷、几弄、几号一样。这种编码方式由于其所标注代表的区域通常以一个储位为限,且其有相对顺序性可依寻,使用起来容易明了又方便,所以是目前物流中心使用最多的编码方式。但由于其储位体积所限,适合一些量少或单价高的货品储存使用。

(4) 坐标式。利用空间概念来编排储位之方式,此种编排方式由于其对每个储位定位切割细小,在管理上比较复杂,对于流通率很小,需要长时间存放的货也就是一些生命周期较长的货品比较合适。

6. 储位管理方法

储位管理基本方法就是对储位管理的原则的灵活运用,具体方法步骤如下。
(1) 先了解储位管理的原则,接着应用这些原则来判别自己商品储放需求。
(2) 对储放空间进行规划配置,与此同时选择储放设备及搬运设备。
(3) 对这些保管区域与设备进行储位编码和商品编号。储位编码与商品编号完成后,选择用人工分配、计算机辅助分配、计算机全自动分配等方法把产品分配到所编好码的储位上。
(4) 商品分配到储位上后,要对储位进行维护。要做好储位维护的工作,除了使用传统的人工表格登记外,也可应用最有效率、最科学的方法来执行。而要让维护工作能持续不断地进行就得借助一些核查与改善的方法来监督与鼓励。

四、电子标签拣货技术

1. 电子标签拣货系统概念

电子标签拣货是一种计算机辅助的无纸化的拣货系统,其原理是给每个货位安装数字显示器,利用计算机的控制将订单信息传输到数字显示器内,拣货人员根据数字显示器的数字拣货,拣完后按确认按钮完成拣货工作。依据电子标签的作业方式,可将电子标签分为传统型电子标签和智慧型电子标签。传统型电子标签作业时只显示拣选数量,智慧型电子标签作业时可显示价格、标签编号、货位编号、拣选数量、台车车号等拣选信息。电子标签拣货系统的应用,代替了传统的纸质拣货单,提高了拣货效率。

2. 电子标签拣货系统种类

电子标签拣货系统在拣货过程中根据拣货方式不同分为摘取式(Digital Picking System,简称DPS)与播种式(Digital Assorting System,简称DAS)两种拣货方式系统。

摘取式(DPS)以订单为单位,对订单中的商品进行拣货后汇集一个出库单位的拣货方式。首先要在仓库管理中实现库位、品种与电子标签对应。出库拣货时,出库拣货信息通过系统处理并传到相应库位的电子标签上,显示出该库位存放货品需出库的数量,同时发出光、声音信号,指示拣货员完成作业。DPS使拣货员无需费时去寻找库位和核对商品,只需核对拣货数量,因此,在提高拣货速度、准确率的同时,还降低了人员劳动强度。摘取式电子标签广泛应用于零售、医药、电商等行业的拆零商品拣选作业中。

播种式(DAS)是另一种常见的电子标签应用方式,即利用电子标签实现播种法拣货出库。播种式拣货法是将成批的出库订单一次性汇总出库,再按客户进行二次分拣的出库方

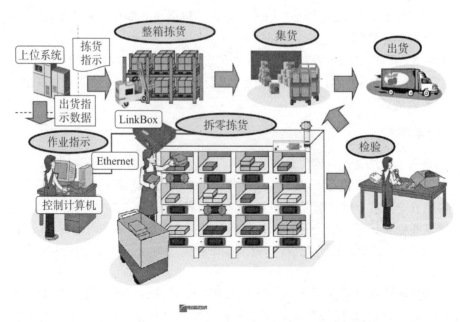

▲ 图1-2-12 摘取式电子标签拣货系统

法。用传统的纸张分拣单,一次作业的客户超过数十家后,作业速度和准确率就会大幅下降。DAS通过为每一客户分别设置电子标签而代替分拣单。分拣时,DAS系统接收需分拣品种的信息,对应客户位置的电子标签就会发出光、声音讯号,并显示出应分拣数量,分拣员根据这些信息可快速进行分拣作业。同DPS一样,DAS也可多区作业,提高效率。DAS较适合品种集中、客户多的情况。

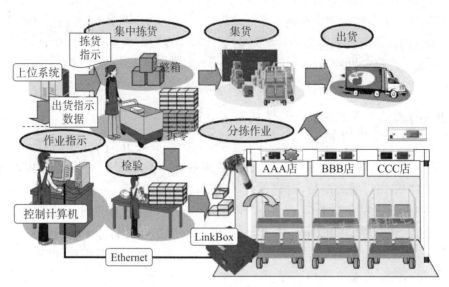

▲ 图1-2-13 播种式分拣标签系统

3. 电子标签拣货系统的优点

(1) 电子标签拣货系统有助于提高拣货作业的速度及准确率;

(2) 电子标签拣货系统有助于提高拣货效率,降低拣货成本;

(3) 电子标签拣货系统有助于实现在线管理和拣货数据在线控制,使库存数据一目了然;

(4) 电子标签拣货系统可以实现无纸化作业,不需要打印出库单、分拣单等纸质单据,减少了出库前单据处理时间,节约纸张,符合绿色办公要求,有利于提高企业的竞争优势。

五、无线射频识别技术(RFID)

1. 无线射频识别技术的概念

无线射频识别技术(Radio Frequency Identification,RFID)是一种非接触式的识别技术,利用无线电波对记录媒体进行读写,具有极高可靠性和保密性的非接触式自动式变技术。RFID 系统一般由信号发机(射频标签)、信号接收机(阅读器)、编程器以及发射接收天线四部分组成。

2. 无线射频识别技术在仓储管理中的应用

仓储式现代物流链中必不可少的一环,在整个现代物流中发挥着不可替代的重要作用。在物流仓储管理中心,RFID 技术应用到了仓储管理的各个环节。

(1) 入库管理

商品在入库之前,商品外包装上贴上 RFID 标签。当商品到达仓库时,仓库管理人员可以通过 RFID 阅读器,对商品标签进行扫描,不需要进行开箱检验即可了解向内商品的相关信息,快速完成商品清点,并将信息存入数据库,极大提高了工作效率。

(2) 在库管理

货物入库后,仓库管理人员通过 RFID 阅读器可以实时对商品进行监控记录,便于工作人员迅速找到货物,并能指导工作人员对货物进行上架处理。

(3) 出库管理

出库时,使用 RFID 可以对货物出库信息快速记录,并完成在库货物信息更新,明确货物去向,及时对货物进行追踪。

3. 无线射频识别技术在仓储管理中的重要意义

(1) 使用 RFID 技术,缩短物品入库验收的时间,提高入库工作效率。

(2) 使用 RFID 技术,使仓库物品盘点更加准确快捷。

(3) 使用 RFID 技术,使仓库物品查询更为迅速。

(4) 使用 RFID 技术,能够极大提高仓储拣货效率。

(5) 使用 RFID 技术,可以降低仓库内物品失窃率。

任务实施

本任务涉及如何正确利用托盘及正确的堆码方式进行堆码,分析如下:

首先,用托盘长与商品长相除,得到横向可摆放两箱物品;

其次,用托盘宽与商品宽相除,得到纵向可摆放四箱物品;

再次,商品长 545 mm 与宽 295 mm 相加得 840 mm,未超过托盘宽尺寸;商品宽 295 mm 乘 4 得 1 180 mm,未超过托盘长尺寸。

最后,用货架高度 1 000 mm 减去托盘高度 60 mm,再除以商品高度 325 mm,得到最多可摆放两层。

因此,应采取纵横交错的堆码方式,如图 1-2-14 所示。

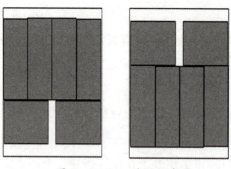

▲ 图 1-2-14 堆码示意图

任务三　仓储设施设备

学习目标

1. 了解仓储设施设备、存储设备、装卸搬运设备的相关概念；
2. 理解货架、托盘、叉车、输送机、堆垛起重机的功能及特点；
3. 掌握仓储设施设备的应用。

任务导入

福兴祥物流运输仓储有限公司近日接到客户一批旺仔牛奶需做入库处理，该批旺仔牛奶一共24箱，规格为540＊290＊330 mm。此批货物现已送至收货区。现在已知货架间的间距为3 m，仓储区作业工具有托盘、周转箱、手动液压搬运车、平衡重式叉车、托盘堆垛车、输送机、堆垛起重机。仓储区布置如下图所示。

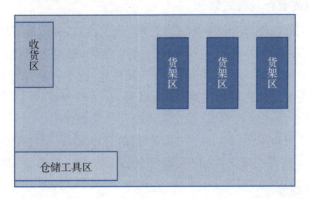

任务要求

作为福兴祥物流运输仓储有限公司仓储管理人员，请选择合适的工具将货物由收货区送至货架区并完成上架作业，并阐明理由。

知识链接

一、仓储设施设备概念

仓储设施是在仓库进行物流活动所需要的机械设备、器具等，其可供长期使用并保持原有实物形态。仓储设备主要指存储设备与搬运设备：存储设备包括货架、托盘、物流箱等；搬运设备包括叉车、手动搬运车、输送机和堆垛起重机等。

二、存储设备

存储设备是用于储存、保管和养护作业的设备。

1. 货架

货架定义:货架是指用立柱、隔板、或横梁组成的立体储存物品的设施。在仓库设备中,货架是指专门用于存放成件物品的保管设备。

货架的种类、功能直接决定着仓库能否实现现代化的管理。货架的功能有以下几个方面:

(1) 货架可充分利用仓库空间,提高库容利用率,扩大仓库储存能力;

(2) 利用货架进行货位管理,对储存货物进行分类管理,可提高仓储管理效率;

(3) 货架中的货物互不挤压,可减少货物在储存环节中可能的损失,提高物资存储质量;

(4) 方便货物的存取,便于清点及计量,可做到先进先出;

(5) 有利于实现仓库的机械化及自动化管理,满足现代化企业低成本、低损耗、高效率的要求。

2. 货架种类

(1) 按货架承重或者存放模式划分

① 重型货架。主要以托盘为储存单元,广泛应用于食品、日用品等快消品物流仓库。采用优质冷轧钢板经辊压成型;立柱可高达 6 m,中间无接缝;横梁选用优质方钢,承重力大,不易变形;横梁与立柱之间挂件为圆柱凸起插入,连接可靠、拆装容易,适用于大型仓库。

② 中型货架。主要以箱为储存单元,其造型别致,结构合理,装拆方便,不用螺丝,且坚固结实,承载力大,广泛应用医药物流、服饰物流电商物流等仓库。

③ 轻型货架。主要以单品(最小销售单位)为储存单元,广泛用于拆零拣货区。轻型货架通用性很强,长度可按刻度快捷切割、用螺丝任意组装、修正并重新安装。

(2) 按货架功能划分

① 托盘货架。货物以托盘作为装载单元存放的货架。又俗称横梁式货架,或称货位式

▲ 图 1-3-1 托盘货架

货架,通常为重型货架,在国内的各种仓储货架系统中最为常见。托盘式货架广泛应用于制造业、第三方物流和配送中心等领域,既适用于多品种小批量物品,又适用于少品种大批量物品。

② 搁板式货架。摆放货物的承载构件为搁板的货架。搁板式货架通常均为人工存取方法,组装式结构,层间距平均可调,货物也常为集件或不是很重的未包装物品(便于人工存取),货架高度通常在2.5 m以下,否则人工难以涉及(如辅以登高车则可设置在3 m左右)。单元货架跨度(便长度)不宜过长,单元货架深度(便阔度)不宜过深,按其单元货架每层的载重量可分为轻、中、重型搁板式货架,层板主要为钢层板、木层板两种。

▲ 图 1-3-2 搁板式货架

③ 驶入式货架。叉车等装卸机械可以驶入存储区域并进行存取作业的货架。也称贯通式货架,是一种不以通道分割,连续的整体性货架。由于其存储密度大,对地面空间利用率较高,常用于冷库、食品、烟草等存储空间成本较高的仓库。驶入式货架适用于储存品种少、批量大、对货物拣选要求不高的货物在储。货物存储通道为叉车储运通道,是存储密度较高的一类货架。与托盘货架相比,驶入式货架的仓库利用率可达到80%左右,仓库空间利用率

▲ 图 1-3-3 驶入式货架

可提高 30% 以上，是存储效率最高的货架。

④ 悬臂式货架。存放货物的承载构件为悬臂结构的货架。悬臂式货架的立柱多采用 H 型钢或冷轧型钢。悬臂则采用方管、冷轧型钢或 H 型钢。悬臂可以是单面或双面，同时悬臂可以是固定的，也可以是移动的。悬臂与立柱间采用插接式或栓连接式，底座与立柱间采用螺栓连接式。悬臂式货架具有结构稳定、载重能力好、空间利用率高等特点，特别适合空间小、高度低的库房，其管理方便，视野宽阔，与普通搁板式货架相比，利用率更高。

▲ 图 1-3-4　悬臂式货架

⑤ 重力式货架。装载单元在自身重力的作用下，沿设置在货架上的滚筒组成的滚道自主下滑并排序的货架。重力式货架适合大量货物的短期存放和拣选，广泛应用于配送中心、装配车间以及出库频繁率较高的仓库。

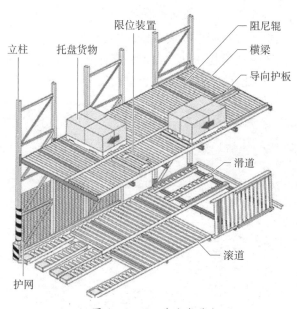

▲ 图 1-3-5　重力式货架

⑥ 流利式货架。箱式及小件单元货物在自身重力的作用下,沿设置在货架上的有坡度的流利条组成的滚道自主下滑并排序的货架。流利式货架又称滑移式货架,采用辊轮铝合金、钣金等流利条,利用货物台架的自重,从一边通道存货,另一边通道取货,实现先进先出,存储方便,以及一次补货多次取货。流利式货架存储效率高,适合大量货物的短期存放和拣选,可配电子标签,实现货物的轻松管理,常用滑动容器有周转箱、零件盒及纸箱,适合大量货物和短期存放与拣选。此类货架广泛应用于配送中心、装配车间以及出货频率较高的仓库。

▲ 图 1-3-6 流利式货架

⑦ 压入式货架。一种由装有单元货物的托盘小车沿设置在货架上的有坡度的轨道进行单端存取的货架。其工作原理是在前后梁间以多层托盘车重叠相接,从外侧将叠栈货物置于台车推入,后储存的货品会将原先货品推往里面,托盘车具有可流动特性,货物被规定于货架的一端进出,并遵循先进后出顺序,储运货物时,叉车只位于货架通道水平较低的一端作业,无须进入货架货物存储通道。此类货架具有存储密度高、储运速度快的典型特征,通常用于存储场地极其有限,但必须增加存储容量或对储存有时间要求等对货物拣选要求不高的场合。

▲ 图 1-3-7 压入式货架

⑧ 移动式货架。可在轨道上移动的货架。移动式货架易控制，安全可靠。每排货架有一个电机驱动，由装置于货架下的滚轮沿铺设于地面上的轨道移动。其突出的优点是提高了空间利用率，一组货架只需一条通道，而固定型托盘货架的一条通道，只服务于通道内两侧的两排货架。所以在相同的空间内，移动式货架的储存能力比一般固定式货架高得多。

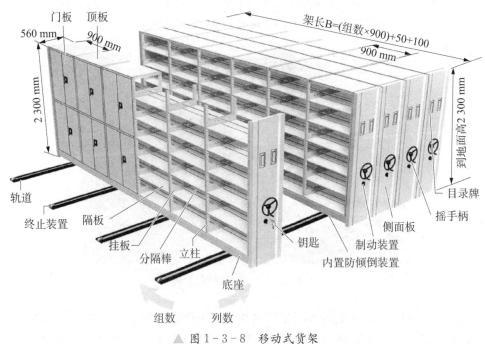

▲ 图1-3-8 移动式货架

⑨ 阁楼式货架。具有楼面板层，有楼梯可人工上下存取货物的货架，主要用于场地有限，货物品种多、数量少的情况。其底层货架不但用于保管物料，而且当做支撑上层建筑的承重梁，使得承重梁的跨度大大减少，建筑费用也大幅降低。底层货架可采用中型货架、重型货架等多种货架，配有楼梯、护栏及电动升降平台等辅助设施，方便作业。阁楼式货架也

▲ 图1-3-9 阁楼式货架

适用于现有旧仓库的技术改造,通过合理的改建,可以大大提高仓库的空间利用率。其主要特点有:可以提升货架高度,充分利用仓库高度,更好地利用仓库空间;货架设计美观,结构大方,安装拆卸方便,同时可根据实地灵活设计;适合存储多种类型物品。

⑩ 抽屉式货架。又称模具货架,抽屉可沿轨道方向抽出或推进的货架。此类货架主要用于存放各种模具物品;顶部可配置移动葫芦车(手拉或电动),抽屉底部设有滚轮轨道,承载后依然能用很小的力自如地拉动,附加定位保险装置,安全可靠;根据承载能力可分为轻量型、重量型两种。操作轻便:采用轴承组合,滑动平移并附有独立吊模装置,无需大型行车及叉车。

▲ 图 1-3-10 抽屉式货架

⑪ 旋转式货架。装载单元能在垂直或水平方向循环移动的货架。旋转式货架是货架内部设有电力驱动装置,可以通过开关控制货架按一定方向旋转的特殊货架。在存取货物时,只要在控制按钮输入货物所在货格编号,该货格便以最近的距离自动旋转至拣货点停止。旋转式货架转动,拣货线路简捷,拣货效率高,拣货时不容易出现差错。根据旋转方式不同旋转式货架可分为水平旋转式货架、垂直旋转式货架、多层水平旋转式货架三种。

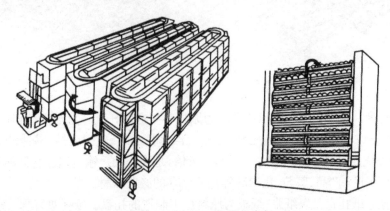

▲ 图 1-3-11 旋转式货架

⑫ 自动化立体仓库货架。应用于自动化立体仓库中,是由立柱、隔板和横梁等组成的立体存储货物的高层货架。

3. 托盘

托盘含义:托盘是在运输、搬运和存储过程中,将物品规整为货物单元时,作为承载面并包括承载面上辅助结构件的装置。

托盘给现代物流业带来的效益主要体现在:可以实现物品包装的单元化、规范化和标准化,保护物品,方便物流和商流。它不仅可以简化包装、降低成本、减少损失,而且易机械化,节省人力,实现高层码操,充分利用空间。托盘有以下特点:

(1) 自重量小。托盘自重量小,所以用于装卸、运输托盘本身所消耗的劳动较小,无效运输及装卸相比集装箱要小。

(2) 装盘容易。不需像集装箱那样深入到箱体内部,装盘后可采用捆扎、紧包等技术处理,使用简便。

(3) 返空容易。由于托盘造价不高,又很容易互相代用,互以对方托盘抵补,所以无须像集装箱那样有固定归属者,返空比集装箱容易。

(4) 具有一定的装载量。装载量虽较集装箱小,但也能集中一定数量,比一般包装的组合量大得多。

(5) 保护性差。保护性比集装箱差,露天存放困难,需要有仓库等配套设施。

4. 托盘种类

(1) 按照托盘制造材料

① 木托盘。木托盘是以天然木板为原料制造的托盘,是现在使用最广的托盘。

▲ 图1-3-12 木托盘

▲ 图1-3-13 塑料托盘

② 塑料托盘。塑托位盘是以工业塑料为原材料制造的托盘。与木托盘相比塑料托盘具有质轻、平稳、美观、整体性好、无钉无刺、无味无毒、耐酸、耐碱、耐腐蚀、易冲洗消毒、无静电火花、可回收等优点,使用寿命是木托盘的5—7倍,是现代化运输、包装、仓储的重要工具,是国际上规定的用于水产品、医药、化学品等行业储存的必备器材。

③ 纸托盘。纸托盘是以纸浆、纸板为原料加工制造的托盘。纸托盘环保、美观、耐用,专用于出口到要求严格的欧美、日本等国家的货物。纸托盘广泛应于各行业,随着整个国际市

场对包装物环保要求的日益提高,它能达到快速商检通关以实现快速物流的要求。

④ 钢托盘。钢托盘有镀锌钢板或烤漆钢板,其有可以回收再利用、轻量化、防水防潮及防锈,使用灵活(四方向的插入设计,无形中提高空间利用和操作的方便性,而且其坚固的底板设计也符合输送滚输和自动包装系统使用)等特点。特别是用于出口时,它不需要蒸熏、高温消毒或者防腐处理。但相对于其他托盘,钢托盘价格昂贵。

▲ 图1-3-14 纸托盘

▲ 图1-3-15 钢托盘

⑤ 复合材料托盘。复合材料托盘是以复合材料加工制造的托盘。复合材料托盘坚固结实、承重力强、外形美观,可以承载任何出口产品,其外观和性能大大优于过去曾大量使用的天然木质包装,有利于提高出口产品的档次,并且可以减少熏蒸商检等复杂的程序和手续,提高工作效率,促进外贸出口。它是目前出口包装物的最佳选择。

(2) 按照托盘应用范围

① 平托盘。平托盘是最通用的托盘。我们一般所说的托盘,大多都是指平托盘。根据材料分类,平托盘主要有木质平托盘、钢制平托盘、塑料制平托盘、复合材料制平托盘以及纸制平托盘等。根据台面分类,平托盘主要有单面形、单面使用型、双面使用形和翼型四种。根据叉车驶入方式分类,平托盘主要有单向驶入型、双向驶入型、四向驶入型三种。

▲ 图1-3-16 平托盘

② 柱式托盘。柱式托盘是在平托盘基础上发展起来的托盘,托盘的四个角上有固定式或可卸式的柱子。其主要作用:一是利用立柱支撑货物承重,保护最下层托盘的货物;二是

防止托盘上放置的货物在运输、装卸等过程中发生塌垛的情况。

▲ 图 1-3-17 柱式托盘

③ 箱式托盘。箱式托盘是在平托盘的基础上，通过沿托盘四个边安装板式、栅式或网式等各种平面而制成的箱式设备。箱式托盘可以做成固定式、可卸式和可折叠式三种。箱式托盘的防护能力很强，除了能装运包装整齐统一的货物外，还可装运形状不规则的货物，且因四周有护板护栏，可有效防止塌垛与货损。

▲ 图 1-3-18 箱式托盘

▲ 图 1-3-19 轮式托盘

④ 轮式托盘。与柱式托盘、箱式托盘相比，轮式托盘只是在它们底部安装了小型轮子，以实现短距离移动、自行搬运、滚上滚下式装卸等作业。

⑤ 特种专用托盘。特种专用托盘是根据产品特殊要求专门设计制造的托盘。它与通用托盘的区别在于它具有适合特定货物（或工件）的支撑结构，在一些要求快速作业的场合，它可保障更高的作业效率与安全稳定性。如油桶专用托盘，是一种专门装运标准油桶的异型平托盘，托盘双面均有稳固油桶的波形沟槽或侧挡板，油桶放置在此托盘上不会发生滚动，同时还可多层堆码以提高仓储和运输能力。

5. 托盘的维护

(1) 托盘应避免遭受阳光暴晒，以免引起老化，缩短使用寿命。

(2) 严禁将货物从高处抛掷在托盘内。合理确定货物在托盘内的堆放方式。货物均匀置放，不要集中堆放、偏心堆放。承载重物的托盘应放在平整的地面或物体表面上。

（3）严禁将托盘从高处抛落，避免因猛烈撞击而造成托盘破碎或产生裂纹。

（4）叉车或手动液压车作业时，叉刺尽量向托盘叉孔外侧靠足，叉刺应全部伸进托盘内，平稳抬起托盘后才可变换角度，叉刺不可撞击托盘侧面以免造成托盘破碎或产生裂纹。

（5）托盘上货架时，必须采用货架型托盘。承载量根据货架结构而定，严禁超载使用。

（6）根据货物的类型、塑料托盘所载货物的质量和托盘的尺寸，合理确定货物在托盘上的码放方式。托盘的承载表面积利用率一般应不低于80%。

6. 周转箱

周转箱，也称为物流箱，广泛用于机械、汽车、家电、轻工、电子等行业，能耐酸耐碱、耐油污、无毒无味，可用于盛放食品等，清洁方便，零件周转便捷，堆放整齐，便于管理。其合理的设计，优良的品质，适用于工厂物流中的运输、配送、储存、流通加工等环节。周转箱可与多种物流容器和工位器具配合，用于各类仓库、生产现场等多种场合。

三、装卸搬运设备

1. 叉车

叉车是指具有各种叉具，能够对物品进行升降、移动及装卸作业的搬运车辆，属于装卸搬运设备，广泛应用于车站、港口、机场、工厂、仓库等场地，是机械化装卸、堆垛和短距离运输的高效设备。

按照动力形式，叉车可分为：内燃叉车、电动叉车。

按照结构形式，叉车可分为：平衡重式叉车、前移式叉车、插腿式叉车、托盘堆垛车、平台堆车、操作台可起升的叉车、侧面式叉车、越野叉车、侧面堆垛式叉车、三向堆垛式叉车、跨车等。

平衡重式叉车

侧面式叉车

前移式叉车

托盘堆垛车

▲ 图1-3-20 叉车类型示意图

2. 手动液压搬运车

(1) 手动液压搬运车概述

▲ 图1-3-21 手动液压搬运车

手动液压搬运车是指起搬运货物作用的小体积液压搬运设备,俗称"地牛"。手动液压搬运车是物料搬运过程中不可缺少的辅助工具,适合于狭窄通道和有限空间内的作业。根据使用场合不同,手动液压搬运车分为:低放型手动液压搬运车、不锈钢手动液压搬运车、镀锌手动液压搬运车、纸筒型手动液压搬运车等。

(2) 手动液压搬运车使用说明

① 启动前检查捏手是否正常,升降是否完好。

② 作业时,货叉插入托盘空,将捏手下压至上升挡,并反复上下压动手柄,将托盘抬起后,将捏手回至空挡。货物搬运至目的位置时,将捏手提升至下降挡,托盘降至地面后,将货叉降至最低,拉出搬运车。

③ 停车时,将货车降至最低,捏手回至空挡,保证手柄与货叉垂直。

3. 输送机

(1) 输送机定义

输送机也称续输送机、连续搬运设备,是以连续的方式沿着一定的线路从装货点到卸货点均匀输送货物和成件装货物的机械。

(2) 输送机的特点

输送机的优点:

① 可以采用较高的运行速度,且速度稳定;

② 具有较高的生产率;

③ 在同样的生产率下,自重轻,外形尺寸小,成本低,驱动功率小,传动机械的零部件负荷较低而冲击小,结构紧凑,制造和维修容易;

④ 输送货物线路固定,动作单一,便于实现自动控制;

⑤ 工作过程中,负载均匀,所消耗的功率几乎不变。

输送机的缺点:

① 一般只能按照一定的路线输送,且每种机型只能用于一定类型的货物;

② 一般不适于运输重量很大的单件物品,因此通用性比较差;

③ 大多数连续输送机械不能自行取货,因而需要配备特定的供料设备进行辅助。

(3) 输送机的种类

① 带式输送机,以封闭无端的输送带作为牵引构件和

▲ 图1-3-22 输送机

承载构件的连续输送货物机械。

② 链式输送机,用绕过若干链轮的无端链条做牵引构件,有驱动链路通过轮齿与链节的啮合将圆周牵引力传递给链条,在联接着的工作构件上输送货物的机械。

▲ 图 1-3-23 链式输送机

▲ 图 1-3-24 辊子输送机

③ 辊子输送机,是利用按一定间距架设在固定支架上的若干辊子来输送成件物品的输送机。

4. 堆垛起重机

(1) 堆垛起重机定义

堆垛起重机指采用货叉作为取物装置,在仓库或车间堆取成件物品的起重机,常简称堆垛起重机。堆垛起重机是立体仓库中随立体仓库发展起来的主要起重运输设备。此类设备适用的仓库一般都比较高,最高可达 40 m 以上,大多在 10—25 m。堆垛起重机的主要用途是在立体仓库的巷道间反复穿梭运行,将位于巷道口的货物在入货格,或者将货格中的货物去除运送到巷道口。但这种设备只能在立体仓库内使用,而且进出仓库时必须配备其他设备。

(2) 堆垛起重机的特点

① 排垛起重机的整机结构高而窄,适用于巷道内运行;
② 堆垛起重机安有特殊的取物装置,如货叉和机械手等;
③ 堆垛起重机的电力控制系统具有平稳、快速和准确等特点,能保货物快速、准确、安全地取出和存入;
④ 堆垛起重机有一系列的连锁保护措施,由于工作场地窄小,稍不准确就可能导致重大安全事故,所以堆垛起重机上配有一系列机械和电气的保护措施。

(3) 堆垛起重机分类

① 按有无导轨划分,堆垛起重机分位有轨堆垛起重机和无轨堆垛起重机;
② 按自动化程度不同划分,堆垛起重机可分为手动、半自动和自动堆垛起重机;
③ 按高度不同划分,堆垛起重机可划分为低层型、中层型和高层型堆垛起重机;

④ 按驱动方式不同划分，堆垛起重机可分为上部驱动式、下部驱动式和上下部结合的驱动方式；

⑤ 按用途不同划分，堆垛起重机还可分为桥式堆垛起重机和巷道堆垛起重机。

任务实施

根据货品情况，货品为箱装货物，形状规则，数量为24箱，量较大，因此应以托盘为承载器具。另外，仓储作业区与货架区间距较小，因此不能用叉车作业，应用手动液压搬运车将货物从收货区运至托盘货架区，再用托盘堆垛车对货物进行上架处理。

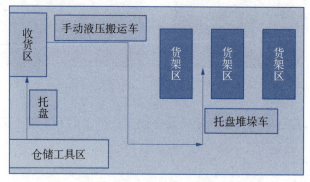

▲ 图1-3-25 任务实施示意图

任务四　库存监控与调整

1. 了解库存、库存控制的含义，了解库存的分类；
2. 理解库存的作用与弊端，理解库存控制的作用、实施流程及发展趋势；
3. 掌握库存管理的基本决策及常用的库存控制方法。

任务导入

福兴祥物流运输仓储有限公司为了对食品仓进行有效的控制和管理，打算根据商品的投资大小进行分类，商品信息如下表所示。

商品名称	价格/元	库存量/件
双汇火腿肠	4	300
德芙巧克力	8	1 200
比巴卜泡泡糖	1	290
绿箭	2	140
徐福记棒棒糖	1	270
益达	2	150
百事可乐（大瓶装）	6	40
海苔卷	2	700
乐事薯片	5	50
沙琪玛	3	2 000

 任务要求

作为福兴祥物流运输仓储有限公司仓储管理人员的李阳，请对食品仓储区的商品进行合理分类管理，并简要说明。

知识链接

一、库存概述

1. 库存的含义

库存是指处于储存状态的、尚未被利用的商品,是储存的表现形式。一般情况下,人们设置库存的目的是防止短缺。另外,它还具有保持生产过程连续性、分摊订货费用、快速满足用户订货需求的作用。

2. 库存的分类

从经济用途、存放地点、所处状态及经营过程的角度,常见的库存类型有以下几种。

(1) 周转库存

周转库存又称经济库存,是指为满足客户日常需求而建立的库存。

(2) 安全库存

安全库存又称缓冲库存,是指为了防止不确定因素出现而准备的缓冲库存。

(3) 在途库存

在途库存包括在运输过程中的库存,以及停放在两地之间的库存。

(4) 预期库存

预期库存是指为迎接一个高峰销售季节、完成一次市场营销计划等而预先建立起来的库存。

(5) 促销库存

促销库存是为了应对企业的促销活动产生的预期性的销售增加而建立起来的库存。

(6) 季节性库存

季节性库存是投机性库存的一种形式,是指为了满足特定季节中出现的特定需求而建立的库存,或指对季节性生产的商品在出产的季节大量收储而建立的库存。

3. 库存的作用与弊端

从生产经营的角度分析,库存的作用体现在以下五个方面:
(1) 库存使企业能够实现规模经济;
(2) 库存能够平衡供应与需求;
(3) 库存能够预防不确定性的、随机的需求变动以及订货周期的不确定性;
(4) 库存在供应链中起缓冲器的作用;
(5) 库存能消除供需双方地理上的差异。

库存在给企业带来便利的同时,也会给企业带来不利影响,这些影响主要表现在以下三

方面:
(1) 占用大量资金;
(2) 发生库存成本;
(3) 带来其他管理上的一些问题。

二、库存控制

1. 库存控制含义

库存控制也称为库存管理,是指对制造业或服务业生产、经营全过程的各种物品、产成品以及其他资源进行管理和控制,使其储备保持在经济合理的水平上,是企业根据外界对库存的要求与订购的特点,预测、计划和执行库存的一种行为,并对这种行为进行控制。

2. 库存控制的作用

库存控制的主要功能是在供需之间建立缓冲区,达到缓和用户需求与企业生产能力之间、最终装配需求与零配件之间、零件加工工序之间、生产厂家需求与原材料供应商之间的矛盾,库存控制的作用主要体现在以下几方面:
(1) 满足预期顾客需求;
(2) 平滑生产要求;
(3) 防止脱销;
(4) 降低物流成本;
(5) 保证适当的库存量,节约库存费用。

3. 库存控制的实施流程

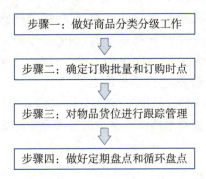

4. 库存控制的目标

库存控制涉及库存各个方面的管理,库存控制的目标就是防止超储和缺货,在企业现有资源约束下,以最合理的成本为用户提供其所期望水平的服务,即在达到顾客期望的服务水平的前提下,尽量将库存成本减少到可以接受的水平。

5. 库存控制的发展趋势

随着计算机和网络通信技术的发展、全球经济一体化的推进以及企业对库存管理重视程度的增加,库存管理呈现出向计算机化和网络化、整合化和零库存方向发展的趋势。

(1) 计算机化和网络化管理

利用计算机不仅能把复杂的数据处理简单化,而且能使库存管理系统化,从而把复杂的库存管理工作推向更高的阶段。同时,计算机和网络的高效率能及时解决库存管理的临时变动和需要。

(2) 整合化管理

库存成本是企业物流管理的主要部分,必须实行整合化,即把供应链上各相关的供应商、零售商、批发商、厂家等库存管理设施整合起来,实行企业库存管理的优化,达到降低物流总成本的目的。

(3) 零库存管理

"零库存"有两层含义:一是库存数量趋于零或者等于零;二是库存设施、设备的数量及库存劳动耗费同时趋于零或等于零。

需要注意的是,在实际托盘堆码操作过程中,通常不局限于采用同种堆码方式,而是采用混合式堆码方式,以最大限度地利用托盘并提高货架存放的利用率。

二、库存管理基本决策

1. 确定及库存相关参数

(1) 确定订购点。所谓订购点,是指在最低存量下,应立即加以订购补充物料,否则会影响生产进行。通常可以理解为:在订购点时订购,等物料消耗到了安全存量水平的时候,订购的物料刚刚入仓,订购点是一个物料存量基数,而非一个时间含义。订购点抓的过早,会使库存量增加,导致库存成本和仓储空间占用上升。订购点抓的过晚,会造成缺货,影响正常的生产销售,继而影响企业信誉,造成客户流失。

(2) 确定订购量。所谓订购量,是指库存量已达到请购点时,必须决定订购补充的数量。按照订购量进行订购,才可以配合最高库存量与最低库存量的基准。

(3) 确定库存基准。

① 最低库存量。最低库存是指存货在仓库中应储存的最小数量,低于此数量就有可能造成存货短缺,进而影响企业的正常生产。最低库存量分为理想最低库存量又称购置时间(从开始请购货物到将货物送达配送中心的采购周期时间)使用量和实际最低库存量(为防供应不足,在理想最低库存量外在设定一个"安全库存量")。

② 最高库存量。最高库存量又称"最高储备定额",是企业为控制物资库存量而规定的上限标准。

2. 库存模型建立步骤

经济性原则是库存管理遵循的首要原则。通过适量的库存达到合理的供应,实现总成本最低的目标是现代库存控制的主要任务。因此,企业往往以客户服务水平满意为目标,并在此基础上追求企业最低库存量。

在建立库存模型时,企业通常采取如下步骤。

(1) **品种分类**。对分类商品进行需求预测,服务水平和管理费用需按照管理单位进行研究,通常采用 ABC 分析法作为分类手段,对重点物品采用定期订货方式进行库存补充,对其他物品采用订点订货方式订货。

(2) **计算与测量**。对预测方式和预测期间(间隔期)进行计算预测值。预测方式在保证提高重要物品的预测准确的的同时,还要重视其他类物品预测方式的简便易行。按年和按供应期间预测是最基本的两种预测期间。

(3) **确定服务率(或缺货率)**。服务率(或缺货率)最终取决于取决于经营者。通常重要物品的服务率达到 95%—98%时为最高水平。

(4) **确定费用项目**。确定与库存管理有关的费用项目和掌握费用概况。

(5) **确定供应间隔期**。即从订货到交货所需的时间。供货期间长,意味着库存量增加,因此应尽量缩短供应期。此外,当供应期间有变动时,就要增加安全库存量。

(6) **确定订货周期与定期订货方式**。

三、常用的库存控制方法

1. 准时生产制库存管理方法(JIT)

JIT 作为一种先进的生产方式,通过看板等工具的应用,保证了生产的同步化和均衡化,实行"适时、适量、适物"的生产,效果明显。

JIT 的基本原理是以需定供、以需定产,即供方(上一环节)根据需方(下一环节)的要求,按照需求方的品种、规格、质量、数量、时间、地点等要求,将生产物资或采购物资不多、不少、不早、不晚且质量有保证地送到指定地点。

看板管理是 JIT 生产方式中最独特的部分,是 JIT 生产现场控制技术的核心,将传统生产过程中前道工序向后道工序送货,改为后道工序根据"看板"向前道工序取货。

(1) **经济批量法**

经济批量法是确定批量和生产间隔期时常用的一种以量定期方法,是指根据单位产品支付费用最小原则确定批量的方法,也是确定批量和生产间隔期时常用的一种以量定期方法。

经济批量法也称定量订货法,当库存量下降到预定的最低库存量时,按规定(数量一般以经济批量 EOQ 为标准)进行定货补货的一种库存控制方法。经济订货模型(EOQ)就是通过平衡订货成本和保管仓储成本,即通过费用分析求得库存总费用最低时,确定出一个最佳订货批量。

① 在一定时期内,确知某项库存的耗用量/销售量,这一数量在分析期保持不变。
② 每次订货成本固定不变。如订购原材料所花费的订单费、接收验货费用等。
③ 单件库存储存成本固定不变,如仓库保管费、保险费及库存资金占用的机会成本等。
④ 库存能得到及时补充,因而不考虑保险库存。

EOQ 库存控制模型的控制原理在于控制订货批量,使年度总库存成本量最小化,其中:

年度总库存成本 = 年度采购成本 + 库存保管费 + 订货费

当库存保管费与订货费用相等时,总费用处于最低点,这时的订货量称为 EOQ。

$$TC = DP + DC/Q + QK/2$$

其中:

TC——年度库存费用;D——年需求量,件/年;P——单位采购成本;C——单位订货费,元/次;Q——每次订货批量;K——货物平均库存保管费用;Q/2——年平均储存量。

要使 TC 最小,得到经济订货批量 EOQ 的计算公式:

$$EOQ = SQR(2CD/K)(SQR 为开平方根)$$

例:A 公司以单价 10 元每年购入某种产品 8000 件。每次订货费用为 30 元,资金年利息率为 12%,单位维持库存费按所库存货物价值的 18% 计算,若每次订货的提前期为 2 周,试求经济生产批量、最低年总成本。

解:D = 8 000 件,C = 30 元/次,K = 10 × 12% + 10 × 18% = 3 元

EOQ = SQR(2 × 30 × 8 000)/3 = 400 件

TC = 8 000 × 10 + 8 000 × 30/400 + 400 × 3/2 = 81 200 元

(2) 定期订货法

概念:定期订货法是按预先确定的订货时间间隔进行订货补充的库存管理方法。

其基本原理:预先确定一个订货周期 T 和最高库存量 Qmax,周期性地检查库存,根据最高库存量、实际库存、在途订货量和待出库商品数量,计算出每次订货批量,发出订货指令,组织订货。

定期订货法实施主要取决于以下三个参数。

① 订货周期。

在定期订货法中,订货点实际上就是订货周期,其间隔时间总是相等的。它直接决定最高库存量的大小,即库存水平高低,进而也决定了库存成本的多少。

从费用角度出发,如果要使总费用达到最小,我们可以采用经济订货周期的方法来确定。

假设以年为单位,根据:年采购成本 = 年保管成本

即:$C/T = T \times R/2 \times K$

$$T^* = SQR(2C/KR)$$

其中,T^*——经济订货周期;C——单次订货成本;K——单位商品年储存成本;R——单位时间内库存商品需求量。

② 最高库存量 Qmax。

定期订货法的最高库存量是用以满足（T＋T_k）期间内的库存需求的,所以我们可以用（T＋T_k）期间的库存需求量为基础。考虑到为随机发生的不确定库存需求,再设置一定的安全库存。公式如下：

$$Qmax = R(T+T_k) + Qs$$

其中,Qmax——最高库存量；R——（T＋T_k）期间的库存需求量平均值；T——订货周期；Tk——平均订货提前期；Qs——安全库存量。

③ 订货批量。

定期订货法每次的订货数量是不固定的,订货批量的多少都是由当时的实际库存量的大小决定的,考虑到订货点时的在途到货量和已发出出货指令尚未出货的待出货数量,则每次订货的订货量的计算公式为：

$$Qi = Qmax + QNi - QKi + QMi$$

其中,Qi——第 i 次订货的订货量；Qmax——最高库存量；QNi——第 i 次订货点的在途到货量；QKi——第 i 次订货点的实际库存量；QMi——第 i 次订货点的待出库货物数量。

例：某仓库 A 商品订货周期 18 天,平均订货提前期 3 天,平均库存需求量为每天 120 箱,安全库存量 360 箱。另某次订货时在途到货量 600 箱,实际库存量 1 500 箱,待出库货物数量 500 箱,试计算该仓库 A 商品最高库存量和该次订货时的订货批量。

解：根据 Qmax＝R(T＋Tk)＋Qs＝120×(18＋3)＋360＝2 880 箱

根据 Qi＝Qmax＋QNi－QKi＋QMi＝2 880－600－1 500＋500＝1 280 箱

(3) ABC 重点控制法

① ABC 分类法含义。

ABC 分类法,全称应为 ABC 分类库存控制法。ABC 分类法是根据物品在技术或经济方面的主要特征,进行分类排队,将分析对象划分成 A、B、C 三类,从而有区别地确定管理方式的分析方法。

② ABC 库存分类实施步骤。

本教材将以胶州市得力文具仓库为例对 ABC 库存分立实施步骤进行详细的阐述。

例：得力文具是中国最大的办公与学习用品产业集团,是多工作场景整体解决方案的领导者。近日,得力文具胶州分公司库存控制专员王强接到上级任务,为了使资金、人力、物力等企业资源得到更有效的利用,提升仓储作业效率,规范仓库工作流程,在结合客户具体要求与企业管理制度的基础上,要求在不调整仓库整体结构的前提下,结合先进的库存控制方法及监控手段对仓库货品进行有效监控。

文具库区货品 2020 年 1—12 月出入库报表如表 1-4-1 所示,王强将按照如下分类标准对货品进行 ABC 分类：入库货品金额占入库货品总金额累计比例为 0＜A 类≤60、60＜B 类≤90、90＜C 类≤100。

▼ 表1-4-1 定期订货法与经济批量法(EOQ)的区别

项目	定期订货法	经济批量法(EOQ)
订货数量	每次订货数量变化	每次订货数量保持不变
订货时间	订货间隔期不变	订货间隔期变化
库存检查	在订货周期到来时检查库存	随时进行货物库存状况检查和记录
订货成本	较低	较高
订货种类	多品种统一进行订货	每个货物品种单独进行订货作业
缺货	在整个订货间隔期间内以及提前订货周期内均可能发生缺货	缺货情况发生在已经订货单货物还未收到的提前订货期间内
管理程度	一般管理,简单记录	严格控制,精心管理

请根据以上信息,对得力文具胶州分公司库存商品进行ABC分类管理。

▼ 表1-4-2 文具库区货品2020年1—12月出入库报表

序号	货品名称	入库量(箱)	出库量(箱)	库存结余量(箱)	单价(支/元)	包装规格	
1	得力0.38黑色全针管中性笔	188	190	13	1.5	6支/盒	5盒/箱
2	得力GP1008黑色0.5mm按动中性笔	109	97	13	5.3	6支/盒	5盒/箱
3	得力GP1008红色0.5mm中性笔	101	98	10	5.1	6支/盒	5盒/箱
4	得力K35黑色0.5mm按动中性笔	182	237	12	1.3	6支/盒	5盒/箱
5	得力K35黑色0.5mm子弹头中性笔	277	257	27	0.5	6支/盒	5盒/箱
6	得力K35红色0.5mm子弹头中性笔	124	98	34	5.8	6支/盒	5盒/箱
7	得力K35蓝色0.5mm子弹头中性笔	199	204	9	1.5	6支/盒	5盒/箱
8	得力MG2180黑色0.5碳素中性笔	136	131	28	1.7	6支/盒	5盒/箱
9	得力Q7黑色0.5mm子弹头中性笔	237	252	12	0.5	6支/盒	5盒/箱
10	得力黑色0.5mm按动子弹头中性笔芯	346	382	0	0.1	8支/盒	5盒/箱

〈1〉搜集数据,确定要统计分析的时间,收集商品的入库量、单价、入库货品金额、入库货

品金额占入库货品总金额百分比等。

（2）处理数据，根据统计的数据要求，对数据进行计算。

▼ 表1-4-3 文具库区货品 ABC 分类处理数据

序号	货品名称	入库量（箱）	单价（支/元）	入库货品金额	入库货品金额占入库货品总金额百分比	入库货品金额占入库货品总金额累计百分比
1	得力 GP1008 黑色 0.5 mm 按动中性笔	109	5.3	17 331	18.2618%	
2	得力 K35 红色 0.5 mm 子弹头中性笔	124	5.8	21 576	22.7348%	
3	得力 K35 蓝色 0.5 mm 子弹头中性笔	199	1.5	8 955	9.4360%	
4	得力 GP1008 红色 0.5 mm 中性笔	101	5.1	15 453	16.2829%	
5	得力 0.38 黑色全针管中性笔	188	1.5	8 460	8.9144%	
6	得力 K35 黑色 0.5 mm 按动中性笔	182	1.3	7 098	7.4792%	
7	得力 K35 黑色 0.5 mm 子弹头中性笔	277	0.5	4 155	4.3782%	
8	得力 MG2180 黑色 0.5 碳素中性笔	136	1.7	6 936	7.3085%	
9	得力 Q7 黑色 0.5 mm 子弹头中性笔	237	0.5	3 555	3.7459%	
10	得力黑色 0.5 mm 按动子弹头中性笔芯	346	0.1	1 384	1.4583%	

（3）编制 ABC 分析表，按照入库货品金额的大小，由高到低对所有货品按顺序排列并计算入库货品金额占入库货品总金额累计百分比。

▼ 表1-4-4 编制 ABC 分析表

序号	货品名称	入库量（箱）	单价（支/元）	入库货品金额	入库货品金额占入库货品总金额百分比	入库货品金额占入库货品总金额累计百分比
1	得力 K35 红色 0.5 mm 子弹头中性笔	124	5.8	21 576	22.7348%	22.7348%
2	得力 GP1008 黑色 0.5 mm 按动中性笔	109	5.3	17 331	18.2618%	40.9966%

续表

序号	货品名称	入库量（箱）	单价（支/元）	入库货品金额	入库货品金额占入库货品总金额百分比	入库货品金额占入库货品总金额累计百分比
3	得力 GP1008 红色 0.5 mm 中性笔	101	5.1	15 453	16.2829%	57.2795%
4	得力 K35 蓝色 0.5 mm 子弹头中性笔	199	1.5	8 955	9.4360%	66.7155%
5	得力 0.38 黑色全针管中性笔	188	1.5	8 460	8.9144%	75.6299%
6	得力 K35 黑色 0.5 mm 按动中性笔	182	1.3	7 098	7.4792%	83.1091%
7	得力 MG2180 黑色 0.5 碳素中性笔	136	1.7	6 936	7.3085%	90.4176%
8	得力 K35 黑色 0.5 mm 子弹头中性笔	277	0.5	4 155	4.3782%	94.7957%
9	得力 Q7 黑色 0.5 mm 子弹头中性笔	237	0.5	3 555	3.7459%	98.5417%
10	得力黑色 0.5 mm 按动子弹头中性笔芯	346	0.1	1 384	1.4583%	100.0000%

（4）根据 ABC 分析表进行分类，入库货品金额占入库货品总金额累计比例：0＜A 类≤60；60＜B 类≤90；90＜C 类≤100。

▼ 表1-4-5 ABC 分类结果

序号	货品名称	入库量（箱）	单价（支/元）	入库货品金额	入库货品金额占入库货品总金额百分比	入库货品金额占入库货品总金额累计百分比	ABC 分类
1	得力 K35 红色 0.5 mm 子弹头中性笔	124	5.8	21 576	22.7348%	22.7348%	A
2	得力 GP1008 黑色 0.5 mm 按动中性笔	109	5.3	17 331	18.2618%	40.9966%	A
3	得力 GP1008 红色 0.5 mm 中性笔	101	5.1	15 453	16.2829%	57.2795%	A
4	得力 K35 蓝色 0.5 mm 子弹头中性笔	199	1.5	8 955	9.4360%	66.7155%	B
5	得力 0.38 黑色全针管中性笔	188	1.5	8 460	8.9144%	75.6299%	B

续表

序号	货品名称	入库量（箱）	单价（支/元）	入库货品金额	入库货品金额占入库货品总金额百分比	入库货品金额占入库货品总金额累计百分比	ABC分类
6	得力 K35 黑色 0.5 mm 按动中性笔	182	1.3	7 098	7.479 2%	83.109 1%	B
7	得力 MG2180 黑色 0.5 碳素中性笔	136	1.7	6 936	7.308 5%	90.417 6%	C
8	得力 K35 黑色 0.5 mm 子弹头中性笔	277	0.5	4 155	4.378 2%	94.795 7%	C
9	得力 Q7 黑色 0.5 mm 子弹头中性笔	237	0.5	3 555	3.745 9%	98.541 7%	C
10	得力黑色 0.5 mm 按动子弹头中性笔芯	346	0.1	1 384	1.458 3%	100.000 0%	C

③ ABC 库存分类管理策略

A 类物品的管理方法：随时监控需求的动态变化，分析预测哪些是日常需求，哪些是临时集中需求，使库存与各种需求相适应。尽可能缩短订货周期，对交货期限加强控制。科学设置最低定额、安全库存和订货点报警点，防止缺货发生；了解大客户的库存，在需要的时候临时调剂；监控供应商的在途物资品种数量到货时间，与供应商和用户共同研究替代品，尽可能降低单价；制定应急预案，补救措施。每天都要进行盘点和检查。

B 类物品的管理方法：采用定量订货方法，前置期时间较长；每周要进行盘点和检查；中量采购。

C 类物品的管理方法：品种数量巨大，消耗金额比重十分小，不应投入过多的管理力量，集中力量管理 A 类物品。大量采购，获得价格上的优惠。由于所消耗金额非常小，即使多储备，也不会增加太多金额。简化库存管理。如果还像 A 类物品那样管理，成本效益将十分不合算，还会影响 A 类物品的管理。可以多储备一些关键物料，少报警，避免发生缺货现象。每月循环盘点一遍，对于积压物品和不能发生作用的物料，应该每周向公司决策层通报，及时清理出仓库。

 任务实施

1. 搜集数据，确定要统计分析的时间，收集商品的库库量、单价、库存商品金额、库存商品金额占库存商品总金额百分比等。

2. 处理数据，根据统计的数据要求，对数据进行计算。

序号	货品名称	库存量	单价	库存商品金额	库存商品金额占入库货商品总金额百分比	库存商品金额占入库货商品总金额累计百分比
1	双汇火腿肠	300	4	1200	6.05%	
2	德芙巧克力	1200	8	9600	48.41%	
3	比巴卜泡泡糖	290	1	290	1.46%	
4	绿箭	140	2	280	1.41%	
5	徐福记棒棒糖	270	1	270	1.36%	
6	益达	150	2	300	1.51%	
7	百事可乐(大瓶装)	40	6	240	1.21%	
8	海苔卷	700	2	1400	7.06%	
9	乐事薯片	50	5	250	1.26%	
10	沙琪玛	2000	3	6000	30.26%	

3. 编制 ABC 分析表,按照入库货品金额的大小,由高到低对所有品相按顺序排列并库存商品金额占库存商品总金额累计百分比。

序号	货品名称	库存量	单价	库存商品金额	库存商品金额占入库货商品总金额百分比	库存商品金额占入库货商品总金额累计百分比
1	双汇火腿肠	300	4	1200	6.05%	48.41%
2	德芙巧克力	1200	8	9600	48.41%	78.67%
3	比巴卜泡泡糖	290	1	290	1.46%	85.73%
4	绿箭	140	2	280	1.41%	91.78%
5	徐福记棒棒糖	270	1	270	1.36%	93.29%
6	益达	150	2	300	1.51%	94.76%
7	百事可乐(大瓶装)	40	6	240	1.21%	96.17%
8	海苔卷	700	2	1400	7.06%	97.53%
9	乐事薯片	50	5	250	1.26%	98.79%
10	沙琪玛	2000	3	6000	30.26%	100.00%

4. 根据 ABC 分析表进行分类,入库货品金额占入库货品总金额累计比例:$0 < A 类 \leqslant 60$;$60 < B 类 \leqslant 90$;$90 < C 类 \leqslant 100$。

序号	货品名称	库存量	单价	库存商品金额	库存商品金额占入库货商品总金额百分比	库存商品金额占入库货商品总金额累计百分比	ABC分类
1	双汇火腿肠	300	4	1200	6.05%	48.41%	A
2	德芙巧克力	1200	8	9600	48.41%	78.67%	B
3	比巴卜泡泡糖	290	1	290	1.46%	85.73%	B
4	绿箭	140	2	280	1.41%	91.78%	C
5	徐福记棒棒糖	270	1	270	1.36%	93.29%	C
6	益达	150	2	300	1.51%	94.76%	C
7	百事可乐(大瓶装)	40	6	240	1.21%	96.17%	C
8	海苔卷	700	2	1400	7.06%	97.53%	C
9	乐事薯片	50	5	250	1.26%	98.79%	C
10	沙琪玛	2000	3	6000	30.26%	100.00%	C

因此,双汇火腿肠是A类商品,德芙巧克力、比巴卜泡泡糖是B类商品,其余为C类商品。对A类库存商品,企业需要对他们定时进行盘点,详细记录及经常检查分析货物适用、存量增减和品质维持等信息,加强进货、发货、运送管理,在满足企业内部需要和顾客需要的前提下,维持尽可能低的经常库存量和安全库存量,既要降低库存,又要防止缺货,加快库存周转。

任务五　仓储单证

1. 了解入库作业、在库作业、出库作业的含义；
2. 理解入库作业、移库作业、盘点作业、出库作业的流程；
3. 掌握入库单、储位分配单、移库单、盘点单、出库单、拣货单的填制方法。

任务导入

2020年9月1日福兴祥物流运输仓储有限公司与意大利索夫贸易有限公司签订采购合同，福兴祥物流运输仓储有限公司采购部门给仓储部门发送入库通知单。

入库通知单						
入库通知单号：CW8307343 供应商编号：EUR02035				供应商：意大利索夫贸易有限公司 计划到货日期：2020年11月24日		
序号	货品编号	货品名称	规格	单位	计划数量	备注
1	8307346-27	卡司诺三合一咖啡	150 g * 24 盒/箱	箱	35	
2	8307346-26	精选速溶咖啡	100 g * 12 瓶/箱	箱	30	
3	8307346-28	精选拿铁咖啡	100 g * 12 瓶/箱	箱	30	
合计					95	

2020年9月1日上午，仓储部信息员李阳为执行入库任务准备单号为CRK110358的《入库单》。经检验，本批货品全部合格，根据存放规则和可用的货位情况，将统一入库到2仓库，库区为食品2区。

 任务要求

请以福兴祥物流运输仓储有限公司仓储管理人员李阳的身份，准备入库作业单据。

知识链接

仓储作业是指从商品入库到商品发送出库的整个仓储作业全过程。本教材将从入库作业管理、在库作业管理与出库作业管理三方面详细介绍仓储作业的具体流程、注意事项以及单证的填制方法。

一、入库作业

1. 入库作业的含义

入库作业是指货物进入仓库时，仓储部门所进行的接运、装卸、搬运、核单、验收货物、登账等一系列操作活动。

2. 入库作业流程

商品从接货到入库上架，其基本流程如图1-5-1所示。

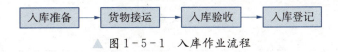

▲ 图1-5-1 入库作业流程

入库准备是指仓储部门根据仓储合同或入库单要求，编制入库计划，根据入库计划提前做好货物的库位、人员、设备、验收工具的准备，保证入库作业顺利有序进行。

货物接运的方式主要有库内接货、铁路专线接运、到承运单位接货和自提货四种形式。

入库验收是指按照合同要求或货物入库品正对货物的品质、数量、包装等进行检查、检验活动的总称。入库验收的主要任务就是对即将入库的商品进行数量和质量状态的核验，为入库和保管打好基础，防止不必要的经济损失。

入库登记主要包括登账、立卡、建档等。

3. 缮制入库作业单证

入库作业单证是入库作业的重要凭证，是核对入库商品数量，进行储位管理的主要依据。本教材将以福兴祥物流运输仓储有限公司仓库作业为例，对入库作业中涉及的入库单与储位分配单进行讲述。

(1) 缮制入库单

任务描述：李阳是福兴祥物流运输仓储有限公司2号仓库的工作人员。2号仓库是专门为青岛市得力文具有限公司服务的仓库，负责青岛地区的仓储与配送服务。

2020年9月13日上午，青岛市得力文具有限公司发来入库通知单，如下表。

▼ 青岛市得力文具有限公司的入库通知单

编号：NM20200913

供应商名称：青岛市得力文具有限公司
供应商编号：QDDL007
收货地点：福兴祥物流运输仓储有限公司
发货日期：2020 年 9 月 13 日　　　　　　　　　　　　　　　计划到货日期：2020 年 9 月 15 日

序号	货物编号	货物名称规格	包装	单位	单价	计划数量	金额	生产日期
1	190110	得力红色中性笔 GP1008	500 支/箱	箱	750	4	3 000	2020.7.1
2	190111	得力黑色中性笔 GP1009	500 支/箱	箱	750	6	4 500	2020.7.1
		合计				10	7 500	

制单人：张三　　审核人：李四

9 月 15 日，李阳制作编号为 RKD0915 的入库单，对货物进行验收，发现货物与入库通知单上货物数量一致，货物无异常，李阳以仓管员身份对入库单进行了反馈。

入库单格式：

▼ 入库单

入库单号：

1 {
仓库编号						
供应商名称			供应商编号		制单时间	
入库通知单号						

2 {
货品名称规格	货品编号	包装	单位	计划数量	实际数量	备注

3 {
仓管员				制单人		

表中 1 所表示的部分称为首文，包括入库单的入库单号、仓库编号、供应商名称编号、制单时间、入库通知单号的信息。

表中 2 表示的部分称为本文，主要填写货品名称规格、编号、单位、计划数量与实际数量的入库信息。

表中 3 表示的部分称为结文，主要填写仓管员与制单人信息。

入库单填写：

▽ 入库单

入库单号：RKD0915

仓库编号	2号仓库						
供应商名称	青岛市得力文具有限公司		供应商编号	QDDL007	制单时间	2020.9.15	
入库通知单号	NM20200913						
货品名称规格	货品编号	包装	单位	计划数量	实际数量	备注	
得力红色中性笔 GP1008	190110	500支/箱	箱	4			
得力黑色中性笔 GP1009	190111	500支/箱	箱	6			
仓管员				制单人		李阳	

入库单反馈：

▽ 入库单

入库单号：RKD0915

仓库编号	2号仓库						
供应商名称	青岛市得力文具有限公司		供应商编号	QDDL007	制单时间	2020.9.15	
入库通知单号	NM20200913						
货品名称规格	货品编号	包装	单位	计划数量	实际数量	备注	
得力红色中性笔 GP1008	190110	500支/箱	箱	4	**4**		
得力黑色中性笔 GP1009	190111	500支/箱	箱	6	**6**		
仓管员	**李阳**			制单人		李阳	

反馈即对入库单的计划数量与实际数量进行核实，仓管员在入库单仓管员处进行签字确认，如表中黑色加粗字体标注部分。

(2) 缮制储位分配单

任务描述：上批入库完成后，李阳将该批商品统一存放到 2 号仓库文具区，经过对出位的查询，仓库可用储位如下图所示。

得力红色中性笔 GP1008（12 箱）	得力红色中性笔 GP1008（12 箱）	得力红色中性笔 GP1008（12 箱）	得力红色中性笔 GP1008（12 箱）		
C00000	C00001	C00002	C00003	C00004	C00005
得力黑色按动中性笔 K35（12 箱）	得力黑色按动中性笔 K35（12 箱）	得力黑色按动中性笔 K35（12 箱）	得力黑色按动中性笔 K35（12 箱）	得力黑色按动中性笔 K35（12 箱）	得力黑色按动中性笔 K35（12 箱）
B00000	B00001	B00002	B00003	B00004	B00005
得力黑色中性笔 GP1009（12 箱）		得力黑色中性笔 GP1009（12 箱）	得力黑色中性笔 GP1009（12 箱）	得力黑色中性笔 GP1009（12 箱）	得力黑色中性笔 GP1009（12 箱）
A00000	A00001	A00002	A00003	A00004	A00005

2020 年 9 月 15 日，李阳按照入库单和仓库储位情况，和同类商品集中存放的原则，缮制了编号为 CWFPD0915 的储位分配单，并在货品上架后进行了反馈。

储位分配单格式：

▼ 储位分配单

作业单号：

1 {
入库单号		仓库编号	
仓管员		日期	
}

作业明细										
序号	库区	储位	货品名称规格	货品编号	包装	应放数量	实放数量	单位	备注

2

3 { | 制单人 | | 作业人 | | }

表中 1 表示的部分称为首文,包括作业单号、入库单号、仓库编号、仓管员、日期等信息。

表中 2 表示的部分称为本文,主要填写库区、储位、货物名称规格、货品编号、包装、应放实放数量、单位等内容。

表中 3 表示的部分称为结文,主要填写制单人与作业人信息。

储位分配单填写:

▼ 储位分配单

作业单号:CWFPD0915

入库单号	RKD0915			仓库编号		2号仓库			
仓管员	李阳			日期		2020.9.15			
作业明细									
序号	库区	储位	货品名称规格	货品编号	包装	应放数量	实放数量	单位	备注
1	文具区	A00001	得力黑色中性笔GP1009	190110	500支/箱	6		箱	
2	文具区	C00004	得力红色中性笔GP1008	190111	500支/箱	4		箱	
制单人	李阳					作业人			

储位分配单反馈:

▼ 储位分配单

作业单号:CWFPD0915

入库单号	RKD0915			仓库编号		2号仓库			
仓管员	李阳			日期		2020.9.15			
作业明细									
序号	库区	储位	货品名称规格	货品编号	包装	应放数量	实放数量	单位	备注
1	文具区	A00001	得力黑色中性笔GP1009	190110	500支/箱	6	6	箱	
2	文具区	C00004	得力红色中性笔GP1008	190111	500支/箱	4	4	箱	
制单人	李阳					作业人	**李阳**		

反馈即对储位分配单的应放数量与实放数量进行核实,作业人在储位分配单作业人处进行签字确认,如表中黑色加粗字体标注部分。

二、在库作业

在库作业是商品入库后,仓库管理人员对商品的进行理货、堆码、货位管理、移库、盘点等保管工作。鉴于本教材已对堆码、货位管理进行了详细讲解,在库作业部分将以移库作业和盘点作业为重点进行讲解。

1. 移库作业的含义

移库作业是根据仓库内货物质量变化、库存因素、货物放置错误、储位变更等因素进行调整库存储位的一种手段。移库的主要目的是优化储位和提高仓储效率。

2. 移库作业流程

打印移库单 → 移库作业 → 调整储位

▲ 图 1-5-2 移库作业流程

3. 缮制移库单证

任务描述:2020 年 10 月 10 日,因为仓库调整,仓储部部长王杰下达移库任务:将存放在 3 号仓库的食品移至 4 号库存放。3 号库的食品存放状况如表 1-5-1 所示。

▼ 表 1-5-1 3 号仓库食品存放情况

库区	储位	货品编号	货品名称及规格	包装	单位	存放数量	生产日期	入库日期
食品区	B00002	KL1001	可口可乐(无糖)	24听/箱	箱	30	2020.8.15	2020.9.1
食品区	B00003	KL1002	百事可乐(梅子味)	24听/箱	箱	24	2020.7.07	2020.8.10

此次移库需要一台叉车和一名叉车工人,需联系设备管理负责人刘海洋。3 号仓库负责人是孙明,4 号库负责人是刘海。仓管员李阳查看 4 号仓库货位情况后,发现 C10004、C20001 储位空闲。于是李阳编制了编号为 YKD20201010 的出库单。移库作业完成后,李阳进行了反馈。

移库单格式:

▼ 移库单

编号：

下达日期		执行日期			
库源负责人		目的库负责人		回单人	
调用资源					
资源名称	资源负责人		数量		
货品信息					
货品名称	单位	源库储位	目标储位	应拣数量	实拣数量	实存数量	备注
源库负责人		目的库负责人		拣货负责人	

（1 为首文，2 为本文，3 为结文）

表中 1 表示的部分称为首文，包括移库单号、下达日期、执行日期、源库负责人、目的库负责人、回单人等信息。

表中 2 表示的部分称为本文，主要填写调用资源和货品信息等内容。

表中 3 表示的部分称为结文，主要填写源库负责人、目的库负责人和拣货负责人等信息。

移库单填写：

▼ 移库单

编号：YKD1010

下达日期	2020.10.10	执行日期	2020.10.10		
库源负责人	孙明	目的库负责人	刘海	回单人	
调用资源					
资源名称	资源负责人		数量		
叉车	刘海洋		1 台		
叉车工	刘海洋		1 名		
货品信息					
货品名称	单位	源库储位	目标储位	应拣数量	实拣数量	实存数量	备注
可口可乐（无糖）	箱	B00002	C10004	30			
百事可乐（梅子味）	箱	B00003	C20001	24			
源库负责人		目的库负责人		拣货负责人	

移库单反馈：

移库单

编号：YKD1010

下达日期	2020.10.10		执行日期		2020.10.10	
库源负责人	孙明		目的库负责人	刘海	回单人	
调用资源							
资源名称	资源负责人				数量	
叉车	刘海洋				1台	
叉车工	刘海洋				1名	
货品信息							
货品名称	单位	源库储位	目标储位	应拣数量	实拣数量	实存数量	备注
可口可乐（无糖）	箱	B00002	C10004	30	**30**	**30**	
百事可乐（梅子味）	箱	B00003	C20001	24	**24**	**24**	
源库负责人	**孙明**			目的库负责人	**刘海**	拣货负责人	**李阳**

反馈即对移库单的应拣数量、实存数量进行核实，源库负责人、目的库负责人、拣货负责人在移库单进行签字确认，如表中黑色加粗字体标注部分。

4. 盘点作业的含义

为了有限地控制货品数量，而对各储存场所进行数量清点的作业，成为盘点作业。

企业进行盘点作业主要有以下目的：

（1）确定现存数量，修正账物不符的误差；

（2）计算企业的损益；

（3）审核货品管理的绩效，使出入库的管理方法和保管状态变得清晰。

5. 盘点作业流程

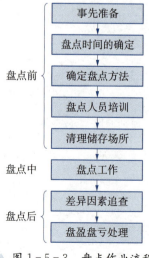

▲ 图1-5-3 盘点作业流程

6. 缮制盘点单证

任务描述：5号仓库是电子商品仓库，商品少价值高，公司要求每天下班前对仓库货物进行盘点。2020年10月15日下班前，李阳对电子商品区进行盘点。李阳通过查询发现电子商品区库存情况，如表1-5-2所示。

表1-5-2 5号电子商品存放情况

库区	储位	货品编号	货品名称及规格	包装	单位	存放数量	生产日期	入库日期
电子商品区	A00001	PG1001	苹果iPad pro	12台/箱	箱	10	2020.6.15	2020.7.1
电子商品区	A00003	PG1002	苹果iPad Air	12台/箱	箱	15	2020.7.10	2020.8.1
电子商品区	B10002	LX2001	联想PAD	12台/箱	箱	9	2020.9.11	2020.9.25

李阳根据查询情况，制定了编号为PDD1015的盘点单，并进行了盘点。盘点后发现实际货物与盘点单货物一致，盘点完毕后，李阳已盘点人身份对盘点单进行了反馈。

盘点单格式：

盘点单

仓库编号						制单时间				
货品信息										
库区	储位	货品编码	货品名称规格	包装	单位	库存数量	实际数量	盈亏数量	损坏数量	备注
制单人						盘点人				

盘点单号：

1：首文（仓库编号、制单时间等）
2：本文
3：结文（制单人、盘点人）

表中1表示的部分称为首文，包括盘点单号、仓库编号、制单时间等信息。

表中2表示的部分称为本文，主要填写库区、储位、货品编号、货品名称规格、包装、单位、库存数量、实际数量、盈亏数量、损坏数量等内容。

表中3表示的部分称为结文，主要填写制单人和盘点人等信息。

盘点单填写：

▼ 盘点单

盘点单号：PDD1015

仓库编号			5号仓库			制单时间		2020.10.15		
货品信息										
库区	储位	货品编码	货品名称规格	包装	单位	库存数量	实际数量	盈亏数量	损坏数量	备注
电子商品区	A00001	PG1001	苹果 iPad pro	12台/箱	箱	10				
电子商品区	A00003	PG1002	苹果 iPad Air	12台/箱	箱	15				
电子商品区	B10002	LX2001	联想 PAD	12台/箱	箱	9				
制单人			李阳			盘点人				

盘点单反馈：

▼ 盘点单

盘点单号：PDD1015

仓库编号			5号仓库			制单时间		2020.10.15		
货品信息										
库区	储位	货品编码	货品名称规格	包装	单位	库存数量	实际数量	盈亏数量	损坏数量	备注
电子商品区	A00001	PG1001	苹果 iPad pro	12台/箱	箱	10	**10**			
电子商品区	A00003	PG1002	苹果 iPad Air	12台/箱	箱	15	**15**			
电子商品区	B10002	LX2001	联想 PAD	12台/箱	箱	9	**9**			
制单人			李阳			盘点人				**李阳**

反馈即对盘点单的实际数量进行核实，盘点人在盘点单进行签字确认，如表中黑色加粗字体标注部分。

三、出库作业

1. 出库作业含义

出库作业是仓储作业中最后一步，也是最重要的一步，是仓储企业进行货物流转的终点站。出库作业是从客户取得货物订单,然后按客户订货要求进行订单处理、分拣、组配、发货等工作的总称。

出库作业要贯彻如下原则:

(1) 先进先出、后进后出、推陈储新的原则;

(2) 凭证发货的原则;

(3) 提高服务质量,满足客户需求的原则。

本教材将结合实际,对出库作业中的拣货与出库作业进行讲解。

2. 出库作业流程

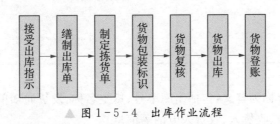

▲ 图1-5-4 出库作业流程

3. 缮制出库单证

任务描述:2020年10月24日,5号仓库收到胶州市佳乐家发来的发货通知单,相关信息如表1-5-3所示。

▼ 表1-5-3 佳乐家发货通知单

编号:FH20201025

收货客户:大宇电器
收货地址:青岛市市南区香港中路100号
收货人:李刚　收货电话:0532-85268849
发货仓库:福兴祥物流运输仓储有限公司5号仓库
发货日期:2020年10月25日
仓库地址:青岛市胶州市杭州路66号
仓库联系人:王梅　仓库电话:0532-58796003

序号	货物编号	货物名称规格	包装	单位	计划数量	备注
1	PG1002	苹果iPad Air	12台/箱	箱	10	
	合计				10	
制单人		李勇		审核人	王刚	

李阳根据出库通知单要求,缮制了编号为CKD1024的出库单,在对出库单货物进行核对后,李阳以仓管员身份对出库单进行反馈。

出库单格式:

▼ 出库单

出库单号：

货主名称				发货通知单号			
收货客户				发货日期			
收货地址			收货人		收货人电话		
货品编号	货物名称规格	包装	单位	计划数量	实际数量	收货人签收数量	备注
仓管员			制单人		收货人		

（1 表示首文部分，2 表示本文部分，3 表示结文部分）

表中 1 表示的部分称为首文，包括出库单号、货主名称、发货通知单号、收货客户、发货日期、收货日期、收货地址、收货人、收货人电话等信息。

表中 2 表示的部分称为本文，主要填写货品编号、货物名称规格、包装、单位和计划数量、实际数量、收货人签收数量等内容。

表中 3 表示的部分称为结文，主要填写仓管员、制单人和收货人等信息。

出库单填写：

▼ 出库单

出库单号：CKD1024

货主名称	胶州市佳乐家			发货通知单号	FH20201025		
收货客户	大宇电器			发货日期	2020.10.25		
收货地址	青岛市市南区香港中路100号		收货人	李刚	收货人电话	0532-85268849	
货品编号	货物名称规格	包装	单位	计划数量	实际数量	收货人签收数量	备注
PG1002	苹果 iPad Air	12台/箱	箱	10			
仓管员			制单人	李阳	收货人		

出库单反馈：

▼ 出库单

出库单号：CKD1024

货主名称	胶州市佳乐家		发货通知单号		FH20201025	
收货客户	大宇电器		发货日期		2020.10.25	
收货地址	青岛市市南区香港中路100号	收货人	李刚	收货人电话	0532-85268849	
货品编号	货物名称规格	包装	单位	计划数量	实际数量	收货人签收数量	备注
PG1002	苹果 iPad Air	12台/箱	箱	10	10		
仓管员	**李阳**		制单人		李阳	收货人	

反馈即对出库单的实际数量进行核实，仓管员在出库单仓管员处进行签字确认，如表中黑色加粗字体标注部分。

4. 缮制拣货单证

任务描述：2020年10月24日，李阳根据出单号为CKD1024的出库单查询系统，电子商品区库存情况如表1-5-4所示。

▼ 表1-5-4　5号仓库库存情况

库区	储位	货品编码	货品名称规格	包装	单位	库存数量	质量状态	生产日期	入库日期	备注
电子商品区	A00001	PG1001	苹果 iPad pro	12台/箱	箱	10	10	2020.6.15	2020.7.1	
电子商品区	A00003	PG1002	苹果 iPad Air	12台/箱	箱	15	15	2020.7.10	2020.8.1	
电子商品区	B10002	LX2001	联想 PAD	12台/箱	箱	9	9	2020.9.11	2020.9.25	

李阳根据库存情况，编制了拣货单号为JHD1024的拣货单，并按照拣货单进行拣货，拣货完毕后，李阳以拣货人生分队拣货单进行反馈。

拣货单格式：

▼ 拣货单

拣货单号：

	货主名称		出库单号	
1	仓库编号		制单日期	
	货品明细									
2	序号	库区	储位	货品编号	货物名称规格	包装	单位	应拣数量	实拣数量	备注
3	制单人					拣货人				

表中 1 表示的部分称为首文，包括拣货单号、货主名称、出库单号、仓库编号、制单日期等信息。

表中 2 表示的部分称为本文，主要填写库区、储位、货品编号、货物名称规格、包装、单位、应拣数量和实拣数量等内容。

表中 3 表示的部分称为结文，主要填写制单人和拣货人等信息。

▼ 拣货单

拣货单号：JHD1024

货主名称	胶州市佳乐家	出库单号	CKD1024
仓库编号	5号仓库	制单日期	2020.10.24

货品明细										
序号	库区	储位	货品编号	货物名称规格	包装	单位	应拣数量	实拣数量	备注	
1	A00003	PG1002	PG1002	苹果 iPad Air	12台/箱	箱	10			

制单人	李阳	拣货人	

拣货单反馈：

▼ 拣货单

拣货单号：JHD1024

货主名称	胶州市佳乐家	出库单号	CKD1024
仓库编号	5号仓库	制单日期	2020.10.24
货品明细			

续表

序号	库区	储位	货品编号	货物名称规格	包装	单位	应拣数量	实拣数量	备注
1	A00003	PG1002	PG1002	苹果 iPad Air	12台/箱	箱	10	**10**	
制单人			李阳			拣货人		**李阳**	

反馈即对拣货单的实拣数量进行核实,拣货人在拣货单拣货人处进行签字确认,如表中黑色加粗字体标注部分。

 任务实施

根据入库通知单信息,入库作业单信息填制如下。

▼ 入库单

入库单号:CRK110358

仓库编号		2号仓库					
供应商名称	意大利索夫贸易有限公司			供应商编号	EUR02035	制单时间	2020.9.1
入库通知单号				CW8307343			
货品名称规格	货品编号		包装	单位	计划数量	实际数量	备注
卡司诺三合一咖啡	8307346-27		150g*24盒/箱	箱	40		
精选速溶咖啡	8307346-26		100g*12瓶/箱	箱	30		
精选拿铁咖啡	8307346-28		100g*12瓶/箱	箱	30		
仓管员					制单人	李阳	

项目小结

本项目主要介绍了仓储和与仓储作业相关的理论知识。介绍了仓储、仓储管理、堆码、条码、储位管理、电子标签拣货系统、无线射频识别技术、仓储设施设备、存储设备、货架、托盘、叉车、库存、库存控制的基本概念;讲述了仓储的性质、作用、功能与分类,仓储的意义及管理原则,堆码方式的优缺点、条码技术的应用及电子标签拣货系统的优点,以案例形式讲解了库存控制的作用、流程级库存管理常用的方法和仓储作业单证,包括入库单、出库单、拣货单、移库单、储位分配单的填制方法。

项目二　配送作业

项目概述

本项目以青岛市福兴祥物流有限公司的日常业务为背景,以物流中心配送作业的任务为线索,以各个知识点通过任务导入、解决任务为重点,设计典型职场情景和工作任务,培养学生岗位胜任能力与综合职业素养。每个任务中都设置了"任务导入""知识链接""任务实施"等环节,先进行任务知识讲解,再进行任务实施。通过学习,要求达到以下学习目标:

1. 掌握配送的定义及其特点、功能,配送的类型和模式及业务流程;
2. 能按照要求完成订单处理和配送作业并处理异常情况,采取有效措施防控配送作业的安全隐患;
3. 会操作常用的装卸搬运设备;
4. 能够根据作业要求选择、使用并维护相关设备与设施;
5. 理解配送路线优化的必要性;
6. 掌握配送路线的确定原则及方法,学会使用节约里程法安排配送路线。

项目导学

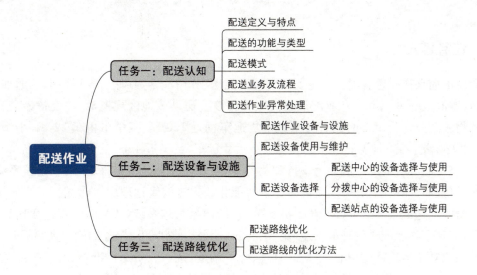

任务一　配送认知

1. 掌握配送的定义及其特点、功能；
2. 掌握配送的类型和模式及业务流程；
3. 能按照要求完成订单处理和配送作业并处理异常情况；
4. 能够采取有效措施防控配送作业的安全隐患。

任务导入

青岛市福兴祥配送有限公司主要从事城市配送、分销配送、存储、信息处理、流通加工以及搬运、增值服务等一系列专业配送物流服务。该公司是该地区规模最大、设备最全、业务最广的物流企业。公司日前拥有各型城市货运车辆近150辆，其中出租车32辆，小型货车16辆，以及一批冷藏、常温厢式车和其他大小尺寸货车，员工近150名。公司在青岛市政府、交通局、公安局等有关部门的大力支持和关心下，对所辖车辆均安装车载GPS定位系统，配备通信设备和导航终端，充分实现配送车辆智能化。先进的管理理念、强大的IT系统支持、完全直营的配送网络、终端移动POS机支持、仓储信息管理系统（WMS）等现代化信息系统的运用，实现了物流配送管理的安全、集成、有效，使公司提供优质服务的能力大幅提升。

公司成立了运输调度中心，以统一管理、统一调度、统一收费为标准，及时掌控配送货物的实时在途情况，保证在发生突发状况时能及时做出应急处理和调度，确保业务的正常作业和服务质量。

任务要求

1. 李伟是公司配送部门新入职的实习生，通过一个月的学习，他如何来完成企业的配送作业？
2. 面对企业出现的异常情况，李伟应该怎样去处理？

知识链接

一、配送定义与特点

1. 配送的定义

配送（Delivery），是交货、送货的意思。在日本工业标准JIS中，将配送定义为"将货物从物流结点送交收货人的活动"。我国《物流术语》（GB/T 18354—2006）中对配送的定义为：在经济合理的区域范围内,根据用户要求,对物品进行拣选、加工、包装、分割、组配等作业,并按时送达到指定地点的物流活动。配送流程如图2-1-1所示。

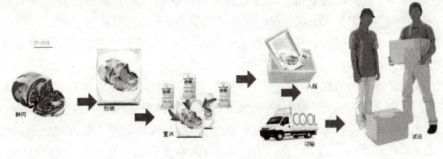

▲ 图2-1-1 配送流程

2. 配送的特点

(1) 配送是物流中的一种特殊的、综合的活动形式,是物流与商流的紧密结合。配送包含了所有的物流功能要素,是物流的一个缩影或在某些小范围中物流全部活动的体现。一般的配送包含装卸、包装、保管、运输,通过这一系列物流活动。配送的主体活动与一般物流不同,一般物流是运输与保管,而配送则是运输及分拣配货,分拣配货是配送的独特需求,也是配送中有特点的活动。

(2) 配送的实质是送货。配送是一种送货,但和一般的送货不同,其具体表现在:一般送货可以是一种偶然的行为,而配送却是一种固定的形态,有一套装备和管理力量、技术力量。所以说,配送是高水平的送货形式,是一种面向最后用户的服务。

(3) 配送是一种"中转"形式。配送是从物流节点至用户的一种特殊送货形式。从送货功能看,其特殊性表现为:从事送货的是专职流通企业,而不是生产企业;配送是"中转"型送货,而一般送货尤其从工厂至用户的送货往往是直达型;一般送货是生产什么,有什么送什么,配送则是企业需要什么送什么,配送使企业实现"零库存"成为可能。

(4) 配送是"配"与"送"有机结合的形式。配送与一般送货的重要区别在于:配送强调合理化,配送利用有效的分拣、配货等理货工作,使送货达到一定的规模,以实现时间、速度、服务水平、数量等方面寻求最优,以利用规模优势取得较低的送货成本。

(5) 现代物流配送是以客户要求为出发点。以客户的利益角度出发,根据客户的要求进行配送,秉承"用户第一、质量第一"的宗旨。配送企业以提供服务为主,其目的是在满足客户的基础上达到双方利益的最大化。

二、配送的功能与类型

1. 配送的功能

配送主要包括"配"和"送"两个功能:"配"主要是配货,包含保管、分拣、包装、流通加工等功能;"送"主要指装卸、送货、收退货等功能。

(1) 采用配送形式形成高效率和高效益,有利于物流运动实现合理化。物流运动科学合理与否对于提高经济运行质量有很大的影响,而经济高质量、快速的发展常常是在合理化流通的条件下实现的。

(2) 配送有利于合理配置资源。实施配送可以做到以配送企业的库存取代社会上的零散库存,因此有可能按照统一计划合理配送和使用资源,做到物尽其用。

(3) 推行配送有利于开发和应用新技术。在现代社会,随着生产规模的不断扩大和市场容量的不断增加,配送的规模也在相应扩大。

(4) 配送可以降低物流成本,促进生产快速发展。配送能减少单项物流(仓储、物流等单项活动)的投入,使之物耗降低、费用减少,配送能减少物流整体活动的劳动消耗和费用支出。

(5) 配送能够充分发挥专业流通组织的综合优势,有效地解决交通问题。推行配送可以使不同的流通组织联系在一起,形成一体化运作,能够体现出整体优势与综合优势,减少社会范围内的迂回运输、交叉运输、重复运输等现象。

2. 配送的类型

(1) 按配送组织者不同划分

① 零售商型配送中心:随着零售业连锁化,为了更好地服务门店,节约配送成本,总部会设立专属的配送中心。其经营模式既有自营,也有部门独立核算或委托给第三方物流企业。

② 专业型配送中心:组织者是专职从事配送的物流公司。专业型配送中心专业性强,与客户建立有良好关系。其经营特征就是把社会上闲散的资源进行整合利用,可体现出社会经济效益。

③ 转运型配送中心:货运公司借由各区的营业所、营业集货站发展成专业的转运型配送中心。这些物流业者一般以货品转运为主,只提供"送"的功能。近年来,由于行业竞争,转运型配送中心的业务范围也逐渐增加了"配"的功能。

(2) 按配送商品种类及数量不同划分

① 少品种大批量配送:这类商品大多数由传统货运公司承接。

② 多品种小批量配送:这类商品大多数由专业物流公司承接。

(3) 按配送时间及数量不同划分

① 定时配送:按照规定的时间间隔进行配送,如一天一配、一天两配等,还有在制定的时间内送达,如承诺每天上午8—9点送达等。

② 定量配送:按规定的批量进行配送,但不严格确定时间,只是规定在一个指定的时间范围内配送。这种方式由于数量固定,备货工作较为简单,无需经常改变配货备货的数量,这就能有效利用托盘、集装箱等集装方式,也可做到整车配送,所以配送效率较高。

③ 定时定量配送:在规定准确的配送时间和固定的配送数量的情况下进行配送,这种方式在用户较为固定又有长期的稳定计划时使用,有定时、定量两种方式的优点,具有较大优势。但这种方式特殊性强、计划难度大、适合采用的对象不多,虽较理想,但不是一种普遍采用的配送方式。

④ 定时、定路线配送:在确定的运行路线上制订到达时间表,按运行时间表进行配送,用户可在规定线路站及规定时间接货,亦可按规定线路及时间表提出配送要求,从而进行合理

选择。但这种方式的应用领域也是有限的,不是一种可以普遍采用的方式。

⑤ 即时配送:在不预先确定配送数量、配送时间及配送线路的情况下,完全按用户要求的时间、数量进行配送。这种方式是以某天的任务为目标的。

此外,依据配送中心的功能,还可分为存储型配送中心、流通型配送中心、加工型配送中心;依据配送货物种类,可分为食品配送中心、日用品配送中心、医药品配送中心、化妆品配送中心、家电产品配送中心、化学危险品配送中心等。

三、配送模式

1. 绿色物流配送

主要包括两个方面:一是对配送系统污染进行控制,即在配送系统和配送活动的规划与决策中尽量采用对环境污染小的方案,如采用排污量小的货车车型、近距离配送等。发达国家政府倡导的绿色物流配送是以污染发生源、交通量、交通流三个方面着眼制订的政策。绿色物流配送的另一个着重点是建立工业和生活废料处理的物流系统。

2. 加工配送

这种将流通加工和配送一体化的形式,能够使加工更有针对性,配送服务更趋完善。

3. 共同配送

共同配送是指由多个企业联合组织实施的配送活动(物流标准术语)。共同配送的主要追求目标是使配送合理化。共同配送可以分为以货主为主体和以物流企业为主体两种类型。共同配送通常由一个配送企业综合某一地区内多个用户的需求,统筹安排配送时间、次数、路线和货物数量,全面进行配送。

4. 同城配送

同城配送又被称为"最后一公里物流",亦被称为城市"轻物流",也叫本地派送。"同城配送"提供一个城市内 A 到 B 之间(尤其是市区范围内)的物流配送,追求的是速度快、效率

▲ 图 2-1-2 同城配送

最大化。随着新零售行业变革的不断深化,同城物流配送平台从同城、小件、外卖领域切入,逐步拓展到生鲜、商超配送领域,现已发展到更为广泛的快递末端领域。

5. 即时配送

即时配送指依托社会化库存,可满足45分钟内送达的配送方式,是应O2O(Online to Offline)而生的物流形态。

即时配送的核心流程是用户配送订单需求直接推到即时配送系统,订单信息通过配送系统再直接推送给指定的本地第三方配送团队。团队接单后,由后台调度系统派单并规划最佳线路,配送员前往目的地取件,最后完成商品的物理转移,从而完成整个配送链条,实现从线上到线下的O2O闭环。

6. 跨境配送

跨境电商的物流方式大概分为四大类:国际邮政小包、国际专线、国际快递和海外仓储派送。这四大类又分为很多小类。

(1) 国际邮政小包如中邮、EUB、荷兰邮政、新加坡邮政、比利时邮政、马来西亚小包等。国际邮政小包适合低值轻小物品,一般可以平邮或挂号,挂号可以查询派送的轨迹,平邮则没办法知道是否妥投。国际邮政小包一般只能发2 kg内的包裹,体积限制为最长边不超过60 cm,三边之和不超过90 cm。

(2) 国际专线:国际专线的特点是质量限制放宽,使用空运方式运至国外,再交给当地物流派送,时效稳定,性价比高,全程跟踪。适合高价值、对时效要求高的包裹。如"出口易"是国内较早提出专线概念的物流服务商,覆盖欧盟俄罗斯等全球主流跨境电商市场。

(3) 国际快递:国际快递适合高值时效的产品,需要收件人协助清关。国际快递主要服务商有 DHL、UPS、EMS 等。EMS价格相对较低,限重30 kg,时效根据地区不同,一般3—15天不等。国际快递需要计算泡重,根据经验估计,一般20 kg以上才有价格优势。

(4) 海外仓储派送:海外仓已经成为跨境电商的标配和趋势,无品类限制,若追求时效可以空运补货,若考虑便宜可以选择海运补货。通过提前备货至海外仓,待买家采购后再从海外仓发货的方法,不仅时效快,成本低,买家物流服务体验亦较好。如"出口易"在英、美、澳、德、加拿大、俄罗斯都有海外仓。

四、配送业务及流程

1. 配送业务

(1) 备货

备货是配送的准备工作或基础性工作,备货工作包括筹集资源、订货或购货、集货、进货及有关的质量检查、结算、交接等。配送的优势之一就是可以集中用户的需求进行定规模的备货。因此,备货是决定配送成败的基础性环节,如果备货不及时、不合理或所需成本较高,会降低配送获得的整体效益。

(2) 存储

配送中心是物品的集散中心,为保证用户的需要,配送中心必须广泛组织货源,集中储备,同时必须具备相应的仓储能力,存储有储备和暂存两种形态。

储备是指按照一定时期配送要求储存货品,形成对配送的资源提供保证。它的特点是:储备数量较大,储备结构比较完善,视货源及到货情况灵活地确定储备结构和储备数量。配送的储备保证有时在配送中心附近单独设库解决。

暂存是指在具体执行配送时,按分拣、配货要求,在理货场地所做的少量储存准备。所以,这部分暂存数量只会对工作方便与否造成影响,不会影响到存储的总效益,因而在数量上控制并不做严格要求。还有一种形式的暂存,即分拣、配货之后形成的发货的暂存,这个暂存主要是用来调节配货与送货的节奏,所需的时间不长。

(3) 分拣及配货

分拣及配货是配送独特的基本业务活动,它不同于其他物流形式及特点的功能要素,是关系送货是否成功的关键环节。分拣及配货是送货向配送发展的必然要求,是不同配送企业间进行竞争和提高自身经济效益的必然延伸。所以,分拣及配货是决定整个配送系统水平的关键要素。

(4) 配装

当单个用户配送数量不能达到运输车辆的有效载运负荷时,就出现了如何集中不同客户的不同配送货物进行搭配装载,以及充分利用运能、运力的问题,这时就需要通过配装来解决。配装可以大大提高送货水平,降低送货成本,所以,配装也是配送系统中表现出现代特点的功能之一,是现代配送不同于以往送货的重要区别之处。

(5) 运输

配送运输与一般运输不同,它属于运输中的末端运输、支线运输,其特点是:运输距离较短、规模较小、频度较高,一般使用汽车作为交通工具。与干线运输的区别是:配送运输的路线选择问题是一般运输所没有的,干线运输的干线是唯一的运输线,而配送运输由于配送用户多,一般城市交通路线又较复杂,如何组合成最佳路线,如何使配装和路线进行有效搭配,是配送运输的特点,也是难度较大的工作,配送运输管理的重点是合理做好配送车辆的调度计划。

(6) 送达

将配好的货物运输到用户还不算配送工作的终结,因为货物送达后和用户接货往往还会出现不协调,这也是配送与运输的主要区别之一。

(7) 配送加工

为满足客户对物资不同形态的要求,在配送中心对物资进行必要的分等、分割、包装等加工也是十分必要的。在配送中,这一功能不具有普遍性,但往往具有重要的作用,它可以提高配送的服务质量,降低配送成本,提高配送加工的经济效益。配送加工是流通加工的一种,但配送加工有它不同于一般流通加工的特点,即配送加工一般只取于用户要求,其加工的目的较为单一。

2. 配送的流程

(1) 订单处理及拣选作业

① 信息员在 WMS 系统中筛选配送作业的任务单,创建批次并打印拣选汇总表。

② 拣货员首先使用 RF 手持终端扫描拣选汇总表的批次码和拣选小车号绑定批次,并根据提示找到指定仓位。接着使用 RF 扫描仓位码和商品码,判断仓位库存是否满足拣选要求,如果符合要求,则进行下一步的操作。在拣选汇总表上记录原因,将拣选汇总表放入拣选容器内,使用 WMS 根据批次号打印客户清单,判断是否一个订单包含多个拣选对象,如果不是,则进入客户包装工作站;如果是,判断是否为分区拣选任务,如果是分区拣选任务,根据拣选汇总表提示放入指定的分区集货位,将分拣完成的商品送至分拣工作站,最后送至客户的包装工作站。

(2) 分货作业

① 分拣员使用 WMS 或 RF 手持终端扫描拣选汇总表的批次条码,开始分货作业的流程,扫描分拣小车条码和商品条码,并按照系统提示放入对应的货格。如果分拣完成,需要使用 WMS 或 RF 手持终端进行确认分拣完成,拣货员将作业完成的分拣小车送到客户包装站。

② 商品管理专员使用 WMS 系统打印发货差异表,查询差异的原因,解决差异问题。

(3) 包装作业

包装员使用 WMS 或 RF 扫描拣选汇总表上的批次条码和商品条码,将拣选汇总表和商品放入对应的物料箱中,并打印发票和顾客签字,将商品和发票/客户清单放入包装箱,填充并封箱。然后将发票装入发票袋、客户标签分别粘贴在商品外包装和包装箱、包装袋上,最后将货物放入承载单元等待送集货点。

(4) 集货作业

集货专员使用 RF 手持终端扫描承载单元、扫描箱码,并送至正确的运输包装工位,将包装箱放入对应的承载单元中,送至对应的集货区,使用 RF 扫描承载单元和集货位,将箱码送至对应的集货位,使用 RF 扫描箱码送至正确的集货位,放入对应的集货位。

(5) 装车交接作业

① 承运商人员将随车带来的提货凭证交仓管员,按照仓库人员的要求,将车辆停靠指定的月台。

② 仓管员使用 RF 扫描装运编号/车牌号码、箱码,使用 RF 确认装车过账、装车完成。进入 WMS 打印派工汇总表、承运商交接表,与承运商人员实物交接、清点数量,承运商确认装车。

(6) 中转分拨作业

中转分拨收货作业流程、拆箱收货作业流程、上架作业流程等与上述流程相似,具体可以参照相关流程。

(7) 配送站点作业

配送站点作业为配送中心装车交接结束后,司机将货物送到配送站点,在配送站点收货及后续处理的过程。配送站点是配送作业的最后一个节点,其主要作业流程包括收货作业流程、拆箱收货作业流程、出站作业流程、自提作业流程等。

五、配送作业异常处理

1. 订单处理及拣选作业的异常处理

订单处理及拣选作业异常多发生在订单创建、拣选汇总表分配、拣选货物等环节,常见的作业异常及处理措施包括以下几个。

(1) 信息员准确、及时操作 WMS 系统创建任务,准确打印拣选汇总表。在创建订单阶段如发现出错,要及时在系统中记录创建异常事件,核对拣选汇总表单据是否完成,并及时补打、领取汇总表。

(2) 拣选汇总表分配错误。如果发现拣选汇总表分配错误要及时处理,如有中转中心发货汇总表,要及时转交中转分拨中心处理。

(3) 仓位库存不足时,应判断并登记原因(无货、不足、破损),并及时反馈。

(4) 拣配员应及时、准确、严格地执行作业流程,扫码时要确保不漏扫,确保商品不要放错、漏放、多放。

2. 分货作业异常处理

分货作业环节异常多发生在分货和商品拣选完整性等方面,常见的作业异常及处理措施包括以下几个。

(1) 严格按照作业流程,准确扫描和分货,确保不错分漏分。作业人员应按照分拣系统指引,将商品准确分配到对应的货格,一次只操作一个商品,防止错误发生。

(2) 根据系统指引,准确判断是否分拣完成。当所有订单商品全部分拣完成后再确认作业完成,一旦发现错误,应及时进行处理。

3. 包装作业异常处理

包装作业异常及处理经常发生在单证、装箱、填充物包装等环节上,具体的措施包括以下几个。

(1) 商品装箱错误。由于错误的拣选和分货,导致送至包装台的商品有误,一旦发现,应将拣选汇总表和错误商品放入物料箱并登记好误。同时,应避免包装装箱时将商品混装、错装。

(2) 单证处理错误。由于疏忽导致各类单证(含发票)漏打、错打或者单证装箱(粘贴)错误。一旦发现应及时停止作业,补打或将单证放入正确的包装箱。

(3) 境充包装物不合理。填充充包装箱时,因填充物选择错误或填充未达到标准,致使包装出现质量问题。作业人员应严格按照作业标准选择、作业,完成填充工作。

4. 集货作业异常处理

集货作业异常多发生在集货完整判断的准确性、集货位存放的准确性等环节,常见的作业异常及处理措施包括以下几个。

(1) 将未完成的集货任务判断为完成。未能将订单上的所有商品集货至统一位置,或者漏了某些商品,作业人员应严格按照作业流程,使用系统辅助判断,确保不漏、不错。

(2) 将集货完成的包装箱放到错误的集货位。由于工作疏忽,将集货承载单元或包装箱送至错误的集货位,作业人员应严格按照作业标准操作,一旦发现错误,应及时将商品送至正确的集货位。

5. 装车交接作业异常处理

装车作业异常多发生在点货环节,其次是上车环节,常见的作业异常及处理措施包括以下几个。

(1) 货物多出。在装车环节发现货物多出时,应通知相关人员退还并放回原储位,同时应加强对其他货物的清点,防止货品少出。

(2) 货物缺少。在装车环节发现货物缺少,应通知相关人员确认,并立即进行补充。同时应加强对其他货物的清点,防止货品多出。

(3) 货物发错。在装车环节发现不在出货清单上的货物,应通知相关人员退还并放回原储位,同时立即对缺少的货品进行补充。

(4) 上车串货。在装车环节将月台上待装的运货品装错车辆,应立即停止作业并纠正错误,如果车辆已经驶离配送中心,应立即联系司机进行补救。

(5) 上车漏装。在装车环节未能将全部货品装上配送车辆就结束上车作业,应立即停止车辆驶离,要将漏装货品装载上车辆并重新封签车辆,同时向上级管理部门汇报。

6. 中转分拨作业异常处理

中转分拨作业异常多发生在分拨环节,常见的处理措施有以下几个。

(1) 单证发生破损、体积超大等,无法自动分拨。由于包裹面单破损、体积超过处理范围等原因,无法自动识别,应通过人工方式识别和判断,完成分拨作业。

（2）分拨道口集包错误。分拨道口货物量大、工作人员疏忽等原因，可能造成将包裹集货至错误的承载容器。这类错误一旦发生，造成的成本很高，往往要进入配送环节才能发现，造成的成本损失巨大且不可逆。作业人员应严格遵守作业流程要求，确保准确无误地完成分拨工作。

7. 配送站点作业异常处理

配送站点作业异常多发生在交货环节，常见的作业异常及处理措施包括以下几个。

（1）多交货品。由于配送卸货环节工作疏忽，使得部分货品卸车数量大于应交付数量，造成多交货品。应及时核对，核实后带回。

（2）少交货品。由于配送卸车环节工作疏忽，使得部分货品卸车数量小于应交付数量，造成少交货品。核实后，如配送车辆未离开应及时卸车交付；如车辆已经离开，若属于客户协议同意的情况，应及时补发。

（3）错交货品。由于配送加车环节工作疏忽，使得部分货品与应交付货物规格不符，造成错交货物。核对后，应及时与客户取得联系，并协调重发与退货。

（4）交错客户。由于配送环节工作疏忽，使得将货品配送至错误的客户并完成了交付，造成交错客户。核实后，应及时联系客户取回送错的货品。

（5）客户拒收。客户收货时发现配送货品在数量、质量等方面存在问题，拒收货物，需要与客户确认拒收原因后，并将货物作拒收处理，带回配送中心。

任务实施

李伟作为一名新员工，首先要了解青岛市福兴祥配送有限公司是一家专业型的物流配送中心，该公司的主要配送业务是备货、存储、分拣及配货、配装、运输送达、配送加工等。根据标准的配送流程：订单处理及拣选作业、分货作业、包装作业、集货作业、装车交接作业、配送站点作业进行配送作业。如果在配送作业环节中订单处理及拣选作业、分货作业、包装作业、集货作业、装车作业、中转分拨作业、配送站点作业出现异常情况，应及时处理。

任务二 配送设备与设施

1. 会操作常用的装卸搬运设备；
2. 能够描述物流配送作业中的相关物流设备；
3. 能够根据作业要求选择、使用并维护相关设备与设施。

任务导入

青岛市福兴祥集团配送体系由配送中心、分拨中心和作业站点三级组成。配送中心由存储区、拣选作业区、理货区等作业区域构成。其中，存储区分为自动化立体仓库存储区、货架存储区、平面堆存区等区域；拣选作业区分为货架拣选区、平面仓（平置仓）拣选区、语音拣选区、智能化拣选区、全自动拣选区等区域；理货区分为包装作业区、集货作业区和月台作业区等区域。分拨中心分为到件区、分拨作业区、发件区。作业站点是集到站、暂存、出站等功能为一体的多功能作业节点。不同的配送设施在作业过程中使用的设备不同，主要设施设备有整箱（集货单元）货物自动分拣系统、电子标签货架拣选系统、语音拣选系统、货到人拣选系统、各类包装设备、电动平衡叉车、手动液压叉车、电动托盘搬运叉车、升降平台、各类托盘等。

该集团现接到一批客户订单，分别来自网络销售平台和线下门店订货，要求分别配送至门店和客户指定地址。线下订单与线上订单都包括整箱商品和拆零商品。配送中心信息员已经生成拣选任务单，拣货需要选择并使用设备完成配送中心拣货、包装、集货、装车等作业环节，再经过分拨中心二级分拨以及作业站点送货给客户。

任务要求

李伟在熟悉配送中心作业流程的基础上，按照作业要求选择、使用并维护相关设施设备。

知识链接

一、配送作业设备与设施

1. 配送作业设备

配送中心的设施分为内部设施和外部设施，配送中心的内部设施般是由信息中心与仓库构成。仓库根据各部分不同的功能又可分为不同的作业区。配送中心外部设施主要有停车场和配送中心内道路等。内部设施包括以下几个。

信息中心。信息中心指挥和管理着整个配送中心,它是配送中心的中枢神经。

收货区。在这个作业区内,工作人员需完成接收货物的任务和货物入库之前的准备工作如卸货、检验等工作。它的主要设施有:验货用的电脑,验货场区和卸货工具。

储存区(保管区)。在这个作业区里分类储存着验收后的货物。在储存区一般都建有专用的仓库,并配置各种设备。其中包括:各种货架及叉车、起堆机等起重设备。

理货区。理货区是配送中心人员进行拣货和配货作业的场所。以人工完成拣选任务的设施一般有推货车、货架等;采用自动拣选装置的设施包括重力式货架、皮带机、传送装置、自动分拣装置、升降机等。

现在就内部设施的主要物流设备说明如下。

(1) 储存设备

储存设备包括自动仓储设备(如单元负载式、水平旋转式、垂直旋转式、轻负载式等自动仓库)、重型货架(如普通重型货架、直入式钢架、重型流动棚架等)和多品种少量储存设备(如轻型货架、轻型流动货架和移动式储柜等)。

(2) 分拣设备

分拣设备包括人工分拣设备和自动分拣设备。自动分拣机一般由输送机械部分、电器自动控制部分与计算机信息系统联网组合而成。它可以根据用户的要求、场地情况,对货物、物料等,按用户、地名、品名进行自动分拣、装箱、封箱的连续作业。机械输送设备根据输送物品的形态、体积、重量而设计定制。分拣输送机是工厂自动化立体仓库及物流配送中心对物流进行分类、整理的关键设备之一,通过应用分拣系统可实现物流中心工作的准确、快捷。分拣设备按照其分拣机构的结构分为不同的类型,常见的类型主要有:挡板式分拣机、

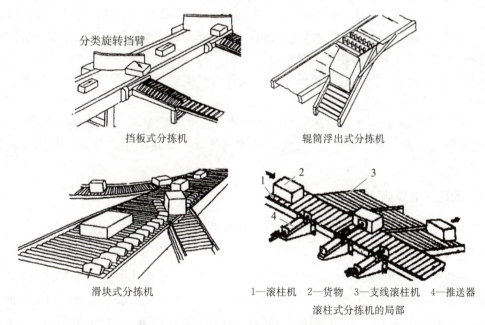

▲ 图 2-2-1 自动分拣机

浮出式分拣机、倾斜式分拣机、滑块式分拣机、托盘式分拣机、悬挂式分拣机、滚柱式分拣机。

(3) 装卸搬运设备

物料搬运设备包括自动化搬运设备(如无人搬运车、驱动式搬运台车)、机械化搬运设备(如堆垛机、液压拖板车)、输送带设备、分类输送设备、堆卸托盘设备和垂直搬运设备等。规划时配合仓储和拣取设备,估计每天进发货的搬运、拣货和补货次数,从而选择适用的搬运设备。

(4) 流通加工设备

流通加工设备包括裹包集包设备、外包装配合设备、印贴条码标签设备、拆箱设备和称重设备等。随着配送中心服务项目多元化的开展和用户要求的日益严格,配送中心进行二次包装、裹包和贴标签等加工作业也日益增加。随着国际物流的发展,由国际物流转运后再分装和简易加工的业务越来越多,从而使配送作业的附加值大为增加。常见的流通加工设备有剪板机、木工锯机、玻璃切割机、冷链设备等。

(5) 包装设备

包装设备是指能完成全部或部分产品和商品包装过程的机械,是实现包装的主要手段。物流配送中心根据不同的功能和处理的产品类型,会采用不同的包装机械,常用的包装机械有容积式填充机、裹包机、封口机、贴标机、捆扎机等。

(6) 配送车辆

物流领域使用的运输设备主要是载货汽车,包括普通厢式货车和各类专用汽车,如箱体货车、冷藏保温货车、罐式货车、自卸货车等。

① 配送车辆规模:配送中心要进行正常的经营活动,需要配备数量充足的配送车辆。

② 配送车辆分类:按是否拥有所有权,可分为自有车辆和社会车辆,两种车辆的使用成本构成不同,自有车辆的使用成本包括车辆折旧费、维修费、油费、通行费、税金、保险等;社会车辆的使用成本主要是外租费和管理费。

③ 常用载货汽车:物流配送领域常用的载货汽车主要包括普通货车、厢式货车和专用货车。

④ 配送车辆的选择:车辆是运输配送企业的一项重要资源,在配送车辆的选择上,首先要解决的问题是决定使用何种类型、何种载重吨位以及满足其他条件的车辆来实施配送作业。

2. 配送作业设施

配送作业的主要设施包括配送中心、分拨中心和配送站点等。

(1) 配送中心

根据我国《物流术语》(GB/T 18354—2006),配送中心是指从事配送业务的物流场所或组织的总称,应基本符合下列的要求:主要为特定的用户服务;配送的信息网络;完善的信息网络;辐射范围小;多品种、小批量;以配送为主,存储为辅。如图 2-2-2 所示。

▲ 图2-2-2 配送中心

(2) 分拨中心

分拨中心(Allocating Center)是物流行业运作的经济活动组织,换个角度来说,它又是集加工、理货、送货等多种职能于一体的物流据点。如图2-2-3所示。

▲ 图2-2-3 分拨中心现场

(3) 配送站点

配送站点即物流或者快递公司在各个配送区域的物流节点,一般来说这个站点是物流或者快递公司最小的分货场所。一般显示到达配送站,说明你的货物即将派送给客户送货的师傅,很快就会到客户手上。如图2-2-4所示。

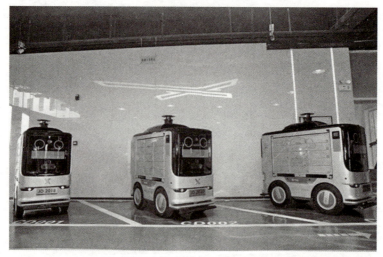

▲ 图 2-2-4 京东物流全球首个由机器人完成配送任务的智能配送站

二、配送设备使用与维护

合理使用物流设备包括技术合理与经济合理两个方面：技术合理即按照有关技术文件规定的物流设备性能、使用说明书、操作规程、安全规则、维护和保养规定等使用要求，正确操作使用物流设备；经济合理就是在物流设备性能充分允许的范围内，能充分发挥物流设备的效能，以高效、低耗获得较高的经济效益。

1. 设备维护与保养的基本内容

物流设备的维护与保养是指通过一系列方法对物流设备进行护理，以维持和保护其性能与技术状况。主要包括以下内容。

（1）清洁：各种物流设备要保持清洁，做到无尘、无灰、整齐，努力建设良好的工作环境。

（2）安全：设备的安全保护装置要齐全，各种装置不漏水、不漏电、不漏气、不漏油，保证安全，不出事故。

（3）润滑：对设备要定时、定点、定量加注润滑油，减少磨损，保证其运转畅通。

（4）防腐：对金属结构的机体必须清除掉侵蚀及锈蚀部分，防止设备腐蚀生锈，提高设备运转的安全可靠性。

2. 合理使用设备的措施

（1）操作人员应严格遵守设备操作规程，合理使用设备。严禁精机粗用，严禁超负荷、超规范使用。对强令操作者超负荷、超规范以及不合理使用设备，生产管理部有权予以制止并对违章人员及所在单位领导处以罚款并追究其责任。

（2）设备使用单位必须将操作人员的技术教育和实际技能培训纳入职工教育计划，设备操作人员必须做到"三好"（管好、用好、维修好）、"四会"（会使用、会保养、会检查、会排除故障）、"四项要求"（整齐、清洁、润滑、安全）。

3. 三级保养制度

三级保养制度为日常保养、一级保养和二级保养。

(1) 日常保养。日常保养是全部养护工作的基础,其特点是经常化与制度化。日常保养一般由操作工人负责进行,其具体内容包括严格按照操作规程,在班前、班后和设备运行中检查设备润滑状况,定时、定点完成设备加油工作;紧固易松动的零部件;检查设备是否漏油、漏水、漏电、漏气等;检查各防护、保险装置及操纵、变速机构是否灵敏可靠,零部件是否完整。

(2) 一级保养。一级保养是为了减少设备磨损、消除隐患、延长设备使用寿命,是设备处于正常技术状态而进行的定期维护。一级保养是以操作人员为主,维修人员为辅完成的,一般在每月或设备运转500—700小时后进行。

(3) 二级保养。二级保养是为了使设备达到完好标准、提高和巩固设备完好率、延长大修期而进行的定期保养。二级保养是以维修人员为主操作人员为辅完成的,一般一年进行一次或设备累计运转2500小时后进行。

 任务实施

青岛市福兴祥集团配送体系由配送中心、分拨中心和作业站点三级组成。配送中心由存储区、拣选作业区、理货区等作业区域构成。其中,存储区分为自动化立体仓库存储区、货架存储区、平面堆存区等区域。在完成配送作业的全过程中,基本上每个环节都离不开配送技术及设备的选择和使用。配送技术及设备的选择和使用流程如图2-2-5所示。

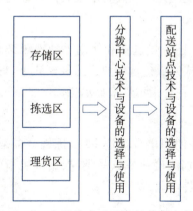

▲ 图2-2-5 配送技术及设备的选择与使用流程

一、配送中心的设备选择与使用

1. 存储区设备选择与使用

在存储区作业准备阶段,作业人员可根据订单对应的作业区域选择不同的设备,并使用设备完成对应的作业。

(1) 自动化立体仓库区

作业人员在仓库管理系统(WMS)中选择订单,再启动自动化立体仓库拣货作业。巷道式堆垛机根据系统指令依次将商品取下放入传送系统运至分拣道口,随后使用机器臂或手工拣选方式拣取指定数量的商品,剩余商品再次入库上架。拣选出来的商品通过传送带或托盘作业的方式送至对应的集货点。

(2) 货架区

在重型货架存储区,叉车司机使用 RF 系统,根据货架的高度选择不同举高的叉车完成下架作业,随后由仓管人员使用托盘等集装单元完成拣货作业,或者使用电动搬运车辆完成库内的移库和补货作业。

(3) 平面堆存区

作业人员使用手动液压叉车并配合托盘完成库内作业,部分情况下可使用四轮小推车完成相关作业。

2. 拣选区设备选择与使用

在拣选作业准备阶段,作业人员可根据拣选订单对应的拣选区域,选择不同的设备与使用不同的拣选技术去完成拣选作业。

(1) 货架拣选区

流利式货架区拣货员可根据电子标签指引,将商品由货位拣出放入智能拣选车对应货格,完成拣选。阁楼式货架应使用物料箱配合滚轴式传送带完成拣选作业。

(2) 平面仓拣选区

作业人员可根据拣选作业任务量选择和使用手动液压叉车,配合托车、四轮小推车、拣选车等设备,通过库内巡游方式完成拣选作业。这种模式下,拣选小车多使用灯光拣选辅助技术,即通过电子数字显示牌、各种指示灯来显示拣选信息。

(3) 语音拣选区

该区域基于无纸化操作并使用语音拣选系统,拣货员根据耳机指引操作拣选车到达语音播报的拣选位,通过阅读识别码确认拣选品类,根据耳机指引按数量拣取商品,并以语音报数确认。以此类推,完成拣货作业。

(4) 智能化拣选区

使用机器人辅助拣选作业,可实现"货到人"的拣选目标。拣选人员与拣选台车固定在指定位置,由机器人根据后台调度指令将货架运至拣选人员处,再根据拣选台车灯光提醒完成拣选工作。部分自动化拣选系统中,拣选人员站位固定,由传送系统将待拣选物料箱送至拣选位,拣选人员在条码和灯光辅助拣选系统的帮助下完成拣选,再继续拣选下一个商品。

(5) 全自动拣选区

该拣选作业区由全自动集成设备组成,由拣选控制系统进行控制和调度,实现无人自动化拣选。该技术现已在京东和苏宁等企业推广应用。

3. 理货区设备选择与使用

根据不同作业环节要求,作业人员在准备阶段应根据作业对象特性选择不同的设备完成理货作业。

(1) 包装作业区

作业人员应根据订单要求和品类特点进行相应处理,如对瓶装液体等进行手工封口,使用气柱袋对瓶装酒进行包装等,随后将商品置入包装箱并添加填充材料,最后封闭包装箱。整箱商品可根据商品特性进行运输包装,如将整箱牛奶装入塑料包装袋等。根据商品特点使用传送带完成拆换包装、促销包装、更换标志等工作。

(2) 集货作业区

作业人员应使用电动搬运车或手动液压叉车等搬运设备,将集装单元或集装托盘等运至集货区,使用 RF 手持终端扫描确认。

(3) 月台作业区

作业人员应使用升降平台辅助运输车辆停靠,通过内燃或电动叉车等搬运设备将集货区商品搬运至运输车辆,对部分堆码商品进行缠膜等稳垛作业。

二、分拨中心的设备选择与使用

分拨中心一般会选择使用自动化的分拨设备,对到件商品拆包后,根据商品的去向进行二次集包。作业人员使用给定的物流设备完成分拨作业。

(1) 到件卸货区

运输车辆抵达卸货区后,作业人员须检查车辆、拆开封箱条,将整包下货至分拣线,在分拣线上进行拆包工作,再将包裹单据面朝上。

(2) 分拨作业区

包裹在传送带上经由条码扫描设备扫描,自动通过传送带到达对应分拣口。作业人员应使用集包容器将分拣口下线包裹集包、加封,再使用搬运设备搬运至发件区,等待装车送往配送站。

(3) 发件区

运输车辆到达后,作业人员应使用搬运设备将整包包裹装车,再用 RF 更新数据,完成分拨转运工作。

三、配送站点的设备选择与使用

配送站点一般使用人工辅助传送设备完成卸车、站内分拨作业,可采用车辆配载技术和省力设备装车配送至客户。

1. 卸货和分拣设备选择与使用

(1) 传统配送站点

运输车辆到达配送站点后,作业人员应使用 RF 和传送带辅助卸车,进行拆包二次分拣,将分拣后的包裹配送至配送箱等容器。

(2) 智能化配送站点

运输车辆到达智能化配送站点后,作业人员应使用物流分拣线,按照配送地点对货物进行分发,随后站内装载人员应按照地址将包裹装入配送机器人,再由配送机器人配送至消费者手中。无人配送站点可以配合无人运输车辆使用,将无人运输车送达配送站点的包裹由站点机器人按指令装载至配送机器人,完成无人化作业。

2. "最后一公里"配送设备选择与使用

(1) 传统"最后一公里"配送

配送人员将已经派工的包裹装载到配送车辆上,使用智能语音助手拨打收货人电话,预约送货时间。随后,驾驶车辆到达目的地并投放至智能快递柜、快递收发代理点(如菜鸟驿站等)或直接投递上门,最终交付至客户并使用 PDA 完成签收确认。当需要上楼或包裹较重或较多时,配送人员可使用便携式小推车、折叠便携手拉车等搬运工具,再配合外骨骼机器装备减轻搬运作业的压力,从而提升搬运效率。

(2) 智能化"最后一公里"配送

配送站点作业人员应将配送包裹按照系统指引装载至智能化配送终端,由智能化配送终端按照预设路径和预约时间完成配送作业。现有的智能化配送终端包括各类智能配送机器人、智能配送无人车、无人机等。由于路况、成本、管制等各种因素,智能配送机器人和无人车、无人机等仍未全面使用。

任务三　配送路线优化

学习目标

1. 理解配送路线优化的必要性；
2. 掌握配送路线的确定原则及方法；
3. 学会使用节约里程法的计算方法安排配送路线。

📦 任务导入

青岛市福兴祥配送有限公司准备向企业周边5个用户配送货物，图中 P_0 代表配送有限公司，P_1、P_2、P_3、P_4、P_5 分别代表5家用户，两个点间的数字是配送公司与用户的距离以及用户之间的距离（单位：km），括号里的数值代表需要配送量（单位：t），其配送路线网络如图2-3-1所示，配送公司有3台2t卡车和2台4t两种车辆可供使用。

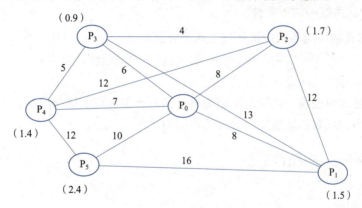

▲ 图2-3-1　福兴祥配送有限公司客户分布

📚 任务要求

作为该公司的配送部经理，你会如何选择车辆和配送路线，使配送的路线最短，确定最优的配送方案。

知识链接

一、配送路线优化

1. 配送路线优化的必要性

配送运输可以选择的运输方法很多，运输过程也有所不同。

决定配送运输的因素很多,如车流量的大小、道路交通状况、配送中心选址、客户分布情况、车辆载重量和车辆运行限制等。

配送路线设计就是整合影响配送运输的各因素,适时适当地利用现有的运输工具和道路的情况,及时、安全、方便、经济地将客户所需要的物资准确地送达到客户的手中,便于提供优良的物流配送服务。

2. 配送路线的确定原则

(1) 确定目标

配送路线的确定原则,需要依据配送目标达成,配送路线规划的目标有很多种选择:
① 以效益最高为目标,指计算时其利润最大化为目标;
② 以成本最低为目标,实际上就是选择以效益为目标;
③ 以路程最短为目标,如果运输费用与路程相关性较强,可以选它作为目标;
④ 以吨、公里数最小为目标,在"节约里程法"的计算中,采用这一目标;
⑤ 以准确性最高为主要目的,它是配送中心的重要的服务指标,当然还可以选择运力利用最合理、劳动消耗最低作为目标。

(2) 确定配送路线的约束条件

一般配送路线的约束条件应该从以下几个方面考虑:
① 满足所有收货人对货物品种、规格、数量、送达时间范围的要求;
② 在允许通行的时间段内进行货物配送;
③ 各配送路线的运输货物量均不能超过车辆的容积和载重量的限制;
④ 在配送中心现有的运输能力允许的范围内。

二、配送路线的优化方法

1. 节约里程法

节约里程法是用来解决运输车辆数目不确定的问题的最有名的启发式算法。又称节约算法或节约法,可以用并行方式和串行方式来优化行车距离。

(1) 节约里程的线路设计原理

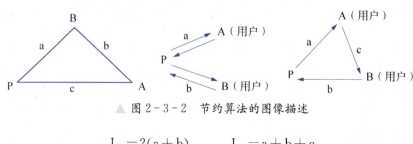

▲ 图 2-3-2 节约算法的图像描述

$$L_1 = 2(a+b) \qquad L_2 = a+b+c$$
$$L_1 - L_2 = 2(a+b) - (a+b+c) = a+b-c > 0$$

第二种方案要比第一种节约里程 a+b-c。

(2) 节约里程法的基本思想

一个配送中心分别向 N 个客户配送货物,在汽车载重能力允许的前提条件下,每辆汽车在配送路线上经过的客户个数越多,里程节约量越大,配送线路越合理。

(3) 节约里程法的基本规定

① 配送的是同种或是相似的货物;
② 各客户的位置及需求量已知;
③ 配送中心有足够的运输能力。

同时需要满足以下条件:

① 满足所有用户的要货的需求;
② 不使任何一辆车超载;
③ 车辆的每天运行时间或行驶里程不能超过规定上限;
④ 方案能够满足所有用户的到货时间的要求。

(4) 节约里程法的步骤

步骤1:计算网络结点之间的最短距离。

步骤2:计算各客户之间的可节约的运行距离:a+b-c,其中 a 为 P 点至各点的距离,b 为 P 点至各点的距离,c 为两点之间的最短距离。

步骤3:对节约里程数按照大小顺序进行排列。

步骤4:组成配送路线图。

例题:已知配送中心 P_0 向5个用户 P_j(j=1,2,3,4,5)配送货物,其配送路线网络、配送中心与用户的距离以及用户之间的距离如下图2-3-3所示,配送中心有3台2t卡车和2台4t两种车辆可供使用。利用节约里程法定最优的配送方案。

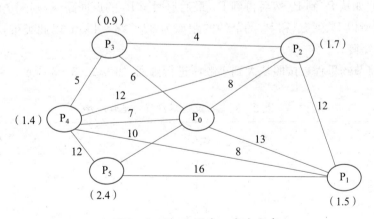

▲ 图2-3-3 配送中心客户分布

第一步:计算配送中心到客户及客户间的最短距离。

根据配送中心 P_0 和5个用户的分布,配送中心到各个用户以及各用户之间的距离,制出运输路线最短的距离矩阵表,最短的配送路线距离矩阵如表2-3-1所示。

表2-3-1 最短配送路线距离矩阵

	需求量	P_0					
P_1	1.5	8	P_1				
P_2	1.7	8	12	P_2			
P_3	1.9	6	13	4	P_3		
P_4	1.4	7	15	9	5	P_4	
P_5	2.4	10	16	18	16	12	P_5

第二步:计算各用户之间的节约里程数。

根据最短配送路线距离矩阵图,按照节约里程公式计算出各用户之间的节约里程,配送路线的节约里程矩阵如表2-3-2所示。

表2-3-2 配送路线节约里程矩阵

	P_1				
P_2	4	P_2			
P_3	1	10	P_3		
P_4	15	9	5	P_4	
P_5	2	0	0	5	P_5

例如,P_0到P_1和P_2的距离,假如从P_0分别向P_1和P_2配送,则配送的距离为$2\times8+2\times8=32$km,假如从P_0到P_1然后再到P_2,最后返回至P_0的返回路线,则配送的距离为$8+8+12=28$km,所以P_0到P_1和P_2的节约的距离为$32-28=4$km,以此类推,得出以下配送路线节约里程矩阵。

第三步:将节约里程数按照从大到小顺序进行排列,如表2-3-3所示。

表2-3-3 配送路线节约里程顺序

序号	路线	节约里程
1	P_2P_3	10
2	P_3P_4	8
3	P_2P_4	6
4	P_4P_5	5
5	P_1P_2	4
6	P_1P_5	2

续表

序号	路线	节约里程
7	P_1P_3	1
8	P_2P_5	0
9	P_3P_5	0
10	P_1P_4	0

第四步:根据载重量约束与节约里程大小,顺序连接各客户结点,形成配送线优化图

1. 初始方案:从 P_0 向各个用户点配送,配送路线为 5 条,总运行距离为 78 km,初始方案如图 2-3-4 所示。

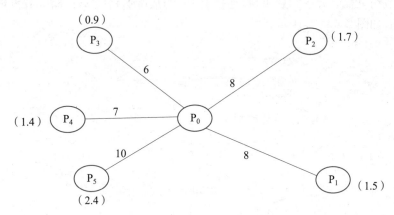

▲ 图 2-3-4 初始方案

2. 依据节约里程的大小和载重量,连接 P_2P_3,组成配送路线 $P_0-P_2-P_3-P_0$,该路线装载量为 2.6 t,有 4 t 的车辆可以使用,所以可以再连接 P_4,组成新的配送线路 1,即 $P_0-P_2-P_3-P_4-P_0$,该路线装载量为 4 t,运行里程为 24 km,此时的配送路线为 3 条,总配送距离为 60 km。如图 2-3-5、2-3-6 所示。

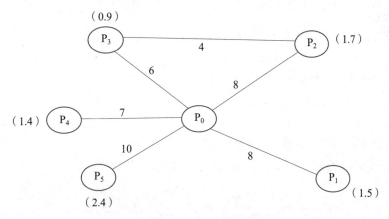

▲ 图 2-3-5 二次解

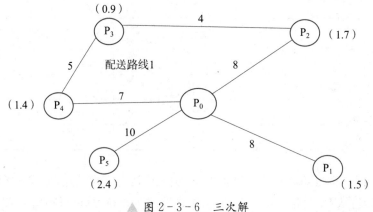

▲ 图 2-3-6 三次解

3. 依据节约里程的大小和载重量,连接 P_1P_5,组成配送路线 2,该路线载重量 3.9 t,运行里程为 34 km,如图 2-3-7 所示。

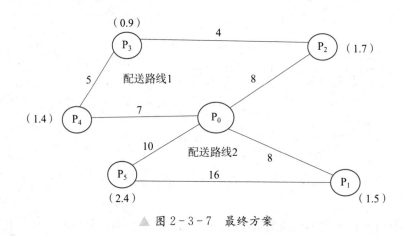

▲ 图 2-3-7 最终方案

初始方案:

配送线路 5 条,需要车 5 辆

配送距离为 $39\times2=78$ km

最终方案:

配送线路 1:运量$=0.9+1.4+1.7=4$ t

运行距离$=5+4+7+8=24$ km

用一辆 4 t 的货车进行运输,节约里程 18 km

配送线路 2:运量$=2.4+1.5=3.9$ t<4 t

运行距离$=10+16+8=34$ km

用一辆 4 t 的货车进行运输,节约里程 2 km。

总结:2 条配送线路,2 辆 4 t 的车辆,配送距离:$24+34=58$ km

2. 最近点法

最近点法的操作是从始点或终点开始,找到与该点相连的所有点中最近的点,从而得到第二个点,再找到与第二个点相连的所有点中最近的点,得到第三个点,依次往下类推,到达目的地。

假设 A 点为起点,H 点为终点。如图 2-3-8 所示,第一步,找出与 A 点相连的最近的点。与 A 点相连的点有 B、C、D,其中 D 与 A 点距离最近;第二步,找出与 D 距离最近的点,为 C、F 点;第三步,分别找出与 C、F 点最近的点为 E、H 点;第四步,找出与 E 点距离最近的点为 H,由此连接各点,得出最优的路径有两条:A-D-F-H 和 A-D-C-E-H。

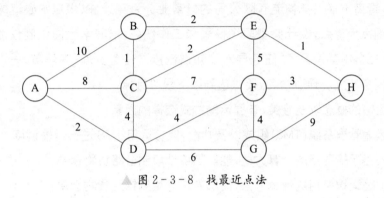

▲ 图 2-3-8 找最近点法

项目小结

本项目主要介绍了配送的定义及其特点、功能,配送的类型和模式及业务流程、配送路线优化的必要性,配送路线的确定原则及节约里程法的计算方法、使用并维护相关设备与设施等知识点。

项目三 运输作业

项目概述

本项目以青岛市福兴祥物流有限公司的日常业务为背景,以物流中心运输作业的任务为线索,以知识点为重点,设计典型职场情景和工作任务,培养学生岗位胜任能力与综合职业素养。每个任务中都设置了"任务导入""知识链接""任务实施"等环节,先进行任务知识讲解,再进行任务实施。通过学习,要求达到以下学习目标:

1. 理解运输的概念以及分类,掌握运输方式选择的因素;
2. 理解运输管理系统(TMS)组成以及功能,能够运用 TMS 进行运输调度;
3. 掌握公路运输费用的计算方法,能够熟练地填制公路货物运单;
4. 掌握铁路运输费用的计算方法,能够熟练地填制铁路货物运单;
5. 掌握运输的索赔业务;
6. 掌握报关业务的流程。

项目三 运输作业

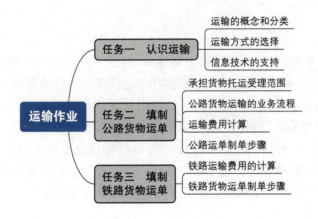

任务一 认识运输

学习目标

1. 理解五种运输方式的种类以及优缺点；
2. 掌握运输方式选择考虑的因素；
3. 理解运输管理系统的功能。

任务导入

福兴祥物流与供应链集团公司物流网络庞大、网点分散，近3 000辆运输车辆分散在全国各地。无论是运输任务的分配还是车辆的调度，包括司机绩效的考核，若依赖传统的人工调度的管理方式，均无法满足对车、司机的监控以及成本控制的需要。为了公司的长远发展，公司引入运输管理系统(TMS)，借助GPS全球定位系统等技术手段，对网络中所有车辆实现有效的管理和监控，提高运输车辆的利用率，降低调度强度及运输成本。该运输管理系统可以完成订单管理、接单、派车、在途跟踪、回单管理、费用结算等基本作业，以及异常运行车辆数据分析、里程统计、平均油耗数据分析、异常报警等管理功能。

任务要求

作为福兴祥物流与供应链集团公司运输业务处理操作员，你如何利用该运输管理系统完成日常运输作业？除了公路运输还有哪些运输方式呢？

知识链接

一、运输的概念和分类

1. 运输的概念

运输是指物品从一点借助运力移至另一点所发生的位置移动。它以改变"物"的空间位置为目的，实现物流的空间效应。运输和配送有着明显的区别。运输是大范围内的物流活动，一般是长途运输，而配送是物流网店内的短距离、小批量的运输。

2. 运输的分类

按运输方式划分，物流运输可以分为公路运输、铁路运输、水路运输、航空运输和管道运输。

（1）公路运输。公路运输是指主要使用货车在公路上载运货物的一种运输方式。作为两种陆路运输方式之一，主要承担近距离、小批量的货运，也承担铁路运输难以到达地区的长距离、大批量货运，以及铁路、水运的优势难以发挥的短途运输。公路运输是唯一一个可以实现"门到门"运输的运输方式。

▼ 表3-1-1　公路运输的优缺点及适用范围

优点	缺点	适用范围
1. 能实现"门到门"运输 2. 近距离运输时，运送速度快 3. 运输时包装简单、经济	1. 不适合长途运输，装载量小 2. 交通事故发生率相对较高	适用于小批量、短途运输以及其他运输方式的集疏运输

▲ 图3-1-1　公路运输

（2）铁路运输。铁路运输是指在铁路上把车辆编组成列车载运货物的另一种陆路运输方式，它是现代最重要的货物运输方式之一。铁路运输主要承担长距离、大批量的长途货运，在我国，每年有50%左右的货物运输由铁路运输完成。铁路运输是干线运输中起主力作用的重要运输方式。

▼ 表3-1-2　铁路运输的优缺点及适用范围

优点	缺点	适用范围
1. 运费负担小，特别适用与大批货物中长距离运输 2. 大批货物能一次性有效运输 3. 安全 4. 运输网遍及全球各地 5. 不受天气影响	1. 短距离运费高 2. 远距离运输时，中转等作业时间长 3. 紧急运输时，由于需要配车，有可能错过时机	适宜承担远距离、大宗货物运输

▲ 图 3-1-2 铁路运输

（3）水路运输。水路运输是指使用船舶及其他航运工具，在江河、湖泊、海洋上载运货物的一种运输方式。水路运输主要承担长距离、大批量的长途运输，承担补充及衔接大批量干线运输的任务。水路运输是干线运输中起主力作用的运输方式之一。水路运输有四种运输形式，分别是沿海运输、近海运输、远洋运输和内河运输。

▼ 表 3-1-3 水路运输的优缺点及适用范围

优点	缺点	适用范围
1. 能进行长距离、低运费运输 2. 原料及散装货物可利用专用船舶，使装卸合理化成为可能 3. 最适合运输体积大、超重的货品	1. 运输速度慢 2. 港口装卸成本高 3. 运输的正确性和安全性差 4. 易受气候影响	适用于大宗货物长距离运输，在运输长大、重件货物时与公路铁路相比，具有突出优势。在水道通达的地区，对于长途货物运输，水路运输是最经济的一种方式

▲ 图 3-1-3 水路运输

（4）航空运输。航空运输是指使用飞机或其他航空器进行货物运输的一种运输方式。航空运输不仅提供专门用于货物运输的飞机，以及定期和不定期的航空货运航班。航空运输承担价值高、时间要求急的货物运输。

▼ 表 3-1-4 航空运输的优缺点及适用范围

优点	缺点	适用范围
1. 运输速度快 2. 包装简单 3. 适用于较贵重的小批量货品及生鲜食品运输	1. 运费高 2. 不适合低价货品运输 3. 有重量限制 4. 只限于机场周围的城市	较适宜 500 公里以上的长途客运，以及时间性要求较高的鲜活、易腐和价值高的货物的中长距离运输

▲ 图 3-1-4 航空运输

（5）管道运输。管道运输是指利用管道输送气体、液体和粉状固体的一种特殊的运输方式，它是随着石油和天然气产量的增加而发展起来的，目前已成为陆上油、气运输的主要方式。

▼ 表 3-1-5 管道运输的优缺点及适用范围

优点	缺点	适用范围
1. 费用低 2. 可靠性高和持续性强	1. 产品单一 2. 要求大批量运输	适用于低价值、大批量的油、气、煤的运输

▲ 图 3-1-5 管道运输

二、运输方式的选择

在实际物流运输作业中,运输公司需要根据客户的要求以及承运的货物种类选择合适的运输方式,在预定时间内高效率、低成本地将货物运达目的地。

运输方式的选择可以根据前面介绍的各种运输方式的优缺点以及适用范围来进行感性的、经验性的选择,但要科学地选择运输方式,还要考虑影响货物运输的因素。

选择运输方式的判断标准主要包括:货物的性质、运输时间、交货时间的适应性、运输成本、批量的适应性、运输的机动性和便利性、运输的安全性和准确性等。

对于客户来说,运输的安全性和准确性、运输费用的低廉性以及缩短总时间等因素是其关注的重点。从业种来看,制造业重视运输费用的低廉性,批发业和零售业重视运输的安全性与准确性以及运输总时间的缩短等运输服务方面的质量。

结合以上各要素,运输方式的选择主要考虑以下几个方面。

1. 货品种类方面

在考虑运输货品的种类时,应从货品的形状、单件重量、单件体积、货品的危险性和易腐性,尤其要从货品对运费的负担能力等方面考虑。

2. 运量方面

不同的运输方式适用于不同的货物运输,航空运输适用于小批量货物运输,而铁路运输不适用于批量非常小的货物运输。因为一次运输的批量不同,所选择的运输方式也会不同,通常对于大批量的运输可以选择水路运输或者铁路运输。

3. 运距方面

运输距离的长短也直接影响运输方式的选择,通常中段距离运输比较适合选择公路运输,中长距离适合选择海路运输、铁路运输。

4. 时间方面

运输时间的长短,是选择运输方式的主要条件。客户一般会选择直运而不是联运。此外,运输时间和计划安排的一致性也十分重要。有些运输任务要求符合发货计划,使托、收双方都能预计到货时间。

5. 运输价格方面

客户通常根据货品价格来选择其所能负担运费的运输方式。目前,许多客户并不愿意选择提供最低价的运输公司,而宁愿按包括运费在内的总物流费用来选择运输公司。

三、信息技术的支持

在物流运输作业中,会通过运输管理系统在对整个运输环节进行统筹安排调度。运输管理系统(简称 TMS)是基于网络环境开发的支持多网点、多机构、多功能作业的立体网络运输管理软件,通过衡量、分析、规范运输作业流程,运用现代物流管理方法进行货物分拨及配送过程中的运输管理调度。

TMS 采用先进的软件技术实现计算机优化辅助作业,特别是对于网络机构庞大的运输体系,TMS 能够协助管理人员进行资源分配、作业配合、路线优化等操作。TMS 与射频(RF)、全球定位系统(GPS)/地理信息系统(GIS)可以实现无缝衔接,通过物流条码化,实现全自动接单、配载、装运、跟踪等。

TMS 具有以下基本功能。

(1) 接单:通过 TMS 与客户 ERP 的接口,实现自动接单,或业务人员通过电话、传真、微信等接单,然后录入系统。

(2) 运输调度:运输调度作业是运输的中心作业。运输调度功能可以准确及时地掌握内外可以利用的资源状态和任务状况,对各项任务分配资源并控制作业进程。TMS 实现了计算机辅助作业,能够优化资源利用效率,自动组合合同类作业,确保作业准确性。

(3) 跟踪与反馈:TMS 通过与 GPS 的无缝连接,真正做到对货物状态的实时跟踪。系统能够按照不同要求为客户提供定时的状态信息反馈。

(4) 费用管理:TMS 可以根据每一笔业务的实际活动成本和实际收益,帮助管理人员分析利润来源及确定进一步的业务发展方向。同时,系统能够对相同的作业进行对比分析,对于各种可利用资源进行成本控制。

(5) 作业优化:TMS 能够实现作业优化,如充分利用返程车资源、运输线路优化等,有效地利用资源、降低成本。

任务实施

运输业务处理操作员通过 TMS 与客户 ERP 的接口,实现自动接单,将业务信息录入系统。通过运输调度安排合理的人员、车辆和路线,通过系统与 GPS 的无缝连接,对货物的状态进行实时跟踪。除了公路运输外,还有铁路运输、水路运输、航空运输和管道运输。

任务二　填制公路货物运单

学习目标

1. 掌握公路运费的计算方法；
2. 熟练地填制公路货物运单。

任务导入

2020年4月20日，利群物流有限公司上海分公司业务员王秋接到秋韵服饰有限公司（客户编号为KH014）的业务需求，经双方商讨，签订货物托运合同，从上海的工厂将物品运送到在南京的分公司。

（一）合同中涉及的托运货物如下：

1. 女士长裙（黑色/S），200条，包装方式：纸箱，总量4 000 kg，体积12 m³；
2. 男士长裤（灰色/XL），80条，包装方式：纸箱，总量1 000 kg，体积4 m³；
3. 男士衬衣（白色/XL），300件，包装方式：纸箱，总量4 000 kg，体积14 m³。

（二）联系方式：

① 秋韵服饰有限公司上海总公司的地址是：上海市徐汇区天目西路102号，联系人张明，电话021-58793821，邮编200231；

② 秋韵服饰有限公司上海工厂的地址是：上海市嘉定区嘉定公路1192号，联系人张珊，电话021-75836382，邮编200043；

③ 秋韵服饰有限公司南京分公司的地址是：南京市鼓楼区幕府西街344号，联系人吴明，电话025-84739382，邮编210003。

（三）合同细节要求

秋韵服饰将货物委托给利群物流进行货物运输及送货服务，要求上门取货和送货，取货地信息和托运人联系信息相同，送货地信息和收货人联系信息相同。为保障托运人的权利及货物的安全，对托运物品进行保险，针对合同中的三种商品均进行投保，货物投保总价值为300 000元人民币，投保费率为货值的0.1%。货物要求在4月25日18时之前送到托运人指定地点，托运人付费账号：7788191919191。此货物结算方式为月结，取送货费用各为100元，杂费40元，凭客户签字的运单作为回执单。该批货物为重货，运费计算公式为：吨公里运价×运距×总重量。

（四）王秋根据秋韵服饰有限公司的合同要求，编制作业通知单并下达指令给公司运输部门调度负责人易达。运输部可以调度的资源如下：

1. 车辆A，车牌号沪A-76821，载重量9吨，容积25 m³，司机张万，1366666666；
2. 车辆B，车牌号沪B-74821，载重量12吨，容积35 m³，司机王千，1528888888。

任务要求

已知本次运输中运距为 300 km,且轻泡货物的运价为 0.6 元/立方米千米,重货运价为 0.8 元/吨公里。调度部门员工刘柳负责编制运单,运单编号为 YD0003,安排送货车辆司机进行取货,送货车司机于 4 月 21 号 9 时整到达取货点收取货物,查无包装及数量等异常后,根据货物收取的实际情况填写运单号为 YD0003 的公路货物运单,请托运人核对运单信息,托运人在"托运人签字"一栏签字确认。

▼ 填制公路货物运单

运单号码							
托运人姓名			电话		收货人姓名		电话
单位					单位		
托运人详细地址					收货人详细地址		
托运人账号			邮编		收货人账号		邮编
取货地联系人姓名			单位		送货地送货人姓名		单位
电话			邮编		电话		邮编
取货地详细地址					送货地详细地址		
始发站			目的站		迄运日期		要求到货日期
运距	公里		全行程	公里	是否取送		是否要求回执
路由					取货	送货	运单 客户单据
货物名称	包装方式	件数	计费重量(kg)	体积(m³)	取货人签字		
					取货时间	月 日 时	

续表

合计	收费项	运费	取/送货费	杂费		费用小计	备注	托运人或代理人签字或盖章：	
	费用金额(元)							实际发货件数	
								发货时间 年 月 日 时	
								收货人或代理人签字或盖章：	
	客户投保声明	不投保		投保				实际收货件数	
		投保金额 元		保险费 元				收货时间 年 月 日 时	
	运杂费合计(大写)							送货人签字	
								送货时间 年 3 月 日 时	
								运杂费合计(小写)： 元	
现结		月结		预付款		到付			
		受理日期 年 月 日 时				付费账号			
制单人						受理单位			

备注：表中空格若有情景资料未给出相关内容，则不填写；签字或盖章空格，填写相应的业务人姓名即可。

知识链接

一、承担货物托运受理范围

按零担货物托运、承运的货物必须具备以下条件：
(1) 每批零担货物不得超过 300 件，质量不超过 3 t；
(2) 按件托运的零担货物，单件质量不得超过 200 kg。

二、公路货物运输的业务流程

1. 接单

(1) 公路运输主管从客户处接受运输发送计划。
(2) 公路运输调度从客户处接出库提货单证。
(3) 核对单证。

2. 登记

(1) 运输调度员在登记表上分送货目的地，分收货客户标定提货号码。
(2) 司机到运输调度中心拿提货单，并在运输登记本上确认签收。
(3) 调度安排：填写运输计划。
(4) 填写运输在途、送到情况及追踪反馈表。
(5) 电脑输单、车队交接；根据送货方向、重量、体积，统筹安排车辆。
(6) 报运输计划给客户处，并确认到厂提货时间。

3. 提货发运

(1) 按时到达客户提货仓库。
(2) 检查车辆情况，办理提货手续。
(3) 提货：盖好车棚，锁好箱门。
(4) 办好出厂手续，电话通知收货客户预计到达时间。

4. 在途追踪

(1) 建立收获客户档案，司机及时反馈途中信息。
(2) 与收货客户电话联系送货情况，填写跟踪记录。
(3) 有异常情况及时与客户联系。

5. 到达签收

(1) 电话或传真确认到达时间，司机将回单用 EMS 或 FAX 传真回公司。
(2) 签收运输单，定期将回单送至客户处，将当地市场的驻地及时反馈给客户。

6. 回单

（1）按时准确到达指定卸货地点，进行货物交接。
（2）百分百签收，保证运输货物的数量和质量与客户出库单一致。
（3）送货人对客户产品在当地市场的销售情况进行了解。

7. 运输结算

（1）整理好收费票据，做好收费汇总表交至客户，确认后返回结算中心。
（2）结算中心开具发票，向客户收取运费。

三、运输费用计算

第一步：首先要确定计费质量，公路运输分为整车和零担两种。零担货物运输计费质量一般以千克为单位。起始计费质量为1 kg，质量在1 kg以上而尾数不足1 kg的，按四舍五入取。一般货物的计费重量按毛重计算；轻泡货物以货物包装最长、最宽、最高部位尺寸计算体积，按每立方米折合333 kg计算其计费质量。

整车重货一般以起运地过磅质量为准，起运地不能或不便过磅的货物，由承、托双方协商确定计费质量；整车轻泡货物按车辆标记吨位计算计费质量，并且货物的长、宽、高要求不能超过道路交通安全规定的限度；散装货物，如沙子、石料、矿石、木材等，用实际体积参照统一规定质量换算标准，确定计费质量。整车货物质量以吨为单位，尾数不足100 kg时，四舍五入。

第二步：确定货物等级及运价。

普通货物分为一等货物、二等货物和三等货物三个等级（见表3-2-1），并实行分等计价。以一等货物为计价基础，二等货物加成15%，三等货物加成30%。

▼ 表3-2-1 公路运输货物等级表

等级	货 物 名 称
一等货物	1. 砂、片石、石渣、碎石、卵石 2. 土、淤泥、垃圾 3. 粉煤灰、炉渣、碎砖机 4. 空包装容器：篓、袋、箱皮、盒
二等货物	1. 木材、橡胶、沥青、油料 2. 水泥及其制品 3. 钢材、铁及铁件、有色金属材料、五金制品 4. 砖、瓦、水泥瓦、块石、条石、一般石制品、石膏、石灰石、生石灰等
三等货物	1. 橡胶制品、观赏用花木 2. 陶瓷、玻璃及其制品 3. 装饰石料：如大理石、花岗岩、汉白玉、水磨石板等 4. 粉尘品：如散装水泥、石粉等

续表

等级	货 物 名 称
	5. 油漆、涂料、环氧树脂 6. 笨重货物、各种机器及设备
特等危险货物	货物长度 10 m 以上,质量 8 t 以上(不含 8 t)货物;炸药、雷管、香蕉水等易燃易爆物品

第三步:确定计费里程。公路货物运输费用里程以 km 为单位,尾数不足 1 km,以 1 km 计算。

第四步:确定运输的其他费用。包括通行费;装卸、搬运、加固、包装等其他服务费;整车货物运输的吨次费,原则上只有在短途整车货物运输时才能收取。

第五步:计算运费。

$$零担货物运输费 = 计费重量 \times 计费里程 \times 零担货物运价 + 其他费用$$

$$整车运输运杂费 = 吨次费 \times 计费重量 + 整批货物运价 \times 计费重量 \times 计费里程 + 其他费用$$

运费以元为单位,尾数不足 1 元时,四舍五入。

例 1:一批货物(属于普货三级),重 2 800 kg,长 3.5 m,高 2 m,宽 2 m,从济南运往齐齐哈尔,零担货物运价为 0.002 元/kg·km,试计算其最高运费,与用 5 t 的整车运输相比哪个更加划算?(备注:假设整车货物运价为 0.27 元/t·km,从济南到齐齐哈尔 2 000 km)

解:体积 $= 3.5 \text{ m} \times 2 \text{ m} \times 2 \text{ m} = 14 \text{ m}^3$

$1 \text{ m}^3 = 333 \text{ kg}$

体积重量 $M = 14 \text{ m}^3 \times 333 \text{ kg} = 4 662 \text{ kg}$

实际重量 $W = 2 800 \text{ kg}$

$\because M > W \therefore$ 计费重量为 $M = 4 662 \text{ kg}$

运费 $= 4 662 \text{ kg} \times 0.002 \text{ 元/kg·km} \times (1 + 30\%) \times 2 000 \text{ km} = 24 242 (元)$

若用 5 t 的整车运输,

则运费 $= 0.27 \text{ 元/t·km} \times (1 + 30\%) \times 2 000 \text{ km} \times 5 \text{ t} = 3 510 (元)$

所以,用整车运输比较划算。

例 2:某货主托运一批瓷砖,重 3 356 kg,承运人公路一级普货费率为 1.2 元/t·km,吨次费为 16 元/吨次,该批货物运距为 36 km,瓷砖为普货三级,途中通行收费为 35 元,试计算总运费。

解:$\because$ 实际重量 $W = 3 356 \text{ kg} > 3 \text{ t}$,按整车办理

$\therefore$ 计费重量为 $W = 3.4 \text{ t}$

瓷砖为普货三级,计价加成 30%

运费 $= 16 \text{ 元/吨次} \times 3.4 \text{ t} + 1.2 \text{ 元/t·km} \times (1 + 30\%) \times 36 \text{ km} \times 3.4 \text{ t} + 35 \text{ 元} = 295 (元)$

答:运费为 280 元。

例 3:某人包用运输公司一辆 8 吨货车 8 小时 20 分钟,包车运价为 16 元/吨·小时,应包用人要求对车辆进行了改装,发生工料费 178 元,包用期间运输玻璃 3 箱、食盐 3 吨,发生

通行费 88 元,行驶里程总计 150 km,请计算包用人应支付多少运费?

解:因为是包车运输,根据题意可得:

时间=8 小时 20 分≈8 小时

运费=8 小时×16 元/吨·小时×8 吨+178 元+88 元=1 290(元)

答:运费为 1 290 元

例 4:某商人托运两箱毛绒玩具,每箱规格为 0.8 m×0.8 m×0.8 m,毛重 165.3 kg,该货物运费率为 0.002 5 元/kg·km,运输距离 128 km,货主要支付多少运费?(毛绒制品属于普通三级货物)

解:∵ 1 m³=333 kg

∴ 体积重量 M=0.8 m×0.8 m×0.8 m×333 kg×2 箱≈341 kg

实际重量 W=165.3 kg×2 箱=331 kg

∵ M>W

∴ 计费重量=M=341 kg

∴ 运费=0.002 5 元/kg·km×(1+30%)×341 kg×128 km
       =142(元)

答:运费为 142 元。

任务实施

1. 运单号码:填写本单货物的运单号,本题为 YD0003。

2. 托运人姓名、电话、单位、详细地址填写实际托运人信息。本题填写上海工厂的信息。托运人账号:由于本题是月结,所以需要填写托运人付费帐号 7788191919191。

3. 取货地信息:题干中明确说明与托运人信息一致,所以,需要填写上海工厂的信息。

4. 收货人姓名、电话、单位、详细地址填写实际收货人信息。本题是南京分公司收货,所以填写分公司的信息。收货人账号不需要填写,此处为空。

5. 收货地联系人信息:题干中明确说明与收货人信息一致,所以,需要填写南京分公司信息。

6. 迄运日期:货物的起始运输时间。要求到货日期根据题中实际信息填写。

7. 货物名称、包装方式、件数、计费重量、体积根据实际运输货物信息填写完整。最后需要合计到最后一栏。

8. 收费项:运费按照运输货物的要求计算填写;取送费按照实际运输中的费用填写;杂费如果有需要填写,如果没有则空。最后将三者小计。

9. 投保:如果托运人投保,需要填写投保金额,保险费。

10. 运杂费合计:运费+杂费+取送费+保险费的和。如过不足万,用零填充。

11. 制单人、受理日期、受理单位填写实际制单人、日期以及物流公司名称。

任务三 填制铁路货物运单

1. 掌握铁路运费的计算方法；
2. 熟练的填制铁路货物运单。

任务导入

2015年3月18日，西安铁路货运营业部接收到客户的要求：将一批童鞋从西安运送至甘肃张掖。

1. 托运人信息

公司名称：西安童星服装有限公司，地址：西安桐城路998号，电话：0234-78756430，联系人：王国仁。

2. 收货人信息

公司名称：张掖经贸有限公司，地址：张掖北京路78号，电话：13734345678，联系人：张静。

3. 托运货物

货物名称：童鞋，纸箱包装，规格：24盒/箱，数量150箱。货重1500 kg，体积5.5 m³，由西安西站发张掖站，注意事项：防止雨淋，注意防潮。货物预计于3月20日进入西安铁路货运站3号仓库，放入A035627货位。

查《品名分类代价码》得知童鞋运价号为22号。根据西安火车站的货物运营标准，查《运价率表》得知基价1＝0.165元/10 kg·km，基价2＝0.0007元/10 kg·km，两站属于准、米轨间的直通运输。查《运价里程表》可知两站的最短径路为1144 km。装卸按计重收费40元/吨。西安火车站到张掖火车站的运营距离为2100 km，西安站始发，零担货物运输，预计运输时间为3天，3月23日到达广州站，棚车号码P13916，由西安火车货运站负责装车，西安童星服装有限公司施封，施封号码031002。实际上，3月21日，货物运至西安火车货运站指定货位，西安货运站营业室工作人员编制运输号码为XA0253342，货票号码为XA0576345的运单。

任务要求

若您是西安铁路货运营业部的工作人员，请填写此铁路货物运单。

货物指定于		月	日	搬入			承运人/托运人装车		领货凭证	
					＊＊铁路局					
货 位：							承运人/托运人施封		车种及车号	
					货 物 运 单					
计划号码或运输号码：								货票第		号
运到期限：			日	托运人 发站 → 到站 → 收货人				运到期限		日
								发站		
托运人填写				承运人填写				到站		
发站			到站（局）	车种车号		货车标重		托运人		
到站所属省（市）自治区				施封号码				收货人		
托运人	名称			经由		铁路货车棚车号码		货物名称	件数	重量
	住址		电话							
收货人	名称			运价里程		集装箱号码				
	住址		电话							
货物名称	件数	包装	货物价格	托运人确定重量（公斤）	承运人确定重量（公斤）	计费重量	运价号	运价率	运费	
合计										
托运人记载事项				承运人记载事项				托运人盖章或签字		
								发站承运日期戳		
注：本单不作为收款凭。托运人签约须知见背面。				托运人（签章）	到站交付日期戳		发站承运日期戳	注：收货人领货须知见背面。		

▲ 图 3-3-1 铁路货物运单

 知识链接

一、铁路运输费用的计算

1. 整车货物以吨为单位，吨以下四舍五入。例如：1.2 吨＝1 吨；1.7 吨＝2 吨。
2. 零担货物以千克为单位，不足 10 千克的进为 10 千克。例如：18 千克＝20 千克；11 千克＝20 千克。

3. 每项运费、杂费的尾数不足1角时,按四舍五入处理。

4. 计算公式:铁路运费=【发到基价+(运行基价×运价里程)】×计费重量(箱数)。计费重量一般按货车标记的重量作为计费重量,货物重量超过标重时,按货物重量计费。

例:标重为50吨的车装40吨的货物计费重量为50吨;标重为50吨的车装51吨的货物计费重量为51吨。

例1:上海东站发衡阳站焦炭一车重42吨,用50吨货车一辆装运,计算其运费。查《货物运价里程表》上海东站—衡阳站运价里程为1267千米,查《铁路货物运输品名检查表》知焦炭的运价号为5号,再查运价率表,运价为5号,发到基价为10.20元/吨,运行基价为0.0491元/吨·千米。

解:1. 确定计费重量=53(吨)

2. 代入公式:铁路运费=【发到基价+(运行基价×运价里程)】×计费重量=(9.3+0.0434×1638)×53=4260.6276元

故:该批货物的运费为:4260.6元

例2:从郑州北站发广州东站块煤一车,重52.6吨,用一辆50吨的车装运,计算其运费。已知:从郑州北站到广州东站的运费里程为1638km。查货物检查表,块煤运价号为4,再查运价率表,运价号为4号的发到基价为9.3元/吨,运行基价为0.0434元/吨。

解:1. 计费重量=53(吨)

2. 代入公式:铁路运费=【发到基价+(运行基价×运价里程)】×计费重量=(9.3+0.0434×1638)×53=4260.6276元

故:该批货物的运费为:4260.6元

5. 零担货物运输费用的计算:

计算公式:铁路运费=【发到基价+(运行基价×运价里程)】×计费重量/10。

规定计费重量如下:零担货物的计费重量以10千克为单位,不足10千克进为10千克。注意:针对轻漂货物货物重量与折合重量则大计费。折合重量=(300×体积)千克,货物的长宽高的计算单位为米,小数点后取两位小数(以下四舍五入)体积计算单位为立方米,保留两位小数第三位四舍五入。

例1:某站发送一批零担货物,重225公斤,体积为0.82立方米,在确定计费重量时,其折合重量为:0.82×300=246公斤,计费重量为:225 246 250

特别注意的是零担货物每批的起码运费为2.00元,发到运费为1.60元,运行费为0.40元。

例2:广安门发包头车站灯管4件,重46公斤,货物每件长1米,宽0.35米,高0.16米,经查得,广安门至包头运价里程为798千米。灯管货号为22号,试计算运费。查运价率表,运价号22号发到基价为0.165元/10千克,运行基价为:0.0007元/10千克。

解:体积:4×1×0.35×0.16=0.22立方米

折合重量为:300×0.22=66千克

所以计费重量为:70千克

发到运费=发到基价×计费重量=0.165×70/10=1.155元

低于起码运费:因此发到运费为1.6元

运行运费＝0.000 7×798×70/10＝3.91＝3.9元
所以运费为：1.6＋3.9＝5.5元

任务实施

1. 在"货物指定于×月×日搬入"栏内，填写指定搬入日期。
2. "搬入××"栏，完整填写发站的名称。
3. "运到期限××日"栏，填写按规定计算的货物运到期限日数。运到期限是指铁路运输部门在现有技术设备和运输组织工作水平的条件下，将货物运送一定距离所需要的时间。货物运到期限按日计算，起码日数为3天，即计算出的运到期限不足3天时，按3天计算。运到期限由以下三部分组成。

(1) 发送期间

货物发送期间（T发）为1天。货物发送期间是指车站完成货物发送作业的时间，包括货物从发站承运到挂出的时间。

(2) 运输期间

货物运输期间（T运）是指货物在途中的运输天数。每250运价千米或其未满为1天，按快运办理的整车货物每500运价千米或其未满为1天。

(3) 特殊作业时间

特殊作业时间（T特）是为某些货物在运输途中进行作业所规定的时间，具体规定如下：
① 需要中途加冰的货物，每加冰1次，另加1天；
② 运价里程超过250千米的零担货物和1吨、5吨型集装箱另加2天，超过1000千米加3天；
③ 单件重量超过2吨、体积超过3立方米或长度超过9米的零担货物另加2天；
④ 整车分卸货物，每增加一个分卸站，另加1天；
⑤ 准、米轨间直通运输的货物另加1天。

对于上述5项特殊作业时间应分别计算，当一批货物同时具备几项时，累计相加计算。

若货物运到期限用T表示，则：T＝T发＋T运＋T特。货物运到期限，起码日数为3天。

4. "发站"栏和"到站（局）"栏应分别按《铁路货物运价里程表》（详见表3-3-1）规定的站名完整填写，不得填写简称；到达（局）名，填写到达站主管铁路局名的第一个字，除北京局为京，南宁局为宁外。

▼ 表3-3-1 全国铁路局简称一览表

铁路局全称	铁路局简称	铁路局全称	铁路局简称
哈尔滨铁路局	哈	南昌铁路局	南
沈阳铁路局	沈	广州铁路公司	广

续表

铁路局全称	铁路局简称	铁路局全称	铁路局简称
北京铁路局	京	南宁铁路局	宁
呼和浩特铁路局	呼	成都铁路局	成
郑州铁路局	郑	兰州铁路局	兰
济南铁路局	济	乌鲁木齐铁路局	乌
上海铁路局	上	昆明铁路局	昆
西安铁路局	西	武汉铁路局	武
太原铁路局	太	青藏铁路公司	青

5. "到站所属省(市)、自治区"栏,填写到站所在地的省(市)、自治区名称,托运人填写的到站、到站(局)和到站所属省(市)、自治区名称,三者必须相符。

6. "托运人名称""收货人名称"栏应填写发货单位和收货单位的完整名称,如发货人或收货人为个人时,则应填写发货人或收货人姓名。

7. "托运人地址""收货人地址"栏应详细填写发货人和收货人所在省、市、自治区城镇街道与门牌号码或乡、村名称。

8. "托运人电话""收货人电话"栏应正确填写发货单位和收货单位的电话号码,防止意外事情发生时能够及时联系收发货人。

9. "货物价格"栏应按照货物的实际价格计算,并需要填写货物价格的单位。

10. "托运人确定重量栏"按照货物的实际重量计算,一般情况下"承运人确定重量"与"托运人确定重量"相符。

11. 领货凭证中的"托运人"和"收货人"栏分别填写发货单位与收货单位的名称。

12. "托运人电话""收货人电话"栏应正确填写发货单位和收货单位的电话号码,防止意外事情发生时能够及时联系收发货人。

13. "货物价格"栏应按照货物的实际价格计算,并需要填写货物价格的单位。

14. "托运人确定重量栏"按照货物的实际重量计算,一般情况下"承运人确定重量"与"托运人确定重量"相符。

15. 领货凭证中的"托运人"和"收货人"栏分别填写发货单位与收货单位的名称。

注意的是,对于业务背景中没有涉及的内容,不用填写。

项目小结

本项目主要介绍了运输作业。介绍了运输的概念以及分类、运输方式选择的因素、TMS组成以及功能、公路运输费用的计算方法以及公路货物运单的填制、铁路运输费用的计算方法以及铁路货物运单的填制、运输的索赔业务等知识点。同时本项目还对报关业务做了介绍,介绍了报关作业的概念、业务流程等内容。

第二部分

物流操作篇

项目四　作业任务优化

项目概述

本项目以青岛市福兴祥物流有限公司的日常业务为背景,将企业行业实际岗位技能培训与学校教学进行融合,强化核心技能,将先进的企业岗位技能和应用场景融入课程中,培养学生岗位胜任能力。通过该项目的学习,学生能够根据某物流中心全年的出入库订单信息,利用 Office 软件完成作业任务优化。学习目标包括:

1. 熟练掌握编制库存信息表、入库作业计划表、出库计划表(包括整箱出库和零散出库)、补货作业任务计划表的技巧。
2. 根据物流中心全年的出入库量,掌握货品 ABC 分类的计算方法。
3. 能够根据 ABC 分类表及移库规则,完成移库计划表。
4. 根据客户需求和企业实际情况,缮制配送作业计划表和运输作业计划表。
5. 完成上述所有作业任务后,缮制盘点单。
6. 掌握 PPT 编制及演示技巧,熟练地完成个人汇报。
7. 能熟练运用 Office 常用软件结合专业理论知识解决实际问题。

项目四 作业任务优化

项目导学

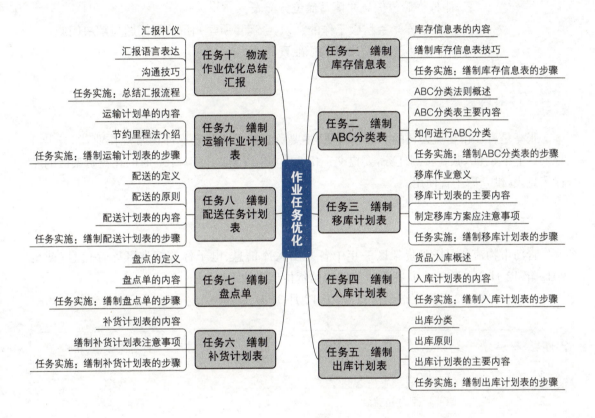

任务一　缮制库存信息表

学习目标

1. 了解库存信息表的含义及作用，理解储位编码的编制原则，掌握库存信息表主要内容；

2. 掌握数据透视、VLOOKUP 函数的操作步骤，能熟练编制库存信息表，能分析储位信息并填写储位分配表；

3. 培养学生积极工作的意识，会运用所学知识分析问题与解决问题，养成细致耐心、精益求精的职业素养。

任务导入

张亮是青岛市物流公司的一名仓管员，主要负责公司 1 号仓库库内常规作业，2021 年 1 月 1 日上午 8:00，张亮接到任务，要提交一份 2020 年 12 月 31 日 17:00 时的托盘货架区的库存信息表，供仓库主管使用。

一、已知信息

青岛市物流公司托盘货架区一年中各月出入库信息、电子标签拣选区库存信息（截至 2019 年 12 月 31 日 17:00）、托盘货架区初始货位信息如下。

（1）2019 年 12 月库存结余信息（截至 12 月 31 日 17:00）

序号	货物名称	库存结余量（箱）
1	德芙 Dove 丝滑牛奶巧克力	30
2	德芙巧克力礼盒装	30
3	德芙牛奶巧克力	50
4	绿箭无糖口香糖	20
5	百事可乐	50
6	波力海苔罐装	50
7	可口可乐	50
8	大白兔奶糖	50
9	康师傅茉莉蜜茶	50
10	统一冰绿茶	50

(2) 出入库月报表(截至 2020 年 1 月 31 日 17：00)

序号	货物名称	出库量(箱)	入库量(箱)
1	德芙 Dove 丝滑牛奶巧克力	100	80
2	德芙巧克力礼盒装	90	80
3	德芙牛奶巧克力	120	100
4	绿箭无糖口香糖	50	60
5	百事可乐	120	104
6	波力海苔罐装	120	110
7	可口可乐	180	160
8	大白兔奶糖	100	90
9	康师傅茉莉蜜茶	220	180
10	统一冰绿茶	130	126

(3) 出入库月报表(截至 2020 年 2 月 29 日 17：00)

序号	货物名称	出库量(箱)	入库量(箱)
1	德芙 Dove 丝滑牛奶巧克力	100	94
2	德芙巧克力礼盒装	100	90
3	德芙牛奶巧克力	120	115
4	绿箭无糖口香糖	30	18
5	百事可乐	200	180
6	波力海苔罐装	100	90
7	可口可乐	100	100
8	大白兔奶糖	100	70
9	康师傅茉莉蜜茶	180	180
10	统一冰绿茶	200	180

(4) 出入库月报表(截至 2020 年 3 月 31 日 17：00)

序号	货物名称	出库量(箱)	入库量(箱)
1	德芙 Dove 丝滑牛奶巧克力	100	110

续表

序号	货物名称	出库量(箱)	入库量(箱)
2	德芙巧克力礼盒装	150	160
3	德芙牛奶巧克力	150	160
4	绿箭无糖口香糖	30	20
5	百事可乐	100	122
6	波力海苔罐装	200	200
7	可口可乐	100	98
8	大白兔奶糖	100	99
9	康师傅茉莉蜜茶	220	230
10	统一冰绿茶	200	210

(5) 出入库月报表(截至2020年4月30日17:00)

序号	货物名称	出库量(箱)	入库量(箱)
1	德芙Dove丝滑牛奶巧克力	80	88
2	德芙巧克力礼盒装	50	70
3	德芙牛奶巧克力	130	150
4	绿箭无糖口香糖	30	40
5	百事可乐	200	190
6	波力海苔罐装	100	80
7	可口可乐	100	98
8	大白兔奶糖	180	190
9	康师傅茉莉蜜茶	220	218
10	统一冰绿茶	200	210

(6) 出入库月报表(截至2020年5月31日17:00)

序号	货物名称	出库量(箱)	入库量(箱)
1	德芙Dove丝滑牛奶巧克力	50	60
2	德芙巧克力礼盒装	50	50
3	德芙牛奶巧克力	80	70

续表

序号	货物名称	出库量(箱)	入库量(箱)
4	绿箭无糖口香糖	20	10
5	百事可乐	50	60
6	波力海苔罐装	60	50
7	可口可乐	80	80
8	大白兔奶糖	100	120
9	康师傅茉莉蜜茶	80	90
10	统一冰绿茶	50	40

(7) 出入库月报表(截至2020年6月30日17:00)

序号	货物名称	出库量(箱)	入库量(箱)
1	德芙Dove丝滑牛奶巧克力	50	50
2	德芙巧克力礼盒装	30	20
3	德芙牛奶巧克力	20	30
4	绿箭无糖口香糖	10	12
5	百事可乐	30	10
6	波力海苔罐装	20	30
7	可口可乐	20	10
8	大白兔奶糖	50	50
9	康师傅茉莉蜜茶	60	60
10	统一冰绿茶	50	61

(8) 出入库月报表(截至2020年7月31日17:00)

序号	货物名称	出库量(箱)	入库量(箱)
1	德芙Dove丝滑牛奶巧克力	100	110
2	德芙巧克力礼盒装	160	150
3	德芙牛奶巧克力	150	140
4	绿箭无糖口香糖	30	30
5	百事可乐	150	180

续表

序号	货物名称	出库量(箱)	入库量(箱)
6	波力海苔罐装	180	200
7	可口可乐	200	190
8	大白兔奶糖	200	180
9	康师傅茉莉蜜茶	220	220
10	统一冰绿茶	200	200

（9）出入库月报表（截至2020年8月31日17:00）

序号	货物名称	出库量(箱)	入库量(箱)
1	德芙Dove丝滑牛奶巧克力	90	99
2	德芙巧克力礼盒装	50	50
3	德芙牛奶巧克力	50	60
4	绿箭无糖口香糖	10	10
5	百事可乐	130	123
6	波力海苔罐装	220	230
7	可口可乐	150	170
8	大白兔奶糖	200	220
9	康师傅茉莉蜜茶	220	210
10	统一冰绿茶	200	180

（10）出入库月报表（截至2020年9月30日17:00）

序号	货物名称	出库量(箱)	入库量(箱)
1	德芙Dove丝滑牛奶巧克力	160	120
2	德芙巧克力礼盒装	100	120
3	德芙牛奶巧克力	155	140
4	绿箭无糖口香糖	10	20
5	百事可乐	150	130
6	波力海苔罐装	200	180
7	可口可乐	200	188

续表

序号	货物名称	出库量(箱)	入库量(箱)
8	大白兔奶糖	200	180
9	康师傅茉莉蜜茶	200	200
10	统一冰绿茶	200	180

(11) 出入库月报表(截至 2020 年 10 月 31 日 17:00)

序号	货物名称	出库量(箱)	入库量(箱)
1	德芙 Dove 丝滑牛奶巧克力	80	79
2	德芙巧克力礼盒装	100	100
3	德芙牛奶巧克力	130	150
4	绿箭无糖口香糖	30	23
5	百事可乐	160	152
6	波力海苔罐装	200	190
7	可口可乐	150	170
8	大白兔奶糖	150	165
9	康师傅茉莉蜜茶	220	240
10	统一冰绿茶	120	150

(12) 出入库月报表(截至 2020 年 11 月 30 日 17:00)

序号	货物名称	出库量(箱)	入库量(箱)
1	德芙 Dove 丝滑牛奶巧克力	90	80
2	德芙巧克力礼盒装	80	90
3	德芙牛奶巧克力	50	20
4	绿箭无糖口香糖	20	10
5	百事可乐	180	200
6	波力海苔罐装	165	180
7	可口可乐	170	180
8	大白兔奶糖	120	110
9	康师傅茉莉蜜茶	120	110
10	统一冰绿茶	130	130

(13) 出入库月报表（截至 2020 年 12 月 31 日 17：00）

序号	货物名称	出库量（箱）	入库量（箱）
1	德芙 Dove 丝滑牛奶巧克力	20	30
2	德芙巧克力礼盒装	20	20
3	德芙牛奶巧克力	28	0
4	绿箭无糖口香糖	10	15
5	百事可乐	80	60
6	波力海苔罐装	20	20
7	可口可乐	60	40
8	大白兔奶糖	30	26
9	康师傅茉莉蜜茶	80	60
10	统一冰绿茶	60	55

(14) 电子标签拣选区库存信息（截至 2020 年 12 月 31 日 17：00）

储位编码	货品条码	货品名称	数量	补货点	单位	箱装数
C000000	20180S00001	德芙 Dove 丝滑牛奶巧克力	24	4	盒	12
C000001	20180S00002	德芙巧克力礼盒装	24	3	盒	12
C000002	20180S00003	德芙牛奶巧克力	14	5	盒	12
C000003	20180Y00004	大白兔奶糖	24	6	瓶	12
C000004	20180Y00005	康师傅茉莉蜜茶	14	6	瓶	10
C000005	20180S00001	姚生记原香味小山核桃仁	12	4	袋	12
C000006	20180S00002	旺旺大米饼	10	3	袋	12
C000007	20180S00003	阿里山山核桃味葵瓜子	12	3	袋	12
C000008	20180S00004	旺旺雪饼	10	5	袋	12
C000100	20180Y00006	统一冰绿茶	14	6	瓶	10
C000101	20180Y00007	百事可乐	24	6	瓶	10
C000102	20180Y00008	可口可乐	24	6	瓶	10
C000103	20180Y00009	波力海苔罐装	24	6	瓶	10
C000104	20180S00005	上好佳鲜虾片	10	3	袋	12

续表

储位编码	货品条码	货品名称	数量	补货点	单位	箱装数
C000105	20180S00006	熊孩子冻干无花果	10	3	袋	12
C000106	20180S00007	德芙巧克力礼盒	10	4	袋	12
C000107	20180S00008	绿箭无糖口香糖	10	3	袋	12
C000108	20180S00009	统一100红烧牛肉面	10	3	袋	12

(15) 托盘货架区初始货位情况

	绿箭无糖口香糖(20)箱		
A00200	A00201	A00202	A00203
可口可乐(50)箱		波力海苔罐装(50)箱	百事可乐(50)箱
A00100	A00101	A00102	A00103
	大白兔奶糖(50)箱		
A00000	A00001	A00002	A00003

------------------- 通　道 -------------------

德芙Dove丝滑牛奶巧克力(30)箱	德芙巧克力礼盒装(30)箱	德芙牛奶巧克力(50)箱	
B00200	B00201	B00202	B00203
		统一冰绿茶(50)箱	
B00100	B00101	B00102	B00103
	康师傅茉莉蜜茶(50)箱		
B00000	B00001	B00002	B00003

备注：①图中所标出的货位信息为托盘货架区在2019年12月31日17：00时的库存结余量；②托盘货架区分为A区和B区，编号以字母"A"开头的区域分为A区，以字母"B"开头的区域为B区。

二、任务要求

根据青岛市物流公司一年度的货品出入库信息，编制2020年12月31日17：00的托盘货架区库存信息表。已知库存信息表格式如下。

储位编码	货品条码	货品名称	单位	库存结余数量

 知识链接

一、库存信息表的内容

库存信息是物流信息系统的中心,是计划与协调作业之间最基本的界面。库存信息表最重要的作用是为物流中心作出决策提供数据支持,包括指导库存计划人员在决定何时订货、订多少货时所必需的信息。其次库存信息表可以预测客户对产品的需求,从而支持物流企业作出决策计划。所以在做任何仓储计划之前,必须先通过库存信息表了解仓库的基本数据。

物流公司常用的库存信息表一般包括储位编码、货品条码、货品名称、单位、库存结余数量等几项内容。

1. 储位编码

(1) 储位编码的定义

储位编码是指在分区、分类和划好储位的基础上,将仓库的库房、货场以及货架等存放货品的场所,划分为若干储位,然后按储存地点和位置排列,采用统一标记、编列储位的顺序号码,以方便仓库作业的顺利进行。储位编码的规则和方法根据使用场所不同也有所不同,本书以常用于物流中心的"地址式"储位编码为例介绍其编写特点。

① "地址式"储位编码是指利用保管区中的现成参考单位,如建筑物第几栋、区段、排、行、层、格等按相关顺序编码,如同地址的区、胡同、号一样。这是物流配送中心使用较普及的编码方法。

② 储位编码的位置,通常置于货架横梁或比较显眼的地方,方便仓管人员识别、使用。

③ 储位编码的结构共有四部分,分别是:库房编号、库房内货位编号、货架上的货位层数编号、货架上的货位位数编号。例如出位编号:1-A-02-03,第一位"1"是库房编号,库房的号码可统一写在库房外墙上或库门上(见图4-1-1)。编号要清晰、醒目,易于查找。第二位"A"是库房内货架编号或货位编号,根据库内业务情况,按照库内主干、支干道分布,划分为若干货位,按顺序以各种简明符号与数字,来编制货区、货位的号码,并标于明显处(见图4-1-2)。

▲ 图 4-1-1 库房编号

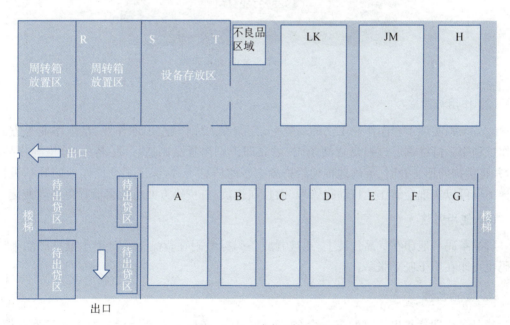

▲ 图 4-1-2 货架（货位）编号

第三位"02"是货架上的货位层数编号，代表在第二层。第四位"03"是货架上的货位位数编号，代表在第三列。以货架上的货位编号为例，先按一个仓库内的货架进行编号，然后再对每个货架的货位按层、位进行编号。

(2) 储位编码的功能

① 准确定位货品位置，方便操作人员进行进出库、拣货、补货等作业，这对大中型物流公司的仓库管理尤为重要；

② 提高调库、移库的工作效率；

③ 方便操作员及时了解掌握储存空间,以控制货物库存量;

④ 方便盘点。

2. 货品条码

(1) 货品条码的定义

货品条码是指由一组粗细不同、黑白(或彩色)相间的条、空及对应字符按规则组合起来,用以表示一定信息的图形。本书以通用于全世界的 EAN-13 条码为例,见图 4-1-3。

▲ 图 4-1-3 货品条码示例

(2) 作用与意义

货品条码实现了仓库作业工作的高效率,例如在入库作业、出库作业、盘点作业等方面。操作员利用手持终端通过扫描货品条码,可立即识别出货品制造厂商、名称、价格等货品信息,并将货物的信息及时、准确地传递给物流中心的信息平台,保证了仓储作业的顺利进行。这样不仅可以实现仓储作业自动化管理,而且在售货、订货等方面也使得流程更高效便捷。

(3) 使用方法

货品条码一般印在货品包装上,或被制成条码标签附在货品上。对于小批量产品来说,条码也可印在不干胶上张贴。

3. 货品名称

货品名称即货品出厂时的统一命名,通常包括生产厂商品牌及货品的用途类型。例如"统一冰红茶",代表该货品是"统一"品牌的一种茶饮。

4. 单位

库存信息表中的"单位"代表该货品在库存信息中的计数单位。托盘货架区的货品存储单位通常是"箱",电子拣选区货品存储单位通常用"瓶""盒""袋""条"等。

5. 库存结余数量

(1) 什么是库存结余数量

由于仓库货物时刻运转,有入库也有出库,所以某时刻剩余的货品库存数量,就是该时刻库存结余。

(2) 库存结余数量的计算公式

库存结余数量＝上期结余库存数量＋本期入库总量－本期出库总量。

举例：某仓库在 2020 年 12 月 31 日可口可乐的库存量为 50 箱，2020 年 1 月 1 日至 12 月 31 日可口可乐总入库量 1 350 箱，总出库量 1 380 箱，则 2020 年 12 月 31 日该仓库可口可乐的库存结余为：50＋1 350－1 380＝20 箱。

二、缮制库存信息表技巧

缮制库存信息表是在电脑上完成，操作过程中要用到函数计算，在此，对 VLOOKUP 函数做简单介绍。

1. 函数介绍

VLOOKUP 函数是 Excel 中的一个纵向查找函数，在工作中应用广泛，例如可以用来核对数据，多个表格之间快速导入数据等。VLOOKUP 函数的功能是按列查找，最终返回该列所需查询列序所对应的值。

2. 语法规则

该函数的语法规则如下表：

VLOOKUP (lookup_value, table_array, col_index_num, range_lookup)

▼ 表 4-1-1　VLOOKUP 语法规则

参数	简单说明	输入数据类型
lookup value	要查找的值	数值、引用或文本字符串
table array	要查找的区域	数据表区域
col_index_num	返回数据在查找区域的第几列数	正整数
range lookup	模糊匹配/精确匹配	TRUE/FALSE(或不填)

3. VLOOKUP 函数使用注意事项

① 括号里有四个参数，为必需，最后一个参数 range lookup 是个逻辑值，通常输入一个 0 字，或者 False 即可；

② Lookup value 是一个很重要的参数，它可以是数值、文字字符串或参照地址；

③ 使用 VLOOKUP 函数，必须保证 lookup value 和 table array 格式一致。

任务实施

通过对库存信息表的结构分析可知，该表共包含五项内容，其中储位编码、货品条码、货品名称、单位都可以在已知信息中查找到,"库存结余量"需要对已知信息进行处理,通过计算得出。库存信息表的缮制分为以下三步骤进行。

步骤一:计算库存结余。

1. 根据"库存结余=上期结余库存+本期入库总量-本期出库总量",需要计算本期出入库总量。将题目所给的一年的出入库数据信息逐一粘贴到 Excel 当中,如图 4-1-4 所示。

序号	货物名称	出库量（箱）	入库量（箱）	
1	德芙Dove丝滑牛奶巧克力	100	80	
2	德芙巧克力礼盒装	90	80	
3	德芙牛奶巧克力	120	100	
4	绿箭无糖口香糖	50	60	
5	百事可乐	120	104	2020年1月31号出入库报表
6	波力海苔罐装	120	110	
7	可口可乐	180	160	
8	大白兔奶糖	100	90	
9	康师傅茉莉蜜茶	220	180	
10	统一冰绿茶	130	126	
序号	货物名称	出库量（箱）	入库量（箱）	
1	德芙Dove丝滑牛奶巧克力	100	94	
2	德芙巧克力礼盒装	100	90	
3	德芙牛奶巧克力	120	115	
4	绿箭无糖口香糖	30	18	2020年2月29号出入库报表,以此类推
5	百事可乐	200	180	
6	波力海苔罐装	100	90	
7	可口可乐	100	100	
8	大白兔奶糖	100	70	
9	康师傅茉莉蜜茶	180	180	
10	统一冰绿茶	200	180	

▲ 图 4-1-4 粘贴数据信息

2. 将复制到 Excel 的内容全选,并将全选的内容进行数据透视,操作如下:单击"插入"菜单,出现"数据透视表"窗口,如图 4-1-5 所示。

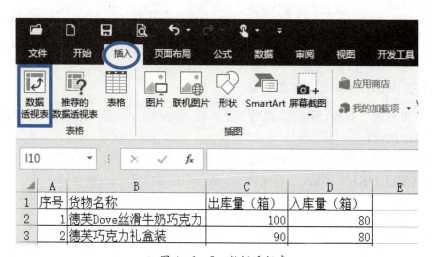

▲ 图 4-1-5 数据透视表

3. 单击"数据透视表",出现下图 4-1-6,此时在"选择一个表或区域"栏内,单击鼠标,使之出现光标后,选择需要透视的数据信息。通常系统默认区域即需要数据透视的区域,操作者直接点击"确定"打开数据透视表即可。

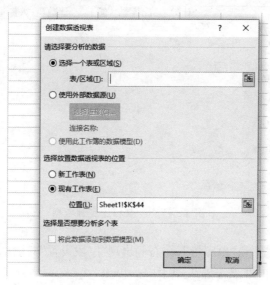

▲ 4-1-6 数据透视功能确认

4. 打开数据透视表后,在界面右侧出现"数据透视表",如图 4-1-7,进行如下操作:选中"字段列表"中"货物名称",将其拖入下方的"行"标签栏内,选中"出库量",将其拖入"列"标签内,选中"入库量",将其拖入"列"标签内。

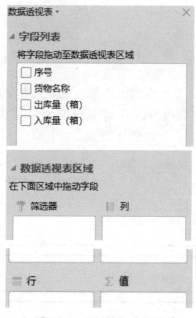

▲ 图 4-1-7 数据透视操作

5. 完成图 4-4-7 所示的操作后，会在 Excel 页面左侧出现如下数据透视的结果，包括"行标签""出库量""入库量"信息，其中"行标签"代表货物名称，注意："出库量""入库量"栏数值代表对应的货品在选择的表或区域中出现的次数，而不是实际出入库的数量，见图 4-1-8。

行标签	计数项:出库量（箱）	计数项:入库量（箱）
百事可乐	12	12
波力海苔罐装	12	12
大白兔奶糖	12	12
德芙Dove丝滑牛奶巧克力	12	12
德芙牛奶巧克力	12	12
德芙巧克力礼盒装	12	12
货物名称	11	11
康师傅茉莉蜜茶	12	12
可口可乐	12	12
绿箭无糖口香糖	12	12
统一冰绿茶	12	12
(空白)		
总计	131	131

▲ 图 4-1-8 数据透视计数项

6. 分别双击"入库量"和"出库量"，在右侧出现"字段设置"对话框，此时"计算类型"默认为"计数"，将其改为求和，并点击确认，见图 4-1-9。

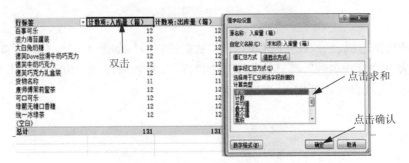

▲ 图 4-1-9 数据透视字段设置

7. 点击"确认"，计算出 12 个月份的出库量总值和入库量总值。注意：在原透视结果表格位置，带有函数计算公式，不能进行编辑，需要复制全部内容移至新页 Excel（粘贴时选择数值粘贴）；并将"货物名称""空白"及"总计"删除，如图 4-1-10。

	A	B	C	D
1		值		
2	行标签	求和项:出库量（箱）	求和项:入库量（箱）	
3	百事可乐	1550	1511	
4	波力海苔罐装	1585	1560	
5	大白兔奶糖	1530	1500	
6	德芙Dove丝滑牛奶巧克力	1020	1000	
7	德芙牛奶巧克力	1183	1135	
8	德芙巧克力礼盒装	980	1000	
9	货物名称	0	0	
10	康师傅茉莉蜜茶	2040	1998	
11	可口可乐	1510	1484	
12	绿箭无糖口香糖	280	268	
13	统一冰绿茶	1740	1722	
14	(空白)			
15	总计	13418	13178	
16				

▲ 图 4-1-10 数据透视结果

8. 完成上步操作后,得出出入库汇总表,包括"货物名称""出库量""入库量",见图 4-1-11。

序号	货物名称	出库量(箱)	入库量(箱)	库存结余
1	百事可乐	1550	1511	
2	波力海苔罐装	1585	1560	
3	大白兔奶糖	1530	1500	
4	德芙Dove丝滑牛奶巧克力	1020	1000	
5	德芙牛奶巧克力	1183	1135	
6	德芙巧克力礼盒装	980	1000	
7	康师傅茉莉蜜茶	2040	1998	
8	可口可乐	1510	1484	
9	绿箭无糖口香糖	280	268	
10	统一冰绿茶	1740	1722	

▲ 图 4-1-11 出入库汇总表

9. 根据库存结余计算公式,库存结余=上期结余库存+本期入库总量-本期出库总量,将上期结余库存,即 2019 年 12 月 31 号库存结余量粘贴到 Excel 中,如图 4-1-12。

A	B	C	D	E	F	G	H	I
序号	货物名称	出库量(箱)	入库量(箱)	库存结余		序号	货物名称	库存结余量(箱)
1	百事可乐	1550	1511			1	德芙Dove丝滑牛奶巧克力	30
2	波力海苔罐装	1585	1560			2	德芙巧克力礼盒装	30
3	大白兔奶糖	1530	1500			3	德芙牛奶巧克力	50
4	德芙Dove丝滑牛奶巧克力	1020	1000			4	绿箭无糖口香糖	20
5	德芙牛奶巧克力	1183	1135			5	百事可乐	50
6	德芙巧克力礼盒装	980	1000			6	波力海苔罐装	50
7	康师傅茉莉蜜茶	2040	1998			7	可口可乐	50
8	可口可乐	1510	1484			8	大白兔奶糖	50
9	绿箭无糖口香糖	280	268			9	康师傅茉莉蜜茶	50
10	统一冰绿茶	1740	1722			10	统一冰绿茶	50

▲ 图 4-1-12 粘贴初期库存结余

10. 使用 VLOOKUP 函数

出入库汇总表的货品名称与 2019 年 12 月 31 日库存结余表的货品名称位置不一致,不能直接运用公式计算,需要利用 VLOOKUP 函数,进行货品名称与库存数量匹配,并根据公式计算库存结余。具体操作如下:单击"公式",出现"插入函数"图标,选中 F2 单元格,再单击"插入函数"按钮,如图 4-1-13。

11. 点击"插入函数"按钮后,出现如下界面,见图 4-1-14,在"选择函数"列有多个函数可选,操作者选择"VLOOKP"函数,点击"确定"按钮,出现图 4-1-15 界面。

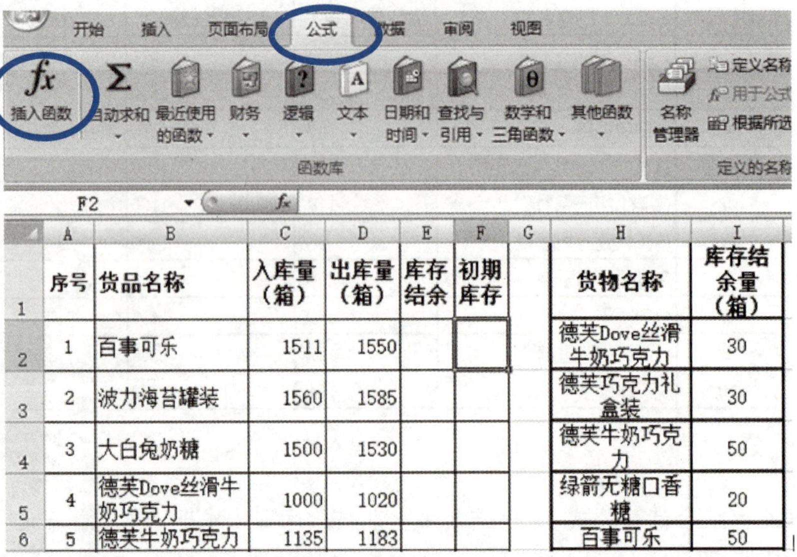

138 现代物流作业实务

▲ 图 4-1-13 VLOOKUP 函数使用

▲ 图 4-1-14 VLOOKUP 函数确认

12. 出现图 4-1-15 后，按以下步骤操作：

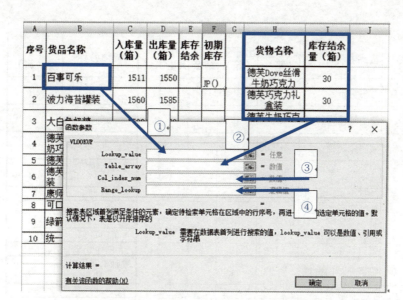

▲ 图 4-1-15　VLOOKUP 函数操作

① 将光标放在此格内，选中需要匹配的项目，即左侧表格中的货品名称，注意选中第一个货品名称即可，如本题中，选中"百事可乐"；

② 将光标放在此格内，再用鼠标选中右边表格的"货品名称""库存结余"两大列（H、I 两列全选）；

③ 将光标放在此格内，此处输入 2（因从"货物名称"到"库存结余量"共 2 列）；

④ 将光标放在此格内，此处输入 0，最后单击确定。

13. 单击确定后，得到"百事可乐"的初期库存结余"50"箱，如图 4-1-16。

序号	货品名称	入库量（箱）	出库量（箱）	库存结余	初期库存	货物名称	库存结余量（箱）
1	百事可乐	1511	1550		50	德芙Dove丝滑牛奶巧克力	30
2	波力海苔罐装	1560	1585			德芙巧克力礼盒装	30
3	大白兔奶糖	1500	1530			德芙牛奶巧克力	50

▲ 图 4-1-16　期初库存结余

14. 其他九种货品初期库存的计算：在图 4-1-16 的基础上，点击百事可乐初期库存"50"单元格，当右下角出现"十"字符号时往下拉到最后一个货品。最终得到所有货品的初期库存结余，见图 4-1-17。

15. 根据公式求出结余库存量：库存结余＝入库量＋初期库存－出库量，点击右下角出现"十"字符号时拉至最后一个货品，自动得出所有货品库存结余，如图 4-1-18。

序号	货品名称	入库量（箱）	出库量（箱）	库存结余	初期库存	货物名称	库存结余量（箱）
1	百事可乐	1511	1550		50	德芙Dove丝滑牛奶巧克力	30
2	波力海苔罐装	1560	1585		50	德芙巧克力礼盒装	30
3	大白兔奶糖	1500	1530		50	德芙牛奶巧克力	50
4	德芙Dove丝滑牛奶巧克力	1000	1020		30	绿箭无糖口香糖	20
5	德芙牛奶巧克力	1135	1183		50	百事可乐	50
6	德芙巧克力礼盒装	1000	980		30	波力海苔罐装	50
7	康师傅茉莉蜜茶	1998	2040		50	可口可乐	50
8	可口可乐	1484	1510		50	大白兔奶糖	50
9	绿箭无糖口香糖	268	280		20	康师傅茉莉蜜茶	50
10	统一冰绿茶	1722	1740		50	统一冰绿茶	50

▲ 图 4-1-17 初期库存数值

序号	货品名称	入库量（箱）	出库量（箱）	库存结余	初期库存
1	百事可乐	1511	1550	11	50
2	波力海苔罐装	1560	1585	25	50
3	大白兔奶糖	1500	1530	20	50
4	德芙Dove丝滑牛奶巧克力	1000	1020	10	30
5	德芙牛奶巧克力	1135	1183	2	50
6	德芙巧克力礼盒装	1000	980	50	30
7	康师傅茉莉蜜茶	1998	2040	8	50
8	可口可乐	1484	1510	24	50
9	绿箭无糖口香糖	268	280	8	20
10	统一冰绿茶	1722	1740	32	50

▲ 图 4-1-18 库存结余量数值

16. 将最终的货品名称及库存结余数量粘贴到库存信息表上(答题纸),见图 4-1-19。

储位编码	货品条码	货品名称	单位	库存结余数量
		百事可乐	箱	11
		波力海苔罐装	箱	25
		大白兔奶糖	箱	20
		德芙Dove丝滑牛奶巧克力	箱	10
		德芙牛奶巧克力	箱	2
		德芙巧克力礼盒装	箱	50
		康师傅茉莉蜜茶	箱	8
		可口可乐	箱	24
		绿箭无糖口香糖	箱	8
		统一冰绿茶	箱	32

▲ 图 4-1-19 库存结余表

步骤二:填写储位编码。

1. 分析:托盘货架区货物的储位编码见"托盘货架区初始货位信息",每种货物下方对应的编码即储位编码。如 A00100 就是可口可乐的储位编码。

2. 以 A 货架为例,对照图 4-1-20:"托盘货架区初始货位信息",找出货物对应的储位编码。

(15)托盘货架区初始货位情况

	绿箭无糖口香糖 (20)箱		
A00200	A00201	A00202	A00203
可口可乐 (50)箱		波力海苔罐装 (50)箱	百事可乐 (50)箱
A00100	A00101	A00102	A00103
	大白兔奶糖 (50)箱		
A00000	A00001	A00002	A00003

▲ 图 4-1-20 托盘货架初始货位信息

3. 将图 4-1-19 库存结余表和图 4-1-20 托盘货架初始货位信息粘贴到 Excel 中,对照货品名称将其对应储位编码填入表格,见图 4-1-21。

步骤三:货品条码的填写。

1. 分析如下:货品条码信息在"电子标签拣选区库存信息"表中,托盘货架区库存信息表的货品名称跟电子标签拣选区货品名称顺序不一致,所以需要用 VLOOKUP 函数挑选出现在托盘货架区的货品相关条码(参照上面所述,使用 VLOOKUP 函数)。

2. 将库存信息表和电子标签拣选区信息表复制粘贴到 Excel 中,调用 VLOOKUP 函数,见下图 4-1-22。

储位编码	货品条码	货物名称	单位	库存结余数量
		百事可乐	箱	11
		波力海苔罐装	箱	25
		大白兔奶糖	箱	20
		德芙Dove丝滑牛奶巧克力	箱	10
		德芙牛奶巧克力	箱	2
		德芙巧克力礼盒装	箱	50
		康师傅茉莉蜜茶	箱	8
A00100		可口可乐	箱	24
		绿箭无糖口香糖	箱	8
		统一冰绿茶	箱	32

（15）托盘货架区初始货位情况

	绿箭无糖口香糖（ 20 ）箱		
A00200	A00201	A00202	A00203
可口可乐（ 50 ）箱		波力海苔罐装（ 50 ）箱	百事可乐（ 50 ）箱
A00100	A00101	A00102	A00103
	大白兔奶糖（ 50 ）箱		
A00000	A00001	A00002	A00003

▲ 图4-1-21 填写储位编码

A 储位编码	B 货品条码	C 货品名称	D 单位	E 库存结余	F	G 货品名称	H 货品条码
A00103		百事可乐	箱	11		德芙Dove丝滑牛奶巧克力	20180S00001
A00102		波力海苔罐装	箱	25		德芙巧克力礼盒装	20180S00002
A00001		大白兔奶糖	箱	20		德芙牛奶巧克力	20180S00003
B00200		德芙Dove丝滑牛奶巧克力	箱	10		大白兔奶糖	20180Y00004
B00202		德芙牛奶巧克力	箱	2		康师傅茉莉蜜茶	20180Y00005
B00201		德芙巧克力礼盒装	箱	50		姚生记原香味小山核桃仁	20180S00001
B00001		康师傅茉莉蜜茶	箱	8		旺旺大米饼	20180S00002
A00100		可口可乐	箱	24		阿里山山核桃味葵瓜子	20180S00003
A00201		绿箭无糖口香糖	箱	8		旺旺雪饼	20180S00004
B00102		统一冰绿茶	箱	32		统一冰绿茶	20180Y00006
						百事可乐	20180Y00007

▲ 图4-1-22 粘贴电子标签拣选区信息

注意：在复制粘贴电子标签拣选区信息表时，为简化操作，只需粘贴"货品名称""货品条码"两项信息即可。

3. 应用VLOOKUP函数挑选数据时，数据要在货品名称右侧，所以需要调整电子标签拣选区信息表栏目顺序，将"货品条码"剪贴到"货品名称"右侧。VLOOKUP函数的操作见"步骤4-1-1至4-1-15"，此处不再赘述。操作VLOOKUP函数后，得到结果见图4-1-23。

4. 将货品条码粘贴到指定位置上，完成库存信息表的缮制。注意：在粘贴"货品条码""库存结余"等通过函数计算的数值时，需要点击"选择性粘贴"中的"数值"类型。最终结果见图4-1-24，任务一缮制库存信息表完成。

	A	B	C	D	E	F	G	H
	储位编码	货品条码	货品名称	单位	库存结余		货品名称	货品条码
	A00103		百事可乐	箱	11	20180Y00007	德芙Dove丝滑牛奶巧克力	20180S00001
	A00102		波力海苔罐装	箱	25	20180Y00009	德芙巧克力礼盒装	20180S00002
	A00001		大白兔奶糖	箱	20	20180Y00004	德芙牛奶巧克力	20180S00003
	B00200		德芙Dove丝滑牛奶巧克力	箱	10	20180S00001	大白兔奶糖	20180Y00004
	B00202		德芙牛奶巧克力	箱	2	20180S00003	康师傅茉莉蜜茶	20180Y00005
	B00201		德芙巧克力礼盒装	箱	50	20180S00002	姚生记原香味小山核桃仁	20180S00001
	B00001		康师傅茉莉蜜茶	箱	8	20180Y00005	旺旺大米饼	20180S00002
	A00100		可口可乐	箱	24	20180Y00008	阿里山山核桃味葵瓜子	20180S00003
	A00201		绿箭无糖口香糖	箱	8	20180S00008	旺旺雪饼	20180S00004
	B00102		统一冰绿茶	箱	32	20180Y00006	统一冰绿茶	20180Y00006
							百事可乐	20180Y00007

▲ 图 4-1-23 货品条码

储位编码	货品条码	货物名称	单位	库存结余
A00103	20180S00001	德芙Dove丝滑牛奶巧克力	箱	11
A00102	20180S00002	德芙巧克力礼盒装	箱	25
A00001	20180S00003	德芙牛奶巧克力	箱	20
B00200	20180S00008	绿箭无糖口香糖	箱	10
B00202	20180Y00007	百事可乐	箱	2
B00201	20180Y00009	波力海苔罐装	箱	50
B00001	20180Y00008	可口可乐	箱	8
A00100	20180Y00004	大白兔奶糖	箱	24
A00201	20180Y00005	康师傅茉莉蜜茶	箱	8
B00102	20180Y00006	统一冰绿茶	箱	32

▲ 图 4-1-24 2020 年 12 月 31 日 17:00 的托盘货架区库存信息表

任务二 缮制 ABC 分类表

学习目标

1. 了解 ABC 分类的意义及作用，熟悉 ABC 分类表的主要内容；
2. 掌握缮制 ABC 分类表技巧；
3. 锻炼学生在实际工作中的深度思考能力，培养严谨认真的工作作风及有效解决实际问题的能力。

任务导入

为提高仓库效益，青岛市物流公司计划对库内所有货品分类，进行分级管理。仓管员张亮接到任务，要求根据近一年的货物进出库情况，缮制一份 ABC 分类表，供仓库主管使用。

一、已知信息

青岛市物流公司全年的出入库量（见任务一 2019 年 1 月—2019 年 12 月出入库报表）、货品 ABC 分类标准如下：

累计百分比%	0＜A≤60%	60＜B≤90%	90＜C≤100%

二、任务要求

根据青岛市物流公司一年度的货品出入库信息计算 ABC 分类。物动量 ABC 分类表格式如下：

序号	货物名称	出库量	所占比重%	累计比重%	分类结果
1					
2					

知识链接

一、ABC 分类法则概述

一个成规模的物流中心，每天都有成百上千种货物进行入库、出库等作业。如果分不清货物主次，或者说储存的货位比较随意，管理难度可想而知，其物流效率和效益会大打折扣。

而利用 ABC 分类法对货品进行分类,抓住主要的货物对象,就可以使物流的工作效率和效益大大提高。一般来说,ABC 分类法的分类标准可以依据物品数量占总量比例、物品金额占总库存资金的比例以及货物出库量的累计比重。本任务着重以货物出库量的累计比重作为分类标准来进行讲解。

二、ABC 分类表主要内容

物流公司缮制 ABC 分类表主要目的是区分不同种类货品对企业生产经营的影响大小,提高货品的出货效率。通常包括以下内容:货品名称、出库量、所占比重、累计比重和分类结果几项内容。

1. 出库量

出库量即仓库某段时间内某种货品所有出库数量的合计。在仓储管理中,常以"月""季度""年"作为计数周期。

2. 所占比重

所占比重是指该货品的出库量(或物品金额)在仓库所有货品的总出库量(或总物品金额)中所占比例。该比例能反映出此货品在仓库所有货品中的综合地位如何。所占比重的计算公式:所占比重=出库量/出库总量。

3. 累计比重

累计比重是指前几项数值从上而下的累加的和,第一项累计比重就是第一项货品的出库量(或物品金额)在仓库所有货品的总出库量(或总物品金额)中所占比重,第二项累计比重是第一项累计比重加第二项货品的出库量(或物品金额)在仓库所有货品的总出库量(或总物品金额)中所占比重,第三项累计比重是第二项累计比重加第三项货品的出库量(或物品金额)在仓库所有货品的总出库量(或总物品金额)中所占比重。依次类推,加到最后一项,总值就是 100%。

4. 分类结果

根据分类标准,对货品进行的区分标注,通常标以"A""B""C",故此类表格称为"ABC 分类表"。

三、如何进行 ABC 分类

为在有限的时间内提高物流作业的工作效率,实现企业效益有效增长。物流企业在管理作业时必须要分清主次,因此 ABC 分类法对仓储管理意义非常重大。对不同货品实行不同的管理方法,这是科学经营的基本手段。我们以货品出库量的库存管理为例来说明如何进行分类。

1. 统计数据,通常包括每一种货品一定时期(通常指一年)的总出库量、品种数、货物价格、年度需求等;

2. 排序,将该库存每种货品一定时期的总出库量按照由高到低的顺序排列;

3. 计算比重,根据每种货品一定时期的出库量计算该货品所占库存(所有货品)总出库量的比重;

4. 计算累计比重,根据每一种货品所占比重,依次计算出该货品的累计比重;

5. 按要求分类,根据物流中心上述计算情况进行分类,例如,累计比重在0%—60%之间的,为A类货品;累计比率在60%—90%之间的,为B类货品;累计比率在90%—100%之间的,为C类货品。

 任务实施

步骤一:计算该物流公司一年度的出库总量。

根据题目要求,出库量是ABC分类的依据,所以先计算出库量,具体操作步骤如下。

1. 新建Excel表格,复制"任务要求"中的ABC分类表,粘贴到Excel表格最左上角,方便操作者观察完成本项任务需要汇总哪些信息数据,见图4-2-1。

	A	B	C	D	E	F
1	序号	货物名称	出库量	所占比重%	累计比重%	分类结果
2	1					
3	2					
4						
5						

▲ 图4-2-1 物动量ABC分类表

2. 出库量汇总操作过程,见"任务一库存信息表"的步骤一,此处不再赘述。出库量汇总如图4-2-2,包括"序号""货物名称"和"出库量"三项信息。

A	B	C
序号	货物名称	出库量(箱)
1	百事可乐	1550
2	波力海苔罐装	1585
3	大白兔奶糖	1530
4	德芙Dove丝滑牛奶巧克力	1020
5	德芙牛奶巧克力	1183
6	德芙巧克力礼盒装	980
7	康师傅茉莉蜜茶	2040
8	可口可乐	1510
9	绿箭无糖口香糖	280
10	统一冰绿茶	1740

▲ 图4-2-2 出库量汇总

3. 在出库量汇总表中,货物的排列顺序无规则,按照 ABC 分类的理论原则,在本任务中,出库数量越多,代表该货物越重要,优先划入 A 类,因此需要按照出库量高低排序。进行如下操作:选中"出库量"单元格,点击"排序",选择按降序排列,如图 4-2-3。

序号	货品名称	出库量(箱)
7	康师傅茉莉蜜茶	2040
10	统一冰绿茶	1740
2	波力海苔罐装	1585
1	百事可乐	1550
3	大白兔奶糖	1530
8	可口可乐	1510
5	德芙牛奶巧克力	1183
4	德芙Dove丝滑牛奶巧克力	1020
6	德芙巧克力礼盒装	980
9	绿箭无糖口香糖	280

▲ 图 4-2-3 按降序排列的出库量汇总

4. 完成排序后,将"出库量汇总表"复制到 ABC 分类表。此时,只有"货物名称""出库量"两项信息是完整的,需要进一步计算"所占比重""累计比重",最终确定"分类结果",如图 4-2-4。

序号	货物名称	出库量	所占比重%	累计比重%	分类结果
1	康师傅茉莉蜜茶	2040			
2	统一冰绿茶	1740			
3	波力海苔罐装	1585			
4	百事可乐	1550			
5	大白兔奶糖	1530			
6	可口可乐	1510			
7	德芙牛奶巧克力	1183			
8	德芙Dove丝滑牛奶巧克力	1020			
9	德芙巧克力礼盒装	980			
10	绿箭无糖口香糖	280			

▲ 图 4-2-4 粘贴到物动量 ABC 分类表

步骤二:计算所占比重:所占比重=该货物出库量/所有货物出库量之和。

1. 计算所有货物出库量之和。先选中所有出库量,再点击"自动求和",得出出库总量为 13 418,见图 4-2-5。

2. 计算所占比重。计算公式:所占比重=出库量/13 418,见图 4-2-6。注意:在这个公

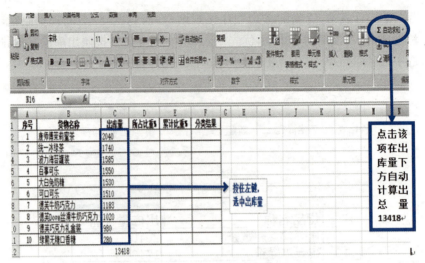

▲ 图4-2-5 所有货物出库量之和的计算

▲ 图4-2-6 计算所占比重

式中,分母即"所有出库量之和"——13418,必须是手动输入值。否则在计算第2至第10项货物时,公式会提示出现错误,错误为被0除错误,即分母会默认为0。

3. 将所得结果化为百分比样式,先选中所有货品的所占比重,再点击右上角"％",如图4-2-7,所选数据由小数变为百分数。注意:转换为百分比样式时,系统默认整数形式,操作者需要根据任务要求,确定是否需要保留小数、保留几位小数。

步骤三:计算累计比重。

累计比重是指就是前几项数值从上而下的累加值,加到最后一项就是100％。例如:

1. 第一项"康师傅茉莉蜜茶"对应的累计比重即E2单元格数值15％;

2. 第二项E3单元格对应货物累计比重E2+D3,依次类推,得出累计百分比,见图4-2-8。

步骤四:货品ABC分类。

1. 将分类标准粘贴到Excel中,对照分类标准,填写各类货品的类别。累计比重小于等于60％的货物划分为A类,累计比重大于60％小于等于90％的货物划分为B类,累计比重

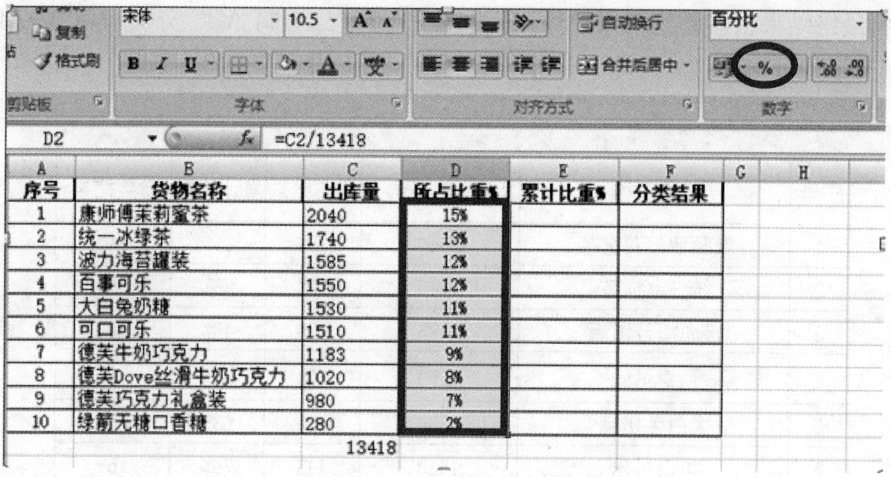

▲ 图 4-2-7 所占比重化成百分比

▲ 图 4-2-8 计算累计比重

大于90%小于等于100%的货物划分为C类,见图4-2-9。

▲ 图 4-2-9 填写货品类别

2. 将最终结果粘贴到物动量 ABC 分类表中,任务二缮制 ABC 分类表完成,ABC 分类表见图 4-2-10。

A 序号	B 货物名称	C 出库量（箱）	D 所占比重	E 累计比重	F 分类结果
1	康师傅茉莉蜜茶	2040	15%	15%	A
2	统一冰绿茶	1740	13%	28%	A
3	波力海苔罐装	1585	12%	40%	A
4	百事可乐	1550	12%	52%	A
5	大白兔奶糖	1530	11%	63%	B
6	可口可乐	1510	11%	74%	B
7	德芙牛奶巧克力	1183	9%	83%	B
8	德芙Dove丝滑牛奶巧克力	1020	8%	91%	C
9	德芙巧克力礼盒装	980	7%	98%	C
10	绿箭无糖口香糖	280	2%	100%	C

▲ 图 4-2-10 ABC 分类表

任务三　缮制移库计划表

学习目标

1. 了解移库在仓储管理中的意义,掌握移库计划表的主要内容;
2. 能熟练完成移库计划表;
3. 培养学生沟通合作的意识和爱岗敬业的职业精神。

任务导入

在完成对仓库内货品属性 ABC 分类后,为提高货物出入库工作效率,需要对在库货物进行货位调整,仓库主管要求仓管员张亮根据仓库使用情况和移库原则,编制一份移库计划表,供移库操作员使用。

一、已知信息

2020 年 12 月 31 日 17:00 青岛市物流公司托盘货架区分 A、B 两个区域,其初始货物储位信息如下。

	绿箭无糖口香糖 (8)箱		
A00200	A00201	A00202	A00203
可口可乐 (24)箱		波力海苔罐装 (25)箱	百事可乐 (11)箱
A00100	A00101	A00102	A00103
	大白兔奶糖 (20)箱		
A00000	A00001	A00002	A00003

通　道

德芙 Dove 丝滑 牛奶巧克力(10)箱	德芙巧克力 礼盒装(50)箱	德芙牛奶巧克力(2)箱	
B00200	B00201	B00202	B00203
		统一冰绿茶 (32)箱	

续表

B00100	B00101	B00102	B00103
	康师傅茉莉蜜茶(8)箱		
B00000	B00001	B00002	B00003

备注：托盘货架区分为A区和B区，编号以字母"A"开头的区域分为A区，以字母"B"开头的区域为B区。

二、任务要求

根据青岛市物流公司提供信息，以及ABC分类结果和移库规则，完成托盘货架区货位移库计划表。在同一货架内进行以下操作：

（1）依照托盘货架区库存信息，A类货物放置于货架的底层，B类货物放置于货架的中层，C类货物放置于货架顶层；

（2）同一层放置顺序为出库量百分比大的货物优先存放在货位号小的位置。

移库计划表格式如下。

货品名称	源位置	目标位置	应拣数量(箱)	实拣数量(箱)	实存数量(箱)	备注
			/	/	/	/
			/	/	/	/

知识链接

移库是指货品存放地点的变动。某些货品由于业务上的需要，或由于货品特性而需要变更储存场所，从一个仓库转移至另一仓库，或从一个储位转移到另一个储位储存时，相关物流员必须根据有关部门开具的货品移库图来组织货品移库。

移库会涉及两个储位、库区甚至是两个仓库之间的货品调动，会调用很多仓储设备资源。因此，缮制一份科学合理的移库图，对简化操作、节约人力物力、提高效率是十分重要的。

一、移库作业意义

货品移库的主要目的是优化储位和提高仓储效率。优化储位是指根据货品的周转率来进行ABC分析，从而对货品进行储位的移动，以优化库存结构。物流中心根据内部需要合理安排货品调拨，从而既保证了货品的供应能力，又可以优化储位和提高仓储效率，方便仓储管理。

二、移库计划表的主要内容

1. 货品名称

货品名称即货品出厂时的统一命名。在移库计划表中,只填写需要进行移库操作的货物名称,不需要移库的货物,其信息不要填写在移库计划表中,以防止干扰操作员作业。

2. 源储位

源储位是指货物在移库前的储位号,需要根据初始货物储位信息图查找。

3. 目标储位

目标储位即根据移库规则,应该选择的储位号。

三、制定移库方案应注意事项

1. 当需要进行货品调拨业务时,要求根据调拨业务发生的情况如实制定移库方案,并交主管领导审核;

2. 企业在多库房的情况下,应尽量保持各库房库存合理,库房存量是否合理取决于库存需求与拥有量是否匹配;

3. 制作移库单需要确定移库货品名称及其数量,货品的移出货位、移入货位,移库日期等数据。

任务实施

步骤一:粘贴移库计划表。

将移库计划表复制到 Excel 表格中,方便操作者了解需要填写的内容有哪几项,如图 4-3-1。接下来以 A 货架为例,介绍如何按照移库规则,为货物选择合适的储位。

A	B	C	D	E	F	G
货品名称	源位置	目标位置	应拣数量(箱)	实拣数量(箱)	实存数量(箱)	备注
			/	/	/	/
			/	/	/	/

▲ 图 4-3-1 移库计划表

步骤二:粘贴 ABC 分类表和托盘货架区库存信息表。

将托盘货架区 A 货架货物储位信息和任务二完成的 ABC 分类表分别粘贴到 Excel 中,如图 4-3-2。

步骤三:根据 ABC 分类结果和移库规则进行移库。

1. 按照第一条移库规则,A 类货物放入底层,B 货物放入中层,C 类货物放入顶层。参

A	B	C	D	E	F	G	H	I	J	K
序号	货物名称	出库量（箱）	所占比重	累计比重	分类结果			绿箭无糖口香糖（20）箱		
1	康师傅茉莉蜜茶	2040	15.20%	15.20%	A					
2	统一冰绿茶	1740	12.97%	28.17%	A					
3	波力海苔罐装	1585	11.81%	39.98%	A		A00200	A00201	A00202	A00203
4	百事可乐	1550	11.55%	51.54%	A					
5	大白兔奶糖	1530	11.40%	62.94%	B		可口可乐（50）箱		波力海苔罐装（50）箱	百事可乐（50）箱
6	可口可乐	1510	11.25%	74.19%	B					
7	德芙牛奶巧克力	1183	8.82%	83.01%	B		A00100	A00101	A00102	A00103
8	德芙Dove丝滑牛奶巧克力	1020	7.60%	90.61%	C			大白兔奶糖（50）箱		
9	德芙巧克力礼盒装	980	7.30%	97.91%	C					
10	绿箭无糖口香糖	280	2.09%	100.00%	C		A00000	A00001	A00002	A00003

▲ 图4-3-2 粘贴初始储位信息图

考图4-3-2左侧ABC分类表，"波力海苔罐装"和"百事可乐"为A类货品，应移库至底层（A00000—A00003）。

2. 再根据第二条移库规则，出库量百分比大（即出库量所占比重大）的货物优先存放在货位号小的位置，"波力海苔罐装"出库量百分比大于"百事可乐"，故"波力海苔罐装"优先选择目标储位A00000，查看右侧初始储位图可知其源储位A00102，将"波力海苔罐装"的货品名称、源储位、目标储位填下入移库计划表，如图4-3-3。同理，"百事可乐"选择目标储位A00001，其源储位A00103。此时A货架的A类货物移库计划表完成。

A	B	C	D	E	F	G
货品名称	源位置	目标位置	应拣数量（箱）	实拣数量（箱）	实存数量（箱）	备注
波力海苔罐装	A00102	A00000	/	/	/	/

▲ 图4-3-3 "波力海苔罐装"移库计划表填写示例

3. 按照上述操作，再依次进行A货架的B类货品移库、C类货架移库；完成A货架的移库计划后，再对B货架的货物进行移库操作，填写移库计划表，见图4-3-4，移库后托盘货架区储位信息见图4-3-5。

货品名称	源位置	目标位置	应拣数量（箱）	实拣数量（箱）	实存数量（箱）	备注
波力海苔罐装	A00102	A00000	/	/	/	/
百事可乐	A00103	A00001	/	/	/	/
大白兔奶糖	A00001	A00100	/	/	/	/
可口可乐	A00100	A00101	/	/	/	/
绿箭无糖口香糖	A00201	A00200	/	/	/	/
康师傅茉莉蜜茶	B00001	B00000	/	/	/	/
统一冰绿茶	B00102	B00001	/	/	/	/
德芙牛奶巧克力	B00202	B00100	/	/	/	/

▲ 图4-3-4 移库计划表

绿箭无糖口香糖(8)箱			
A00200	A00201	A00202	A00203
大白兔奶糖(20)箱	可口可乐(24)箱		
A00100	A00101	A00102	A00103
波力海苔罐装(25)箱	百事可乐(11)箱		
A00000	A00001	A00002	A00003

通　道

德芙Dove丝滑牛奶巧克力(10)箱	德芙巧克力礼盒装(50)箱		
B00200	B00201	B00202	B00203
德芙牛奶巧克力(2)箱			
B00100	B00101	B00102	B00103
康师傅茉莉蜜茶(8)箱	统一冰绿茶(32)箱		
B00000	B00001	B00002	B00003

▲ 图4-3-5 托盘货架区储位信息

任务四 缮制入库计划表

学习目标

1. 了解入库计划的意义,熟悉入库计划表的主要内容;
2. 能熟练掌握入库计划表的缮制技巧;
3. 培养学生积极主动探索式学习能力与团队合作的精神。

任务导入

2021年1月1日上午,青岛市物流公司接到M市联华超市有限公司发来的两份入库通知单,仓库主管将任务分配给仓管员张亮,要求根据入库通知单的货品信息,结合货架规格、托盘规格、作业净空要求以及包装规格,编制组盘入库作业计划表,供入库操作员使用。

一、已知信息

1. 2021年1月1日,青岛市物流公司接收到的入库通知单

▼ 入库通知单1

客户:M市联华超市有限公司　　　　　　　入库库房:青岛市物流公司库房
批次号:20200101001　　　　　　　　　　　入库时间:2021-01-01
客户指令号:20200520X010

货品条形码	货品名称	包装规格(mm)	单位	数量
20180Y00007	百事可乐	580×300×200	箱	48
20180Y00005	康师傅茉莉蜜茶	370×190×270	箱	40
20180Y00008	可口可乐	480×380×200	箱	48

▼ 入库通知单2

客户:M市联华超市有限公司　　　　　　　入库库房:青岛市物流公司库房
批次号:20200101002　　　　　　　　　　　入库时间:2021-01-01
客户指令号:20200520X011

货品条形码	货品名称	包装规格(mm)	单位	数量
20180S00003	德芙牛奶巧克力	440×240×200	箱	20

2. 托盘和货架尺寸信息

名称	规格要求	数量
托盘货架	横梁式 1 层 2 300×800×1 100 mm 2 层 2 300×800×1 100 mm 3 层 2 300×800×1 100 mm	若干组
托盘	标准 1 200 mm×1 000 mm×130 mm 木制托盘	一批

二、任务要求

根据青岛市物流公司 2021 年 1 月 1 日当天的入库通知单编制入库作业计划表。入库作业计划表格式如下。

序号	品名	入库数(箱)	规格	组托数	层数	每层箱数	拟放货位

知识链接

仓管员在储存货物之前,会以仓储合同或保管合同的形式将其存放货物的种类、规格、数量、性质、入库时间、保管时间、保管条件等信息明确地告知仓储部门。这时,仓库计划人员就可以对其进行分析,编制具体的入库作业计划,说明作业程序与内容,并及时通知各部门做好相应的准备工作,以保证入库的顺利进行。

一、货品入库概述

货品入库是货品进入仓库时所进行的卸货、清点、验收、办理入库手续等工作的总称,是仓库业务活动的第一道环节,是做好货品储存的基础。

二、入库计划表的内容

入库计划表包括入库货品名称、入库数量、货品规格、(总)组托数、(总)层数、每层箱数、拟放货位、备注等内容。

1. 入库数量

入库数量即根据入库通知单读取的某种货品的入库数量。在仓储管理中,入库操作通常发生在托盘货架区,故入库货品的数量以"箱"作为计数单位。

2. 货品规格

（1）货品规格是指入库货物的尺寸、重量、体积等基本信息，仓库管理员可以根据该信息做好入库准备，分配入库储位等。本书以常规日用品为例，入库商品的规格均为外包装尺寸，单位为 mm。如：包装规格 580×300×200，其含义为纸箱的长、宽、高尺寸分别为 580 mm、300 mm、200 mm。

（2）托盘规格是指托盘的长、宽、高尺寸。如：托盘标准 1 200 mm×1 000 mm×130 mm，其含义是托盘的长、宽、高尺寸分别为 1 200 mm、1 000 mm、130 mm。

3. 每层箱数

根据托盘使用原则，要求每层货品的放置必须按照最大限度的存放量堆码。按照这一原则计算出的数值即托盘堆码的每层箱数。该数值的计算要以托盘尺寸和货物尺寸为依据，如：已知托盘尺寸规格为 1 200 mm×1 000 mm×130 mm，货物尺寸规格为 580 mm×300 mm×200 mm，则该托盘每层堆放的货品箱数为：分别用托盘长、宽除以货品长、宽，即 1 200÷580≈2、1 000÷300≈3，取整数 2 和 3，也就是说该货物一层最多放两行三列，共 6 箱。

4. 层数

层数是指入库货物在托盘上的码放层数。该数值用货物的高度、托盘高度和货架层间距来计算，同时要考虑是否有限高或限层要求。如：货物高度 200 mm，货架层间距 1 100 mm，托盘高度 130 mm，则货物最高可放 (1 100－130)÷200，取整数 4，即货物最高可摆放 4 层。

5.（总）组托数

总组托数是指入库的货物需要用到的托盘数量。为安全操作，仓储实务中对托盘存放货品的层数都有限高或限层要求。如：已知入库货品共 48 箱，托盘上货品限高四层，且该货品在托盘上每层最多放置 6 箱，则由此可得每组拖货品 24 箱，共需 2 个托盘，即总组托数为 2。

6. 拟放货位

拟放货位是指入库货品需要放置的储位，该储位对应的储位编码即拟放货位。仓管员在分配入库货品的拟放货位时要考虑货品的 ABC 分类类别，遵循同类货品临近存放的原则。

任务实施

步骤一：填写入库计划表"品名""入库数""规格"。

1. 将入库计划表、入库通知单 1、入库通知单 2（将两个入库通知单的内容合并到一个表格）和托盘与货架尺寸信息复制粘贴到 Excel 表格中，如图 4-4-1。

2. 将入库通知单货品名称、入库数、规格三项信息，如图 4-4-2，红色框内的信息，复制粘贴到入库计划表中。此时，入库计划表中还有组托数、层数、每层箱数、拟放货位四项信息

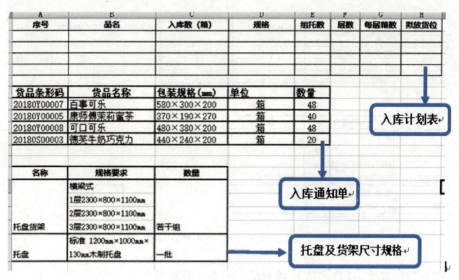

▲ 图 4-4-1 粘贴已知信息

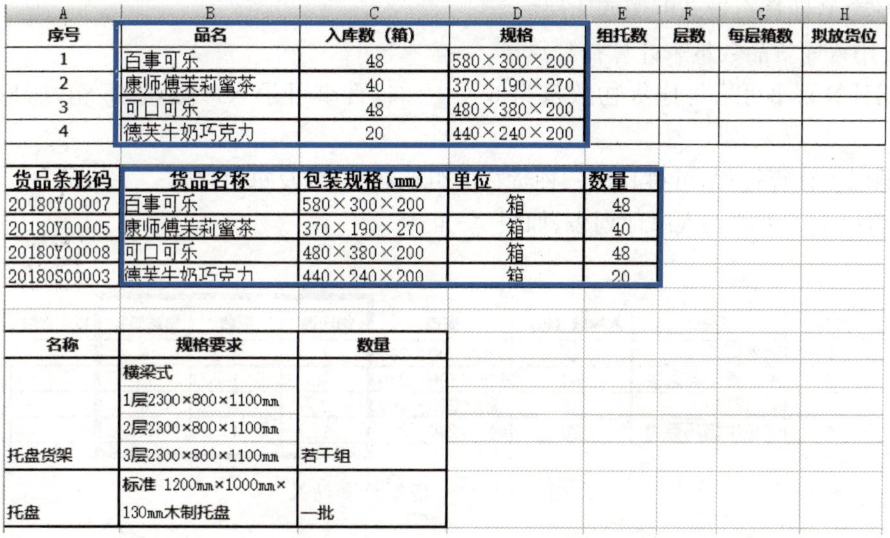

▲ 图 4-4-2 填写入库计划表信息

需要填写。

步骤二：填写组托数、层数、每层箱数。

1. 为简化 Excel 表格内容，可删掉入库通知单表格，只保留入库计划表和托盘、货架尺寸信息表。根据入库数量、货物规格、托盘货架区高度和托盘规格计算组托数、层数及每层箱数，见图 4-4-3。

2. 计算过程如下。

（1）用货物长、宽计算每层箱数。

以百事可乐为例，其包装规格 580×300×200，托盘规格 1200×1000×130，分别用托盘长、宽除以货品长、宽，取整数 2、3，即该货物一层最多放两行三列，共 6 箱。

序号	品名	入库数（箱）	规格	组托数	层数	每层箱数	拟放货位
1	百事可乐	48	580×300×200				
2	康师傅茉莉蜜茶	40	370×190×270				
3	可口可乐	48	480×380×200				
4	德芙牛奶巧克力	20	440×240×200				

名称	规格要求	数量
托盘货架	横梁式 1层2300×800×1100mm 2层2300×800×1100mm 3层2300×800×1100mm	若干组
托盘	标准 1200mm×1000mm×130mm木制托盘	一批

▲ 图4-4-3 货物及托盘规格

（2）用货物的高度、托盘高度和货架层间距来计算层数。

同理，货物高度200，货架层间距1 100，托盘高度130，该货物最高可放(1 100－130)÷200，取整数4，即货物最高可摆放4层。

（3）用入库货品数量来计算托盘数量。

根据计算百事可乐每拖货物数量为6×4＝24，百事可乐入库数量48箱，所以需要组2拖。

按照以上计算过程，可得其他三种货物的组托数、层数及每层箱数。

3. 将以上结果填入入库计划表，如图4-4-4。

序号	品名	入库数（箱）	规格	组托数	层数	每层箱数	拟放货位
1	百事可乐	48	580×300×200	2	4	6	
2	康师傅茉莉蜜茶	40	370×190×270	1	3	15	
3	可口可乐	48	480×380×200	2	4	6	
4	德芙牛奶巧克力	20	440×240×200	1	4	15	

▲ 图4-4-4 填写计算结果

步骤三：填写拟放货位。

1. 百事可乐、可口可乐分别组2拖，现将其拆分成2行，以方便我们填写货位。拆分操作：选中要拆分的行，右键出现下拉菜单，点击插入，见图4-4-5。

2. 补充空白栏内容，其中"品名""规格""每层箱数"可以复制粘贴上一栏信息，"组托数"改成"1"，"层数"和"入库数量"要重新计算。以"百事可乐"为例，"入库数量"的计算为：48－4×6＝24，"层数"的计算参考图4-4-4中层数的计算过程。"拟放货位"根据移库规则和结果来选择合适的储位，如图4-4-6所示。

3. 按照ABC分类结果和移库后托盘货架区储位信息图（见图4-2-10和图4-3-5），将货品依次拟放入货位中。例如：百事可乐为A类货品，应该放在底层，按照图4-3-5移库结果，A区底层还有两个空位：A00002、A00003，见图4-4-7。

序号	品名	入库数（箱）	规格	组托数	层数	每层箱数	拟放货位
1	百事可乐	48	580×300×200	2	4	6	
2	康师傅茉莉蜜茶	40	370×190×270	1	3	15	
3	可口可乐	48	480×380×200	2	4	6	
4	德芙牛奶巧克力	20	440×240×200	1	4	15	

▲ 图 4-4-5 拆分单元格

	A	B	C	D	E	F	G	H
	序号	品名	入库数（箱）	规格	组托数	层数	每层箱数	拟放货位
	1	百事可乐	24	580×300×200	1	4	6	
	2	百事可乐	24	580×300×200	1	4	6	
	3	康师傅茉莉蜜茶	40	370×190×270	1	3	15	
	4	可口可乐	24	480×380×200	1	4	6	
	5	可口可乐	24	480×380×200	1	4	6	
	6	德芙牛奶巧克力	20	440×240×200	1	4	10	

▲ 图 4-4-6 修改组托数

绿箭无糖口香糖 （8）箱			
A00200	A00201	A00202	A00203
大白兔奶糖 （20）箱	可口可乐 （24）箱		
A00100	A00101	A00102	A00103
波力海苔罐装 （25）箱	百事可乐 （11）箱	**空储位**	**空储位**
A00000	A00001	A00002	A00003

▲ 图 4-4-7 查找空储位

4. 我们将两托"百事可乐"分别放入空位，将储位编码填入"拟放货位"，见图 4-4-8。

序号	品名	入库数（箱）	规格	组托数	层数	每层箱数	拟放货位
1	百事可乐	24	580×300×200	1	4	6	A00002
2	百事可乐	24	580×300×200	1	4	6	A00003
3	康师傅茉莉蜜茶	40	370×190×270	1	3	15	
4	可口可乐	24	480×380×200	1	4	6	
5	可口可乐	24	480×380×200	1	4	6	
6	德芙牛奶巧克力	20	440×240×200	1	4	10	

▲ 图 4-4-8 "百事可乐"拟放储位填写示例

5. 同上述操作，其他货物按以上规则，填写拟放货位，入库作业计划表完成。最终入库作业计划表如图 4-4-9。

序号	品名	入库数（箱）	规格	组托数	层数	每层箱数	拟放货位
1	百事可乐	24 箱	580×300×200	1	4	6	A00002
2	百事可乐	24 箱	580×300×200	1	4	6	A00003
3	康师傅茉莉蜜茶	40 箱	370×190×270	1	3	15	B00002
4	可口可乐	24 箱	480×380×200	1	4	6	A00102
5	可口可乐	24 箱	480×380×200	1	4	6	A00103
6	德芙牛奶巧克力	20 箱	440×240×200	1	4	15	B00101

▲ 图 4-4-9 入库计划表

6. 按照图 4-4-9 入库计划表中给出的货品名称、入库数量及拟放货位，将这 6 托货物放置到指定位置，托盘货架区的储位信息图如图 4-4-10。这些信息将是缮制出库计划表、补货计划表的重要依据。

绿箭无糖口香糖 (8)箱			
A00200	A00201	A00202	A00203
大白兔奶糖 (20)箱	可口可乐 (24)箱	可口可乐 (24)箱	可口可乐 (24)箱
A00100	A00101	A00102	A00103
波力海苔罐装 (25)箱	百事可乐 (11)箱	百事可乐 (24)箱	百事可乐 (24)箱
A00000	A00001	A00002	A00003

————————————————————— 通　道 —————————————————————

德芙 Dove 丝滑牛奶巧克力(10)箱	德芙巧克力礼盒装(50)箱		
B00200	B00201	B00202	B00203
德芙牛奶巧克力(2)箱	德芙牛奶巧克力(20)箱		
B00100	B00101	B00102	B00103
康师傅茉莉蜜茶(8)箱	统一冰绿茶(32)箱	康师傅茉莉蜜茶(40)箱	
B00000	B00001	B00002	B00003

▲ 图 4-4-10　托盘货架区储位信息图

任务五　缮制出库计划表

学习目标

1. 了解出库计划表的意义，掌握出库计划表的内容；
2. 熟练掌握不同出库类型的出库计划表的缮制技巧；
3. 培养学生学以致用的能力、团队合作意识与积极向上的工作态度，锻炼学生深度思考问题的能力。

任务导入

2021年1月1日上午，青岛市物流公司接到M市联华超市有限公司发来的五份出库通知单，仓库主管将任务分配给仓管员张亮，要求根据出库通知单，完成出库作业计划，供出库操作员使用。

一、已知信息

2021年1月1日，青岛市物流公司接收到的出库通知单。

▼ 出库通知单1

发货库房：青岛市物流公司库房　　　　　　　客户：M市联华超市有限公司
收货客户：联华超市（文华路店）　　　　　　出库日期：2021-01-01
客户指令号：20200101X101

货品编码	货品名称	单位	数量
20180Y00005	康师傅茉莉蜜茶	箱	2
20180Y00005	康师傅茉莉蜜茶	瓶	3
20180S00005	上好佳鲜虾片	袋	2
20180Y00009	波力海苔罐装	瓶	5

▼ 出库通知单2

发货库房：青岛市物流公司库房　　　　　　　客户：M市联华超市有限公司
收货客户：联华超市（清远路店）　　　　　　出库日期：2021-01-01
客户指令号：20200101X102

货品编码	货品名称	单位	数量
20180Y00005	康师傅茉莉蜜茶	箱	2
20180S00003	德芙牛奶巧克力	箱	2

续表

货品编码	货品名称	单位	数量
20180S00002	德芙巧克力礼盒装	盒	5
20180Y00008	可口可乐	瓶	4
20180Y00007	百事可乐	瓶	2

▼ 出库通知单 3

发货库房:青岛市物流公司库房　　　　　客户:M市联华超市有限公司
收货客户:联华超市(顺盈路店)　　　　　出库日期:2021-01-01
客户指令号:20200101X103

货品编码	货品名称	单位	数量
20180Y00008	可口可乐	箱	15
20180Y00007	百事可乐	箱	15
20180Y00004	大白兔奶糖	瓶	2
20180Y00005	康师傅茉莉蜜茶	瓶	1
20180Y0011	统一冰绿茶	瓶	2
20180S00008	绿箭无糖口香糖	盒	4

▼ 出库通知单 4

发货库房:青岛市物流公司库房　　　　　客户:M市联华超市有限公司
收货客户:联华超市(胡雨路店)　　　　　出库日期:2021-01-01
客户指令号:20200101X104

货品编码	货品名称	单位	数量
20180S00008	德芙牛奶巧克力	箱	5
20180Y00008	可口可乐	箱	14
20180Y00005	康师傅茉莉蜜茶	箱	4
20180S00001	德芙Dove丝滑牛奶巧克力	盒	1
20180S00002	德芙巧克力礼盒装	盒	3
20180Y00003	德芙牛奶巧克力	盒	2

出库通知单 5

发货库房：青岛市物流公司库房　　　　　客户：M 市联华超市有限公司
收货客户：联华超市（踏云路店）　　　　　出库日期：2021-01-01
客户指令号：20200101X105

货品编码	货品名称	单位	数量
20180Y00005	康师傅茉莉蜜茶	箱	5
20180Y00008	可口可乐	瓶	3
20180Y00007	百事可乐	瓶	3
20180S00008	绿箭无糖口香糖	盒	1
20180Y00005	康师傅茉莉蜜茶	瓶	3

二、任务要求

根据青岛市物流公司 2021 年 1 月 1 日当天的出库通知单编制出库作业计划表：

1. 根据托盘货架区出库作业信息，按照相同货品合并出库，遵循先进先出原则设计出库单；

2. 根据电子拣选区出库作业信息，制定点检出库作业计划，完成点检出库单。

已知出库单格式如下：(1) 托盘货架区出库计划（可以根据实际情况增加拣选单数量）。

出库单 1						
货物名称						
序号	客户名称	拣选单位	出货货位	数量	月台	备注
					发货区	
					发货区	
	合计					

(2) 电子拣选区出库计划（可以根据实际情况增加单据数量）。

出库单 1							
客户名称							
序号	物品名称	货位	单位	订购数量	计划出库量	实际出库量

知识链接

货品出库是货品离开仓库时所进行的验证、配货、点交、复核、登帐等工作的总称,是仓库业务活动的最终环节。货品出库应贯彻"先进先出"的原则;货品出库必须依据货品出库计划表进行;在任何情况下,仓库都不得擅自动用、变相动用或者外借货主的库存货品。

出库计划表是货品出仓库的重要凭证,每位仓管员都应该学会缮制使用该表。

一、出库分类

按照货物出库形式,分为整箱出库(图 4-5-1)和拣选出库(图 4-5-2)两类。整箱出库操作需要从托盘货架区出库,拣选出库操作由仓库管理员从电子拣选区,根据订单要求拣选货物出库。

▲ 图 4-5-1 整箱出库

▲ 图 4-5-2 拣选出库

二、出库原则

先进先出原则指在库存管理中,按照物品入库的时间顺序整理好,在出库时按照先入库的物品先出库的原则进行操作,这是出库操作中最基本的原则。

在出库实务中,通常用批次号来反映入库先后顺序。批次号数值越小代表入库时间越早。如仓库一批"统一冰红茶"的批次号为"20191018",另一批的批次号为"20191218",则按照先入先出原则,出库时,优先出库批次号为"20191018"的货物。

三、出库计划表的主要内容

1. 托盘货架区出库计划表

(1) 货物名称

货物名称是指根据出库通知单,需要进行出库操作的货物名称。

(2) 客户名称

客户名称是指根据出库通知单,出库货品的接收人,即收货人或收货单位。

(3) 拣选单位

拣选单位是指根据出库通知单,出库货物的计数单位。托盘货架区的拣选单位通常是"箱"。

(4) 出货货位

出货货位是指出库货物对应的储位编码。

(5) 数量

数量是指根据出库通知单,需要出库货物的数量。

(6) 月台

托盘货架区出库月台即发货区。

(7) 合计

合计是指同一货品的出库量总计。仓库有时候会接到很多出库通知单,为简化操作,通常需要将同一货品计算出库总量后,再进行出库操作,这样可以一次完成多个出库通知单任务。

2. 电子拣选区出库计划表

(1) 物品名称

物品名称是指根据出库通知单,需要出库的货品的名称。

(2) 货位

货位是指出库货品对应的储位编码。

(3) 单位

单位是指根据出库通知单,出库货物的计数单位。电子拣选区的货品单位通常是"瓶""卷""支""盒"等散装单位。

(4) 订购数量

订购数量是指根据出库通知单,客户需要的货品出库数量。

(5) 计划出库量

计划出库量是指仓管员根据客户订购数量及现有库存量,做出的计划出库量。如果库存充足,计划出库量等于客户的订购数量。如果库存不足,需要根据现有库存,调整出库量。

(6) 实际出库量

出库任务完成后,操作员根据实际出库情况,填写实际出库量。

任务实施

分析出库单类型可知：托盘货架区货物按照货品分类制作出库单；电子拣选区货物按照客户名称分类制作出库单。所以首先需要将出库通知单中所有货品进行分类，确定哪些是托盘货架区的货品，哪些是电子拣选区的货品。

步骤一：对出库货品进行分类。

1. 将出库通知单的货品名称、单位、数量等数据信息依次复制粘贴到Excel表格中，如图4-5-3所示。

货品编码	货品名称	单位	数量
20180Y00005	康师傅茉莉蜜茶	箱	2
20180Y00005	康师傅茉莉蜜茶	瓶	3
20180S00005	上好佳鲜虾片	袋	2
20180Y00009	波力海苔罐装	瓶	5
货品编码	货品名称	单位	数量
20180Y00005	康师傅茉莉蜜茶	箱	2
20180S00003	德芙牛奶巧克力	箱	2
20180S00002	德芙巧克力礼盒装	盒	5
20180Y00008	可口可乐	瓶	4
20180Y00007	百事可乐	瓶	2
货品编码	货品名称	单位	数量
20180Y00008	可口可乐	箱	15
20180Y00007	百事可乐	箱	15
20180Y00004	大白兔奶糖	瓶	2
20180Y00005	康师傅茉莉蜜茶	瓶	1
20180Y0011	统一冰绿茶	瓶	2
20180S00008	绿箭无糖口香糖	盒	4
货品编码	货品名称	单位	数量
20180S00008	德芙牛奶巧克力	箱	5
20180Y00008	可口可乐	箱	14
20180Y00005	康师傅茉莉蜜茶	箱	4
20180S00001	德芙Dove丝滑牛奶巧克力	盒	1
20180S00002	德芙巧克力礼盒装	盒	3
20180Y00003	德芙牛奶巧克力	盒	2
货品编码	货品名称	单位	数量
20180Y00005	康师傅茉莉蜜茶	箱	5
20180Y00008	可口可乐	瓶	3
20180Y00007	百事可乐	瓶	3
20180S00008	绿箭无糖口香糖	盒	1
20180Y00005	康师傅茉莉蜜茶	瓶	3

▲ 图4-5-3 粘贴出库单

2. 为了区分是哪个商店的出库信息，将收货客户名称按照出库通知单次序填入第一栏，将每一个出库通知单出库货物的数量剪切至对应的客户栏，见图4-5-4。

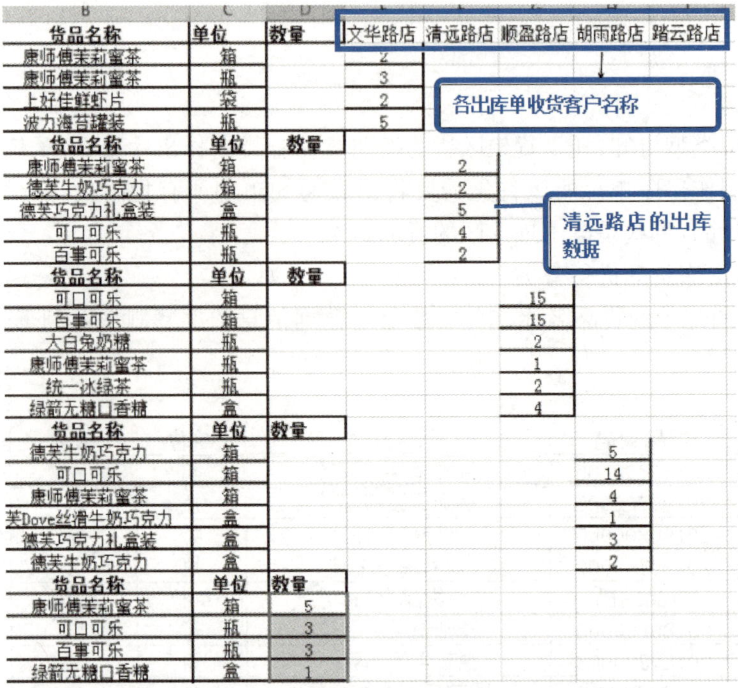

▲ 图4-5-4 移动出库数据到指定位置

3. 将无用的单元格信息删除，选择自定义排序将主要关键字设为"单位"、次要关键字设为"货品名称"，按降序排序。具体操作为：选中表格，点击"排序"按钮，再选"自定义排序"，选择降序排列，如图4-5-5所示。

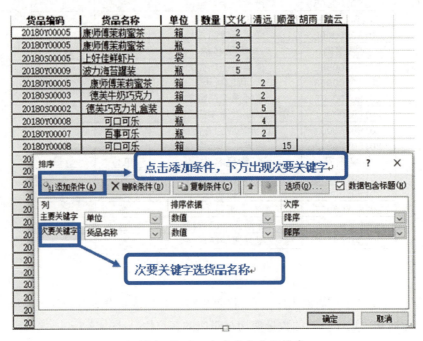

▲ 图4-5-5 出库信息重新排序

4. 排序后，得出结果如图 4-5-6。该图可以区分出库货品所在区域，以"箱"为单位的是托盘货架区商品，以"瓶""盒"为单位的是电子拣选区商品。

货品编码	货品名称	单位	数量	文华路	清远	顺盈	胡雨	踏云
20180Y00008	可口可乐	箱				15		
20180Y00008	可口可乐	箱					14	
20180Y00005	康师傅茉莉蜜茶	箱		2				
20180Y00005	康师傅茉莉蜜茶	箱			2			
20180Y00005	康师傅茉莉蜜茶	箱					4	
20180Y00005	康师傅茉莉蜜茶	箱						5
20180S00003	德芙牛奶巧克力	箱			2			
20180S00008	德芙牛奶巧克力	箱					5	
20180Y00007	百事可乐	箱				15		
20180Y0011	统一冰绿茶	瓶			2			
20180Y00008	可口可乐	瓶			4			
20180Y00008	可口可乐	瓶						3
20180Y00005	康师傅茉莉蜜茶	瓶		3				
20180Y00005	康师傅茉莉蜜茶	瓶				1		
20180Y00005	康师傅茉莉蜜茶	瓶						3
20180Y00004	大白兔奶糖	瓶			2			
20180Y00009	波力海苔罐装	瓶		5				
20180Y00007	百事可乐	瓶			2			
20180Y00007	百事可乐	瓶						3
20180S00008	绿箭无糖口香糖	盒			4			
20180S00008	绿箭无糖口香糖	盒						1
20180S00002	德芙巧克力礼盒装	盒		5				
20180S00002	德芙巧克力礼盒装	盒					3	
20180Y00003	德芙牛奶巧克力	盒					2	

▲ 图 4-5-6　货品分类图

步骤二：填写托盘货架区出库单货品名称、数量。

1. 托盘货架区货品的出库单以"货品名称"为分单依据，同一种货品集中在一个出库单中填写相关信息。即按照货品名称分类，对应每个客户需要的出库量，填到出库单中。例如"康师傅茉莉蜜茶"需要给四家商店供货，其客户名称及出库数量见图 4-5-7。

	A	B	C	D	E	F	G	H	I
	货品编码	货品名称	单位	数量	文华路	清远	顺盈	胡雨	踏云
	20180Y00008	可口可乐	箱				15		
	20180Y00008	可口可乐	箱					1	
	20180Y00005	康师傅茉莉蜜茶	箱		2				
	20180Y00005	康师傅茉莉蜜茶	箱			2			
	20180Y00005	康师傅茉莉蜜茶	箱					4	
	20180Y00005	康师傅茉莉蜜茶	箱						5
	20180S00003	德芙牛奶巧克力	箱			2			
	20180S00008	德芙牛奶巧克力	箱					5	
	20180Y00007	百事可乐	箱				15		
	20180Y0011	统一冰绿茶	瓶			2			
	20180Y00008	可口可乐	瓶			4			
	20180Y00008	可口可乐	瓶						3
	20180Y00005	康师傅茉莉蜜茶	瓶		3				
	20180Y00005	康师傅茉莉蜜茶	瓶				1		
	20180Y00005	康师傅茉莉蜜茶	瓶						3
	20180Y00004	大白兔奶糖	瓶			2			
	20180Y00009	波力海苔罐装	瓶		5				
	20180Y00007	百事可乐	瓶			2			
	20180Y00007	百事可乐	瓶						3
	20180S00008	绿箭无糖口香糖	盒			4			
	20180S00008	绿箭无糖口香糖	盒						1
	20180S00002	德芙巧克力礼盒装	盒		5				
	20180S00002	德芙巧克力礼盒装	盒					3	
	20180Y00003	德芙牛奶巧克力	盒					2	

▲ 图 4-5-7　筛选出库信息

2. 根据图4-5-7可知,康师傅茉莉蜜茶的出库客户分别是"联华超市(文华路店)、联华超市(清远路店)、联华超市(胡雨路店)、联华超市(踏云路店)",对应的出库量分别是"2、2、4、5"。我们以出库通知单1为例,介绍如何筛选相关信息。将"康师傅茉莉蜜茶"粘贴到出库单"货物名称"栏,再将出库通知单中收货客户名称——联华超市(文华路店)粘贴到出库单"客户名称"栏,并填写对应的出库数量"2",如图4-5-8所示。

出库通知单1

发货库房:青岛市物流公司库房　　客户:M市联华超市有限公司
收货客户:联华超市(文华路店)　　出库日期:2021-01-01
客户指令号:20200101X101　　　　将该信息填入出库单"客户名称"栏

货品编码	货品名称	单位	数量
20180Y00005	康师傅茉莉蜜茶	箱	2
20180Y00005	康师傅茉莉蜜茶	瓶	3
20180S00005	上好佳鲜虾片	袋	2
20180Y00009	波力海苔罐装	瓶	5

出库单1

货物名称:康师傅茉莉蜜茶

序号	客户名称	拣选单位	出货货位	数量	月台	备注
	联华超市(文华路店)			2	发货区	
					发货区	
	合计					

▲ 图4-5-8 填写出库单的客户信息

3. 经分析出库通知单2、4、5都涉及"康师傅茉莉蜜茶"的出库,同上述操作,筛选出库通知单2、4、5中"收货客户""数量"信息,填写到"出库单1",如图4-5-9所示。

出库单1

货物名称:康师傅茉莉蜜茶

序号	客户名称	拣选单位	出货货位	数量	月台	备注
1	联华超市(文化路店)			2	发货区	
2	联华超市(清远路店)			2	发货区	
3	联华超市(胡雨路店)			4	发货区	
4	联华超市(踏云路店)			5	发货区	
	合计					

▲ 图4-5-9 出库单1部分信息

步骤三:填写出库货位。

1. 打开图4-3-5,最终托盘货架区储位图,找到康师傅茉莉蜜茶共有两托,对应的储位编码 B00000 和 B00002，由于 B00000 对应的货物是 2021 年以前的原库存结余，而 B00002 储位对应的是 2021 年 1 月 1 号新入库的货物，根据先入先出的出库原则，应优先选择 B00000 储位的货物。此编码即货品的出货货位，见图 4-5-10。

德芙 Dove 丝滑牛奶巧克力（10）箱	德芙巧克力礼盒装（50）箱		
B00200	B00201	B00202	B00203
德芙牛奶巧克力（2）箱	德芙牛奶巧克力（20）箱		
B00100	B00101	B00102	B00103
康师傅茉莉蜜茶（8）箱	统一冰绿茶（32）箱	康师傅茉莉蜜茶（40）箱	
B00000	B00001	B00002	B00003

▲ 图 4-5-10 查找出货货位

2. 按照货物的库存储位，逐个填写出货货位。由于 B00000 储位的货物数量为 8 箱，只能满足前三家客户的出库要求。因此联华超市（踏云路店）的 5 箱货物需要从 B00002 储位出货，见图 4-5-11。

出库单 1						
货物名称			康师傅茉莉蜜茶			
序号	客户名称	拣选单位	出货货位	数量	月台	备注
1	联华超市（文化路店）		B00000	2	发货区	
2	联华超市（清远路店）		B00000	2	发货区	
3	联华超市（胡雨路店）		B00000	4	发货区	
4	联华超市（踏云路店）		B00002	5	发货区	
	合计					

▲ 图 4-5-11 填写出货货位

步骤四：填写出库单其他信息。
1. 单位填箱，同一种货物，需要计算总数，合计数量：2+2+4+5=13。
2. 作出托盘货架区的出库单 1，如图 4-5-12 所示。
3. 按照以上操作步骤，做出托盘货架区所有出库单，见图 4-5-13。
步骤五：做电子拣选区出库单。
1. 电子拣选区的出库单以收货客户分类，我们以"联华超市（清远路店）"为例，先筛选属于该客户的货品，见图 4-5-14。

出库单 1						
货物名称			康师傅茉莉蜜茶			
序号	客户名称	拣选单位	出货货位	数量	月台	备注
1	联华超市（文化路店）	箱	B00000	2	发货区	
2	联华超市（清远路店）	箱	B00000	2	发货区	
3	联华超市（胡雨路店）	箱	B00000	4	发货区	
4	联华超市（踏云路店）	箱	B00002	5	发货区	
	合计			13		

▲ 图 4-5-12　出库单 1

托盘货架区出库计划

出库单 1						
货物名称			康师傅茉莉蜜茶			
序号	客户名称	拣选单位	出货货位	数量	月台	备注
1	联华超市（文化路店）	箱	B00000	2	发货区	
2	联华超市（清远路店）	箱	B00000	2	发货区	
3	联华超市（胡雨路店）	箱	B00000	4	发货区	
4	联华超市（踏云路店）	箱	B00002	5	发货区	
	合计			15		

出库单 2						
货物名称			德芙牛奶巧克力			
序号	客户名称	拣选单位	出货货位	数量	月台	备注
1	联华超市（清远路店）	箱	B00100	2	发货区	
2	联华超市（胡雨路店）	箱	B00101	5	发货区	
	合计			7		

出库单 3						
货物名称			可口可乐			
序号	客户名称	拣选单位	出货货位	数量	月台	备注
1	联华超市（顺盈路店）	箱	A00101	15	发货区	
2	联华超市（胡雨路店）	箱	A00101	9	发货区	
3	联华超市（胡雨路店）	箱	A00102	5	发货区	
	合计			29		

出库单 4						
货物名称			百事可乐			
序号	客户名称	拣选单位	出货货位	数量	月台	备注
1	联华超市（顺盈路店）	箱	A00001	11	发货区	
2	联华超市（顺盈路店）	箱	A00002	4	发货区	
	合计			15		

▲ 图 4-5-13　托盘货架区出库计划

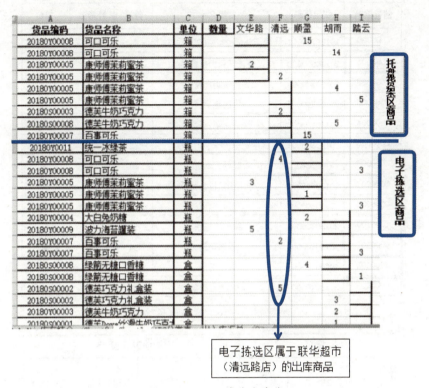

▲ 图 4-5-14 筛选出库货品

2. 将图 4-5-14 的筛选信息填入电子拣选出库单,查看电子拣选区库存信息,得知货品库存充足,订购数量=计划出库量=实际出库量,如图 4-5-15 所示。

客户名称			联华超市(清远路店)			
序号	物品名称	货位	单位	订购数量	计划出库量	实际出库量
1	德芙巧克力礼盒装		盒	5	5	5
2	可口可乐		瓶	4	4	4
3	百事可乐		瓶	2	2	2

▲ 图 4-5-15 清远路店出库信息

3. 填写货位。打开电子拣选区库存信息表(已知信息),找出图 4-5-15 中货品货位,见图 4-5-16。

4. 根据图 4-5-16,填写出库单货位,见图 4-5-17。

5. 按照上述操作,完成其他收货客户的出库单,最终结果见图 4-5-18。

储位编码	货品条码	货品名称	数量	补货点	单位
C000000	20180S00001	德芙Dove丝滑牛奶巧克力	24	4	盒
C000001	20180S00002	德芙巧克力礼盒装	24	3	盒
C000002	20180S00003	德芙牛奶巧克力	14	5	盒
C000003	20180Y00004	大白兔奶糖	24	6	瓶
C000004	20180Y00005	康师傅茉莉蜜茶	14	6	瓶
C000005	20180S00001	姚生记原香味小山核桃仁	12	4	袋
C000006	20180S00002	旺旺大米饼	10	3	袋
C000007	20180S00003	阿里山山核桃味葵瓜子	12	3	袋
C000008	20180S00004	旺旺雪饼	10	5	袋
C000100	20180Y00006	统一冰绿茶	14	6	瓶
C000101	20180Y00007	百事可乐	24	6	瓶
C000102	20180Y00008	可口可乐	24	6	瓶
C000103	20180Y00009	波力海苔罐装	24	6	瓶

▲ 图4-5-16 货品储位编码

	客户名称		联华超市(清远路店)			
序号	物品名称	货位	单位	订购数量	计划出库量	实际出库量
1	德芙巧克力礼盒装	C000001	盒	5	5	5
2	可口可乐	C000102	瓶	4	4	4
3	百事可乐	C000101	瓶	2	2	2

▲ 图4-5-17 联华超市(清远路店)出库单

电子拣选区出库计划

出库单1						
	客户名称		联华超市(文化路店)			
序号	物品名称	货位	单位	订购数量	计划出库量	实际出库量
1	康师傅茉莉蜜茶	C000004	瓶	3	3	3
2	上好佳鲜虾片	C000104	袋	2	2	2
3	波力海苔罐装	C000103	盒	5	5	5

出库单2						
	客户名称		联华超市(清远路店)			
序号	物品名称	货位	单位	订购数量	计划出库量	实际出库量
1	德芙巧克力礼盒装	C000001	盒	5	5	5
2	可口可乐	C000102	瓶	4	4	4
3	百事可乐	C000101	瓶	2	2	2

出库单 3

序号	客户名称		联华超市(顺盈路店)			
	物品名称	货位	单位	订购数量	计划出库量	实际出库量
1	大白兔奶糖	C000003	瓶	2	2	2
2	康师傅茉莉蜜茶	C000004	瓶	1	1	1
3	统一冰绿茶	C000100	瓶	2	2	2
4	绿箭无糖口香糖	C000107	盒	4	4	4

出库单 4

序号	客户名称		联华超市（胡雨路店）			
	物品名称	货位	单位	订购数量	计划出库量	实际出库量
1	德芙牛奶巧克力	C000002	盒	2	2	2
2	德芙巧克力礼盒装	C000001	盒	3	3	3
3	德芙Dove丝滑牛奶巧克力	C000000	盒	1	1	1

出库单 5

序号	客户名称		联华超市(踏云路店)			
	物品名称	货位	单位	订购数量	计划出库量	实际出库量
1	可口可乐	C000102	瓶	3	3	3
2	百事可乐	C000101	瓶	3	3	3
3	绿箭无糖口香糖	C000107	盒	1	1	1
4	康师傅茉莉蜜茶	C000004	瓶	3	3	3

▲ 图 4-5-18 电子拣选区出库计划

任务六 缮制补货计划表

学习目标

1. 了解补货的意义及作用,理解补货流程及补货计划表的内容;
2. 掌握补货计划表的缮制技巧;
3. 锻炼学生提出问题、分析问题、解决问题的思维方法和能力,培养学生在工作中的严谨精神和规范意识。

任务导入

在出库作业前,可能会有货物库存数量不足,或者在出库后,出库货物库存数量低于补货点,仓库主管要求仓管员张亮根据实际作业情况,及时编制补货作业任务计划。

一、已知信息

2021年1月1日,青岛市物流公司接收到的出库通知单和电子标签拣选区库存信息(截止到2020年12月31日17:00)。

▼ 出库通知单1

发货库房:青岛市物流公司库房　　　　　　客户:M市联华超市有限公司
收货客户:联华超市(文华路店)　　　　　　出库日期:2021-01-01
客户指令号:20200301X101

货品编码	货品名称	单位	数量
20180Y00005	康师傅茉莉蜜茶	箱	2
20180Y00005	康师傅茉莉蜜茶	瓶	3
20180S00005	上好佳鲜虾片	袋	2
20180Y00009	波力海苔罐装	瓶	5

▼ 出库通知单2

发货库房:青岛市物流公司库房　　　　　　客户:M市联华超市有限公司
收货客户:联华超市(清远路店)　　　　　　出库日期:2021-01-01
客户指令号:20200301X102

货品编码	货品名称	单位	数量
20180Y00005	康师傅茉莉蜜茶	箱	2
20180S00003	德芙牛奶巧克力	箱	2

续表

货品编码	货品名称	单位	数量
20180S00002	德芙巧克力礼盒装	盒	5
20180Y00008	可口可乐	瓶	4
20180Y00007	百事可乐	瓶	2

▼ 出库通知单 3

发货库房:青岛市物流公司库房　　　　　　　　客户:M 市联华超市有限公司
收货客户:联华超市(顺盈路店)　　　　　　　　出库日期:2021-01-01
客户指令号:20200301X103

货品编码	货品名称	单位	数量
20180Y00008	可口可乐	箱	15
20180Y00007	百事可乐	箱	15
20180Y00004	大白兔奶糖	瓶	2
20180Y00005	康师傅茉莉蜜茶	瓶	1
20180Y0011	统一冰绿茶	瓶	2
20180S00008	绿箭无糖口香糖	盒	4

▼ 出库通知单 4

发货库房:青岛市物流公司库房　　　　　　　　客户:M 市联华超市有限公司
收货客户:联华超市(胡雨路店)　　　　　　　　出库日期:2021-01-01
客户指令号:20200301X104

货品编码	货品名称	单位	数量
20180S00008	德芙牛奶巧克力	箱	5
20180Y00008	可口可乐	箱	14
20180Y00005	康师傅茉莉蜜茶	箱	4
20180S00001	德芙 Dove 丝滑牛奶巧克力	盒	1
20180S00002	德芙巧克力礼盒装	盒	3
20180Y00003	德芙牛奶巧克力	盒	2

出库通知单 5

发货库房:青岛市物流公司库房　　　　　　客户:M 市联华超市有限公司
收货客户:联华超市(踏云路店)　　　　　　出库日期:2021-01-01
客户指令号:20200301X105

货品编码	货品名称	单位	数量
20180Y00005	康师傅茉莉蜜茶	箱	5
20180Y00008	可口可乐	瓶	3
20180Y00007	百事可乐	瓶	3
20180S00008	绿箭无糖口香糖	盒	1
20180Y00005	康师傅茉莉蜜茶	瓶	3

电子标签拣选区库存信息(截至 2020 年 12 月 31 日 17:00)。

储位编码	货品条码	货品名称	数量	补货点	单位
C000000	20180S00001	德芙 Dove 丝滑牛奶巧克力	24	4	盒
C000001	20180S00002	德芙巧克力礼盒装	24	3	盒
C000002	20180S00003	德芙牛奶巧克力	14	5	盒
C000003	20180Y00004	大白兔奶糖	24	6	瓶
C000004	20180Y00005	康师傅茉莉蜜茶	14	6	瓶
C000005	20180S00001	姚生记原香味小山核桃仁	12	4	袋
C000006	20180S00002	旺旺大米饼	10	3	袋
C000007	20180S00003	阿里山山核桃味葵瓜子	12	3	袋
C000008	20180S00004	旺旺雪饼	10	5	袋
C000100	20180Y00006	统一冰绿茶	14	6	瓶
C000101	20180Y00007	百事可乐	24	6	瓶
C000102	20180Y00008	可口可乐	24	6	瓶
C000103	2010Y00009	波力海苔罐装	24	6	瓶
C000104	20180S00005	上好佳鲜虾片	10	3	袋
C000105	20180S00006	熊孩子冻干无花果	10	3	袋
C000106	20180S00007	德芙巧克力礼盒	10	4	袋
C000107	20180S00008	绿箭无糖口香糖	10	3	盒
C000108	20180S00009	统一 100 红烧牛肉面	10	3	袋

二、任务要求

根据实际作业情况,完成补货作业计划。当电子拣选区货物库存低于补货点时,需要补货。已知补货作业计划格式如下。

补货单1					
序号	物品名称	单位	补货数量	补货储位	备注

知识链接

补货作业是将货物从仓库托盘货架区搬运到电子拣货区的工作。补货作业的目的是向拣货区补充作业任务需要的适当数量的货品。电子拣选区出库任务频繁,因此要保证出库任务的完成质量,就必须保证电子拣选区的货品数量充足。仓管员需要根据仓储任务的运转,及时完成补货。补货之前要制定正确完善的补货计划表,并按照补货计划严格执行。

一、补货计划表的内容

物流公司常用的补货计划表一般包括以下内容。

1. 物品名称

物品名称是指需要补货的货品名称。

2. 单位

单位是指需要补货的货品的单位,补货操作通常是指从托盘货架区抽取货品,补充到电子拣选区,因此补货单位是"箱"。

3. 补货数量

补货数量是指根据仓库电子拣选区库存原则,从托盘货架区抽取的货品数量,每次补货至少1箱。

4. 补货储位

补货储位是指货品在电子拣选区对应的储位编码。

二、缮制补货计划表注意事项

1. 了解商品销售状况,对当天出库单进行整合分析;
2. 对货品的库存信息、缺货信息、"补货点"和安全库存数量有准确的把握;
3. 填制补货计划表时要注意先进先出原则和货品的保存期限;

4. 发现问题应及时备注并上报,确保补货作业的顺利完成。

 任务实施

分析过程:补货作业是指在电子拣选区,货品出库导致该区货品库存量低于或等于补货点,需要从托盘货架区的库存中调拨,每次补货数量为一箱。

步骤一:筛选电子拣选区出库信息。

1. 将出库信息复制粘贴到 Excel 表格中,见图 4-6-1。

A	B	C	D
货品编码	货品名称	单位	数量
2018OY00005	康师傅茉莉蜜茶	箱	2
2018OY00005	康师傅茉莉蜜茶	瓶	3
2018OS00005	上好佳鲜虾片	袋	2
2018OY00009	波力海苔罐装	瓶	5
货品编码	货品名称	单位	数量
2018OY00005	康师傅茉莉蜜茶	箱	2
2018OS00003	德芙牛奶巧克力	箱	2
2018OS00002	德芙巧克力礼盒装	盒	5
2018OY00008	可口可乐	瓶	4
2018OY00007	百事可乐	瓶	2
货品编码	货品名称	单位	数量
2018OY00008	可口可乐	箱	15
2018OY00007	百事可乐	箱	15
2018OY00004	大白兔奶糖	瓶	2
2018OY00005	康师傅茉莉蜜茶	瓶	1
2018OY0011	统一冰绿茶	瓶	2
2018OS00008	绿箭无糖口香糖	盒	4
货品编码	货品名称	单位	数量
2018OS00008	德芙牛奶巧克力	箱	5
2018OY00008	可口可乐	箱	14
2018OY00005	康师傅茉莉蜜茶	箱	4
2018OS00001	Dove丝滑牛奶巧克	盒	1
2018OS00002	德芙巧克力礼盒装	盒	3
2018OY00003	德芙牛奶巧克力	盒	2
货品编码	货品名称	单位	数量
2018OY00005	康师傅茉莉蜜茶	箱	5
2018OY00008	可口可乐	瓶	3
2018OY00007	百事可乐	瓶	3
2018OS00008	绿箭无糖口香糖	盒	1
2018OY00005	康师傅茉莉蜜茶	瓶	3

▲ 图 4-6-1 粘贴出库单

2. 删掉多余标题栏,对出库信息进行降序排序,降序排序的标准是:主关键字"列 C"(即出库货品的单位),次关键字"列 B"(即出库货品的名称),如图 4-6-2 所示。

3. 重排序后的出库信息见图 4-6-3。

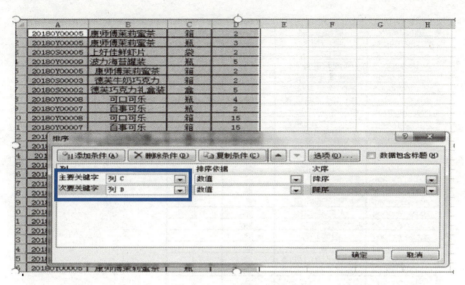

▲ 图4-6-2 出库信息排序

货品编码	货品名称	单位	数量
20180Y00008	可口可乐	箱	15
20180Y00008	可口可乐	箱	14
20180Y00005	康师傅茉莉蜜茶	箱	2
20180Y00005	康师傅茉莉蜜茶	箱	2
20180Y00005	康师傅茉莉蜜茶	箱	4
20180Y00005	康师傅茉莉蜜茶	箱	5
20180S00003	德芙牛奶巧克力	箱	2
20180S00008	德芙牛奶巧克力	箱	5
20180Y00007	百事可乐	箱	15
20180Y0011	统一冰绿茶	瓶	2
20180Y00008	可口可乐	瓶	4
20180Y00008	可口可乐	瓶	3
20180Y00005	康师傅茉莉蜜茶	瓶	1
20180Y00005	康师傅茉莉蜜茶	瓶	3
20180Y00004	大白兔奶糖	瓶	2
20180Y00009	波力海苔罐装	瓶	5
20180Y00007	百事可乐	瓶	2
20180Y00007	百事可乐	瓶	3
20180S00008	绿箭无糖口香糖	盒	4
20180S00008	绿箭无糖口香糖	盒	1
20180S00002	德芙巧克力礼盒装	盒	5
20180S00002	德芙巧克力礼盒装	盒	3
20180Y00003	德芙牛奶巧克力	盒	2
20180S00001	芙Dove丝滑牛奶巧克	盒	1
20180S00005	上好佳鲜虾片	袋	2

▲ 图4-6-3 排序结果图

4. 筛选出电子拣选区的出库信息,并对同类货品求和,如图4-6-4所示。

5. 删除托盘货架区出库信息,合并电子拣选区同类货品出库信息,最后得出电子拣选区出库信息表,如图4-6-5所示。

步骤二:计算电子拣选区货物剩余数量。

1. 将电子拣选区库存信息表粘贴到电子拣选区出库信息表右侧,见图4-6-6。

货品编码	货品名称	单位	数量	出库合计
20180Y00008	可口可乐	箱	15	
20180Y00008	可口可乐	箱	14	
20180Y00005	康师傅茉莉蜜茶	箱	2	
20180Y00005	康师傅茉莉蜜茶	箱	2	
20180Y00005	康师傅茉莉蜜茶	箱	4	
20180Y00005	康师傅茉莉蜜茶	箱	5	
20180S00003	德芙牛奶巧克力	箱	2	
20180S00008	德芙牛奶巧克力	箱	5	
20180Y00007	百事可乐	箱	15	
20180Y0011	统一冰绿茶	瓶	2	2
20180Y00008	可口可乐	瓶	4	
20180Y00008	可口可乐	瓶	3	7
20180Y00005	康师傅茉莉蜜茶	瓶	3	
20180Y00005	康师傅茉莉蜜茶	瓶	1	
20180Y00005	康师傅茉莉蜜茶	瓶	3	7
20180Y00004	大白兔奶糖	瓶	2	2
20180Y00009	波力海苔罐装	瓶	5	5
20180Y00007	百事可乐	瓶	2	
20180Y00007	百事可乐	瓶	3	5
20180S00008	绿箭无糖口香糖	盒	4	
20180S00008	绿箭无糖口香糖	盒	1	5
20180S00002	德芙巧克力礼盒装	盒	5	
20180S00002	德芙巧克力礼盒装	盒	3	8
20180Y00003	德芙牛奶巧克力	盒	2	2
20180S00001	芙Dove丝滑牛奶巧克	盒	1	1
20180S00005	上好佳鲜虾片	袋	2	2

▲ 图 4-6-4 筛选电子拣选区出库信息

（托盘货架区出库信息 / 电子拣选区出库信息）

货品编码	货品名称	单位	出库合计
20180Y0011	统一冰绿茶	瓶	2
20180Y00008	可口可乐	瓶	7
20180Y00005	康师傅茉莉蜜茶	瓶	7
20180Y00004	大白兔奶糖	瓶	2
20180Y00009	波力海苔罐装	瓶	5
20180Y00007	百事可乐	瓶	5
20180S00008	绿箭无糖口香糖	盒	5
20180S00002	德芙巧克力礼盒装	盒	8
20180Y00003	德芙牛奶巧克力	盒	2
20180S00001	芙Dove丝滑牛奶巧克	盒	1
20180S00005	上好佳鲜虾片	袋	2

▲ 图 4-6-5 电子拣选区出库信息表

货品编码	货品名称	单位	出库合计			储位编码	货品条码	货品名称	数量	补货点	单位
20180Y0011	统一冰绿茶	瓶	2			C000000	20180S00001	德芙Dove丝滑牛奶巧克力	24	4	盒
20180Y00008	可口可乐	瓶	7			C000001	20180S00002	德芙巧克力礼盒装	24	3	盒
20180Y00005	康师傅茉莉蜜茶	瓶	7			C000002	20180S00003	德芙牛奶巧克力	14	5	盒
20180Y00004	大白兔奶糖	瓶	2			C000003	20180Y00004	大白兔奶糖	24	6	瓶
20180Y00009	波力海苔罐装	瓶	5			C000004	20180Y00005	康师傅茉莉蜜茶	14	6	瓶
20180Y00007	百事可乐	瓶	5			C000005	20180S00001	姚生记原香味小山核桃仁	12	4	袋
20180S00008	绿箭无糖口香糖	盒	5			C000006	20180S00002	旺旺大米饼	10	3	袋
20180S00002	德芙巧克力礼盒装	盒	8			C000007	20180S00003	阿里山山核桃味葵瓜子	12	3	袋
20180Y00003	德芙牛奶巧克力	盒	2			C000008	20180S00004	旺旺雪饼	10	5	袋
20180S00001	芙Dove丝滑牛奶巧克	盒	1			C000100	20180Y00005	统一冰绿茶	14	6	瓶
20180S00005	上好佳鲜虾片	袋	2			C000101	20180Y00007	百事可乐	24	6	瓶
						C000102	20180Y00008	可口可乐	24	6	瓶
						C000103	2010Y00009	波力海苔罐装	24	6	瓶
						C000104	20180S00005	上好佳鲜虾片	10	3	袋
						C000105	20180S00006	熊孩子冻干无花果	10	3	袋
						C000106	20180S00007	德芙巧克力礼盒	10	4	盒
						C000107	20180S00008	绿箭无糖口香糖	10	3	盒
						C000108	20180S00009	统一100红烧牛肉面	10	3	袋

▲ 图 4-6-6 粘贴电子拣选区库存信息表

2. 用 VLOOKUP 函数，筛选出库货品的现有库存数量，见图 4-6-7。VLOOKUP 函数的使用，见任务一，此处不再赘述。

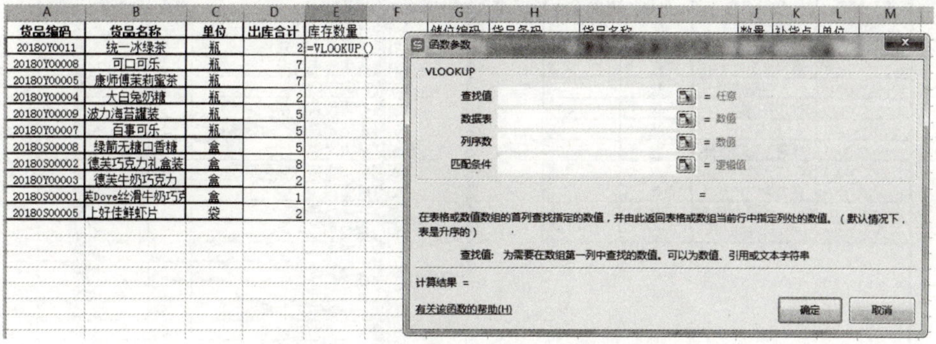

▲ 图 4-6-7 筛选出库货品的库存数量

3. 点击上图"确定"得出出库货品的现有库存，见图 4-6-8。

货品编码	货品名称	单位	出库合计	库存数量
20180Y0011	统一冰绿茶	瓶	2	14
20180Y00008	可口可乐	瓶	7	24
20180Y00005	康师傅茉莉蜜茶	瓶	7	14
20180Y00004	大白兔奶糖	瓶	2	24
20180Y00009	波力海苔罐装	瓶	5	24
20180Y00007	百事可乐	瓶	5	24
20180S00008	绿箭无糖口香糖	盒	5	10
20180S00002	德芙巧克力礼盒装	盒	8	24
20180Y00003	德芙牛奶巧克力	盒	2	14
20180S00001	芙Dove丝滑牛奶巧克	盒	1	24
20180S00005	上好佳鲜虾片	袋	2	10

▲ 图 4-6-8 初始库存数量

4. 计算剩余数量。剩余数量＝库存数量－出库合计，见图 4-6-9。

货品编码	货品名称	单位	出库合计	库存数量	剩余数量
20180Y0011	统一冰绿茶	瓶	2	14	=E2-D2
20180Y00008	可口可乐	瓶	7	24	
20180Y00005	康师傅茉莉蜜茶	瓶	7	14	
20180Y00004	大白兔奶糖	瓶	2	24	
20180Y00009	波力海苔罐装	瓶	5	24	
20180Y00007	百事可乐	瓶	5	24	
20180S00008	绿箭无糖口香糖	盒	5	10	
20180S00002	德芙巧克力礼盒装	盒	8	24	
20180Y00003	德芙牛奶巧克力	盒	2	14	
20180S00001	芙Dove丝滑牛奶巧克	盒	1	24	
20180S00005	上好佳鲜虾片	袋	2	10	

▲ 图 4-6-9 计算剩余数量

5. 按照上述操作,得到出库货品的最终剩余数量,见图 4-6-10。

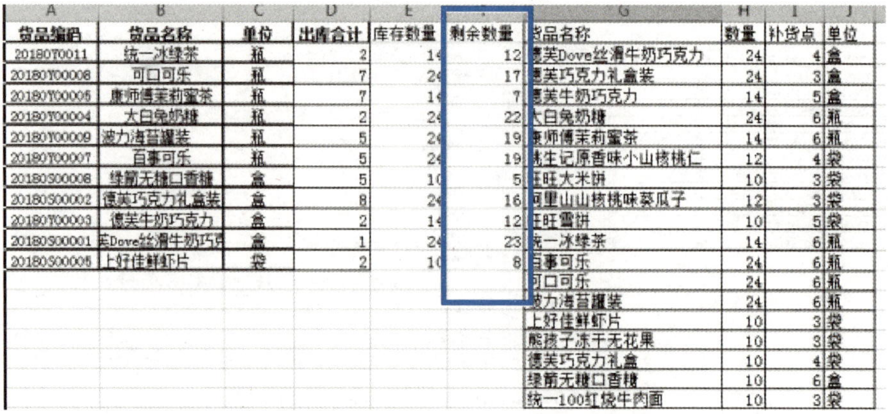

▲ 图 4-6-10　出库货品的剩余数量

步骤三、筛选需要补货的货品

1. 将出库货品的剩余数量,跟电子拣选区库存信息表中的"补货点"作对比,如果剩余数量小于或等于"补货点",则该货品需要补货;如果剩余数量与"补货点"比较,高于"补货点",则不需要补货。例如:绿箭无糖口香糖,剩余数量为"5",与"补货点"比较,"补货点"为"6",可知该货品需要补货,见图 4-6-11。

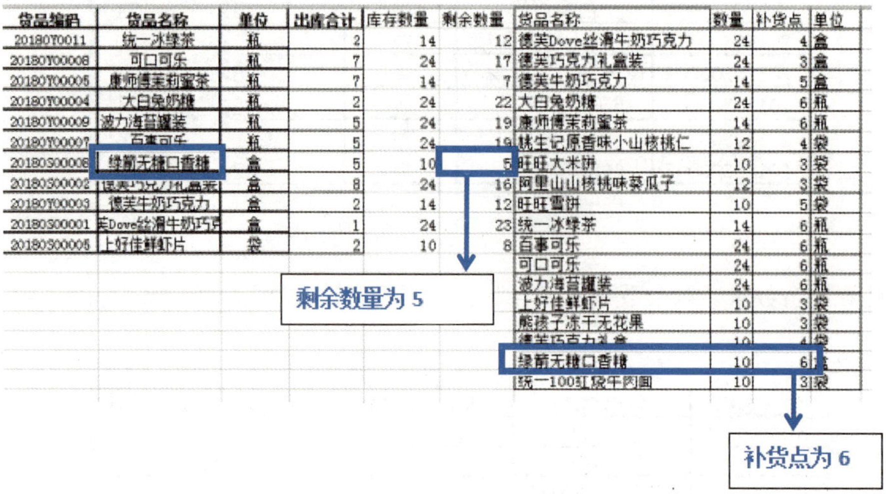

▲ 图 4-6-11　补货判断

注意:如果规定按照"补货点"进行补货,剩余库存量等于或者小于补货点时,就需要补货;而规定按照安全库存进行补货时,只有当剩余库存量小于安全库存时,才需进行补货。

2. 由此判断:可知绿箭无糖口香糖需要补货,根据补货规则,需补货一箱,其他货品无需补货。将补货计划表粘贴到 Excel 中,根据我们的补货判断,填写补货物品名称、单位、补货数量信息,如图 4-6-12 所示。

补货单1					
序号	物品名称	单位	补货数量	补货储位	备注
1	绿箭无糖口香糖	箱	1		

▲ 图4-6-12 补货单信息

3. 根据电子拣选区库存信息表,储位编码即补货储位,筛选出绿箭无糖口香糖的补货储位为C000107,见图4-6-13。

储位编码	货品条码	货品名称	数量	补货点	单位	箱装数
C000000	20180S00001	德芙Dove丝滑牛奶巧克力	24	4	盒	12
C000001	20180S00002	德芙巧克力礼盒装	24	3	盒	12
C000002	20180S00003	德芙牛奶巧克力	14	5	盒	12
C000003	20180Y00004	大白兔奶糖	24	6	瓶	12
C000004	20180Y00005	康师傅茉莉蜜茶	14	6	瓶	10
C000005	20180S00001	姚生记原香味小山核桃仁	12	4	袋	12
C000006	20180S00002	旺旺大米饼	10	3	袋	12
C000007	20180S00003	阿里山山核味葵瓜子	12	3	袋	12
C000008	20180S00004	旺旺雪饼	10	5	袋	12
C000100	20180Y00006	统一冰绿茶	14	6	瓶	10
C000101	20180Y00007	百事可乐	24	6	瓶	10
C000102	20180Y00008	可口可乐	24	6	瓶	10
C000103	20180Y00009	波力海苔罐装	24	6	瓶	10
C000104	20180S00005	上好佳鲜虾片	10	3	袋	12
C000105	20180S00006	熊孩子冻干无花果	10	3	袋	12
C000106	20180S00007	德芙巧克力礼盒	10	4	袋	12
C000107	20180S00008	绿箭无糖口香糖	10	3	袋	12
C000108	20180S00009	统一100红烧牛肉面	10	3	袋	12

补货储位

▲ 图4-6-13 补货储位图

4. 将C000107填入补货单,补货计划表完成,见图4-6-14。

补货单1					
序号	物品名称	单位	补货数量	补货储位	备注
1	绿箭无糖口香糖	箱	1	C000107	

▲ 图4-6-14 补货计划表

任务七 缮制盘点单

1. 了解盘点的意义与作用,熟悉盘点单的内容;
2. 掌握盘点单的缮制技巧;
3. 培养学生主动探索的学习态度和在实际业务操作中的负责态度与未雨绸缪的习惯。

任务导入

在完成出库操作后,仓管员张亮接到任务,需要完成 2021 年 1 月 1 日 17:00 电子拣选区盘点作业计划表,并将盘点作业计划表提交给仓库主管。

一、已知信息

2021 年 1 月 1 日,青岛市物流公司接收到的出库通知单和电子标签拣选区的库存信息(截止到 2020 年 12 月 31 日 17:00)。已知条件同"任务六 缮制补货计划表"中的"任务导入"。

二、任务要求

根据实际出入库情况,完成当天电子拣选区货品盘点单的制作(盘点时间截至 2021 年 1 月 1 日 17:00)。已知盘点单格式如下。

盘点单						
序号	货位	货品条码	货品名称	库存数量	盘点数量	误差

 知识链接

一、盘点的定义

盘点,是定期或临时对库存货品的实际数量进行清查、清点的作业。货品在存储或作业过程中,可能因为自然损耗、记录误差等造成实际库存跟系统记录库存不相符,为了掌握货物的实际库存,提高仓储操作的质量和效益,需要定期或临时对库存货品的实际数量进行盘点。通过盘点,可以查明库存货品数量的溢缺情况,品种、规格是否相符,货品质量是否完好,货品储备是否充足或有无积压等。

盘点单是盘点计划的依据,因此盘点单是否准确、科学十分重要。

二、盘点单的内容

物流企业常用的盘点单有以下主要内容。

1. 货位

货位是指被盘点的货物的储位编码。

2. 货品条码

货品条码是指被盘点货物的条码标识,货品条码由生产厂商规定。

3. 货品名称

货品名称是指被盘点货品的名称。

4. 库存数量

库存数量是指根据仓库管理系统,记录的货品库存数量。该数值是系统根据货品的初始库存及出入库数量计算所得,跟实际数量可能有偏差。

5. 盘点数量

盘点数量是指盘点工经过盘点操作后,所得的实际库存数量。

6. 误差

误差是指库存数量和盘点数量之间的差值。

任务实施

分析:根据青岛市物流公司提供的信息可知,2021年1月1日,该物流公司的电子拣选区先有出库操作,后有补货操作,所以盘点的最终结果应以补货后的库存数量为准。

步骤一:计算该区货品出库量。

粘贴出库通知单,对出库信息进行降序排序,筛选合计电子拣选区出库情况,见图4-7-1。(此过程同任务六 缮制补货计划表中的步骤一,见图4-6-1至图4-6-5)

步骤二:计算电子拣选区货品剩余量。

粘贴电子拣选区库存信息表,用VLOOKUP函数,筛选出库货品的初始库存数量,再计算剩余数量,剩余数量=库存数量-出库合计,见图4-7-2。(此过程同任务六 缮制补货计划表中的步骤二,见图4-6-6至图4-6-10)

货品编码	货品名称	单位	出库合计
20180Y0011	统一冰绿茶	瓶	2
20180Y00008	可口可乐	瓶	7
20180Y00005	康师傅茉莉蜜茶	瓶	7
20180Y00004	大白兔奶糖	瓶	2
20180Y00009	波力海苔罐装	瓶	5
20180Y00007	百事可乐	瓶	5
20180S00008	绿箭无糖口香糖	盒	5
20180S00002	德芙巧克力礼盒装	盒	8
20180Y00003	德芙牛奶巧克力	盒	2
20180S00001	芙Dove丝滑牛奶巧克力	盒	1
20180S00005	上好佳鲜虾片	袋	2

▲ 图 4-7-1 出库信息表

货品编码	货品名称	单位	出库合计	库存数量	剩余数量	货品名称	数量	补货点	单位
20180Y0011	统一冰绿茶	瓶	2	1	12	芙Dove丝滑牛奶巧克力	24	4	盒
20180Y00008	可口可乐	瓶	7	2	17	德芙巧克力礼盒装	24	3	盒
20180Y00005	康师傅茉莉蜜茶	瓶	7	1	7	德芙牛奶巧克力	14	5	盒
20180Y00004	大白兔奶糖	瓶	2	2	22	大白兔奶糖	24	6	瓶
20180Y00009	波力海苔罐装	瓶	5	2	19	康师傅茉莉蜜茶	14	6	瓶
20180Y00007	百事可乐	瓶	5	2	19	生记原香味小山核桃仁	12	4	袋
20180S00008	绿箭无糖口香糖	盒	5	1	5	旺旺大米饼	10	3	袋
20180S00002	德芙巧克力礼盒装	盒	8	1	16	阿里山山核桃味葵瓜子	12	3	袋
20180Y00003	德芙牛奶巧克力	盒	2	1	12	旺旺雪饼	10	5	袋
20180S00001	芙Dove丝滑牛奶巧克力	盒	1	2	23	统一冰绿茶	14	6	瓶
20180S00005	上好佳鲜虾片	袋	2	1	8	百事可乐	24	6	瓶
						可口可乐	24	6	瓶
						波力海苔罐装	24	6	瓶
						上好佳鲜虾片	10	6	袋
						熊孩子冻干无花果	10	6	袋
						德芙巧克力礼盒	10	4	袋
						绿箭无糖口香糖	10	6	盒
						统一100红烧牛肉面	10	3	袋

▲ 图 4-7-2 出库货品的剩余数量表

步骤三：计算补货后的库存量。

1. 根据任务六的补货计划表,可知,只有绿箭无糖口香糖进行了补货操作,补货数量为1箱,共12袋,见图 4-7-3。

2. 绿箭无糖口香糖的补货后的库存数量为:剩余数量+补货数量即 5+12=17 袋。见图 4-7-4。其他有出库操作任务的货品没有补货,库存数量等于剩余数量。电子拣选区没有出库操作任务的货品,库存数量同 2020 年 12 月 31 日 17:00 的库存数量。

3. 删掉图 4-7-4 中的多余信息,生成出库货品补货后的库存表,见图 4-7-5。

步骤四：填写盘点单。

1. 在新建 EXCEL 表格中粘贴图 4-7-5 和电子拣选区库存信息(截至 2020 年 12 月 31 日 17:00),为方便操作,将电子拣选区库存信息"补货点""单位"两列删掉,左侧表格的货品名称如果在右侧表格中出现,说明该货品有出库操作,则该货品的数量应为右侧表格的剩余数量。否则,说明该货品没有出库操作,该货品的数量就是初始库存数据。以"德芙 Dove 丝

货品编码		货品名称			单位	箱装量
C000008	20180S00004	旺旺雪饼	10	5	袋	12
C000100	20180Y00006	统一冰绿茶	14	6	瓶	10
C000101	20180Y00007	百事可乐	24	6	瓶	10
C000102	20180Y00008	可口可乐	24	6	瓶	10
C000103	20180Y00009	波力海苔罐装	24	6	瓶	10
C000104	20180S00005	上好佳鲜虾片	10	3	袋	12
C000105	20180S00006	熊孩子冻干无花果	10	3	袋	12
C000106	20180S00007	德芙巧克力礼盒	10	4	袋	12
C000107	20180S00008	绿箭无糖口香糖	10	3	袋	12
C000108	20180S00009	统一100 红烧牛肉面	10	3	袋	12

▲ 图 4-7-3 补货货品的箱装数量

C000104	20180S00005	上好佳鲜虾片	10	3	袋	12
C000105	20180S00006	熊孩子冻干无花果	10	3	袋	12
C000106	20180S00007	德芙巧克力礼盒	10	4	袋	12
C000107	20180S00008	绿箭无糖口香糖	10	3	袋	12
C000108	20180S00009	统一100 红烧牛肉面	10	3	袋	12

货品编码	货品名称	单位	出库合计	库存数量	剩余数量	货品名称	数量	补货点	单位
20180Y0011	统一冰绿茶	瓶	2	14	12	德芙Dove丝滑牛奶巧克力	24	4	盒
20180Y00008	可口可乐	瓶	7	24	17	德芙巧克力礼盒装	24	3	盒
20180Y00005	康师傅茉莉蜜茶	瓶	7	14	7	德芙牛奶巧克力	14	5	盒
20180Y00004	大白兔奶糖	瓶	2	24	22	大白兔奶糖	24	6	瓶
20180Y00009	波力海苔罐装	瓶	5	24	19	康师傅茉莉蜜茶	14	6	瓶
20180Y00007	百事可乐	瓶	5	24	19	核桃记原香味小山核桃仁	12	4	袋
20180S00008	绿箭无糖口香糖	盒	5	10	5	旺旺大米饼	10	3	袋
20180S00002	德芙巧克力礼盒装	盒	8	24	16	阿里山山核桃味葵瓜子	12	5	袋
20180Y00003	德芙牛奶巧克力	盒	2	14	12	旺旺雪饼	10	5	袋
20180S00001	德芙Dove丝滑牛奶巧克力	盒	1	24	23	统一冰绿茶	14	6	瓶
20180S00005	上好佳鲜虾片	袋	2	10	8	百事可乐	24	6	瓶
						可口可乐	24	6	瓶
						波力海苔罐装	24	6	瓶
						上好佳鲜虾片	10	3	袋
						熊孩子冻干无花果	10	3	袋
						德芙巧克力礼盒	10	4	盒
						绿箭无糖口香糖	10	3	盒
						统一100红烧牛肉面	10	3	袋

▲ 图 4-7-4 货品补货后的库存量计算

货品编码	货品名称	单位	剩余数量
20180Y0011	统一冰绿茶	瓶	12
20180Y00008	可口可乐	瓶	17
20180Y00005	康师傅茉莉蜜茶	瓶	7
20180Y00004	大白兔奶糖	瓶	22
20180Y00009	波力海苔罐装	瓶	19
20180Y00007	百事可乐	瓶	19
20180S00008	绿箭无糖口香糖	盒	17
20180S00002	德芙巧克力礼盒装	盒	16
20180Y00003	德芙牛奶巧克力	盒	12
20180S00001	德芙Dove丝滑牛奶巧克力	盒	23
20180S00005	上好佳鲜虾片	袋	8

▲ 图 4-7-5 出库货品补货后的库存表

滑牛奶巧克力"为例,该货品有出库操作,其数量应改为"23"。见图4-7-6。

储位编码	货品条码	货品名称	数量		货品篮码	货品名称	单位	剩余数量
C000000	20180S00001	德芙Dove丝滑牛奶巧克力	24		20180Y0011	统一冰绿茶	瓶	12
C000001	20180S00002	德芙巧克力礼盒装	24		20180Y00008	可口可乐	瓶	17
C000002	20180S00003	德芙牛奶巧克力	14		20180Y00005	康师傅茉莉蜜茶	瓶	7
C000003	20180Y00004	大白兔奶糖	24		20180Y00004	大白兔奶糖	瓶	22
C000004	20180Y00005	康师傅茉莉蜜茶	14		20180Y00009	波力海苔罐装	瓶	19
C000005	20180S00001	姚生记原香味小山核桃仁	12		20180Y00007	百事可乐	瓶	19
C000006	20180S00002	旺旺大米饼	10		20180S00008	绿箭无糖口香糖	盒	17
C000007	20180S00003	阿里山山核桃味葵瓜子	12		20180S00002	德芙巧克力礼盒装	盒	16
C000008	20180S00004	旺旺雪饼	10		20180Y00003	德芙牛奶巧克力	盒	12
C000100	20180Y00006	统一冰绿茶	14		20180S00001	德芙Dove丝滑牛奶巧克力	盒	23
C000101	20180Y00007	百事可乐	24		20180S00005	上好佳鲜虾片	袋	8
C000102	20180Y00008	可口可乐	24					
C000103	20180Y00009	波力海苔罐装	24					
C000104	20180S00005	上好佳鲜虾片	10					
C000105	20180S00006	熊孩子冻干无花果	10					
C000106	20180S00007	德芙巧克力礼盒	10					
C000107	20180S00008	绿箭无糖口香糖	10					
C000108	20180S00009	统一100红烧牛肉面	10					

改为 23

▲ 图4-7-6 调整货品库存数量

2. 根据上述分析,对照图4-6-14补货计划表,填写调整货品库存数量,完成该表后将其粘贴到盘点单,结果如图4-7-7所示,缮制盘点单任务完成。

			盘点表			
序号	货位	货品条码	货品名称	库存数量	盘点数量	误差
1	C000000	20180S00001	德芙Dove丝滑牛奶巧克力	23		
2	C000001	20180S00002	德芙巧克力礼盒装	16		
3	C000002	20180S00003	德芙牛奶巧克力	12		
4	C000003	20180Y00004	大白兔奶糖	22		
5	C000004	20180Y00005	康师傅茉莉蜜茶	7		
6	C000005	20180S00001	姚生记原香味小山核桃仁	12		
7	C000006	20180S00002	旺旺大米饼	10		
8	C000007	20180S00003	阿里山山核桃味葵瓜子	12		
9	C000008	20180S00004	旺旺雪饼	10		
10	C000100	20180Y00006	统一冰绿茶	12		
11	C000101	20180Y00007	百事可乐	19		
12	C000102	20180Y00008	可口可乐	17		
13	C000103	20180Y00009	波力海苔罐装	19		
14	C000104	20180S00005	上好佳鲜虾片	10		
15	C000105	20180S00006	熊孩子冻干无花果	10		
16	C000106	20180S00007	德芙巧克力礼盒	16		
17	C000107	20180S00008	绿箭无糖口香糖	17		
18	C000108	20180S00009	统一100红烧牛肉面	10		

▲ 图4-7-7 盘点单

任务八　缮制配送任务计划表

学习目标

1. 了解配送的定义，熟悉配送单的内容；
2. 掌握配送任务计划表的缮制技巧；
3. 培养学生在实际业务操作中善于思考、主动探索的能力，培养学生精益求精的工作态度和习惯。

任务导入

华联超市有限公司是青岛市物流公司的一级客户，青岛市物流公司依托先进的物流服务平台，为华联超市分布在青岛市的门店提供仓储和市内配送等物流服务，同时为华联超市有限公司分布在 A、B、C、D 四市的门店提供长途干线运输等物流服务。

2021 年 1 月 1 日，仓管员张亮接到任务，需要完成当天的市内配送作业任务计划表。

一、已知信息

1. 2020 年 12 月 31 日 17:00，青岛市物流公司配送货物暂存区货物库存信息如下。

货品条码	货品名称	数量	单位	总体积	总重量(kg)
20180S00007	英汉双解词典	450	箱	/	2 320
20180Y00019	依能蓝莓黑水果味饮料(500 ml)	300	箱	/	1 550
20180Y00010	维他灌装柠檬茶(310 ml)	670	箱	/	3 490
20180Y00015	农夫山泉茶派柠檬红茶(500 ml)	500	箱	/	2 520
20180S00008	新华字典	400	箱	/	2 100
20180S00003	中华成语词典	200	箱	/	800
20180S00011	成语大字典	550	箱	/	2 750
20180Y00009	百岁山矿泉水(5 L)	150	箱	/	300
20180Y00014	依云矿泉水(5 L)	200	箱	/	2 000

2. 公司运力信息如下。

司机	车辆编号	额定吨位(t)	车辆类型	用途
孙 明	S23081	1	微型	市内配送
吴 鹏	S27542	3	小型	干线运输
黄 志	S86459	4	中型	干线运输
刘 辛	S54672	5	大型	干线运输

3. 配送作业订单信息如下。

配送订单 1						
客户指令号	20201220X101	客户名称	联华超市(福州路店)	紧急程度		一般
库房	青岛市物流公司库房	配送类型	正常配送	是否送货		是
收货人	徐明	收货地址	青岛市福州路24号			
配送时间		2021年01月01日				
货品编码	货品名称	包装规格	总重量(kg)	数量	批号	备注
20180S00007	英汉汉解词典	/	1 100	200 箱	/	/
20180Y00019	依能蓝莓黑水果味饮料 500 ml	/	1 550	300 箱	/	/
20180Y00010	维他灌装柠檬茶 310 ml	/	2 340	450 箱	/	/

配送订单 2						
客户指令号	20201220X102	客户名称	联华超市(广州路店)	紧急程度		一般
库房	青岛市物流公司库房	配送类型	正常配送	是否送货		是
收货人	李平	收货地址	青岛市广州路43号			
出库时间		2021年01月01日				
货品编码	货品名称	包装规格	总重量(kg)	数量	批号	备注
20180S00007	英汉双解词典	/	1 220	250 箱	/	/
20180Y00015	农夫山泉茶派柠檬红茶(500 ml)	/	2 520	500 箱	/	/

配送订单 3						
客户指令号	20201220X103	客户名称	联华超市(兰州路店)	紧急程度		紧急
库房	青岛市物流公司库房	配送类型	正常配送	是否送货		是
收货人	孙斌	收货地址	青岛市兰州路78号			

续表

出库时间			2021年01月01日			
货品编码	品名称	包装规格	总重量(kg)	数量	批号	备注
20180S00008	新华字典	/	2 100	400箱	/	/
20180Y00010	维他灌装柠檬茶310 ml	/	1 150	220箱	/	/

配送订单4						
客户指令号	20201220X104	客户名称	联华超市(郑州路店)	紧急程度		一般
库房	青岛市物流公司库房	配送类型	正常配送	是否送货		是
收货人	王林	收货地址	青岛市郑州路99号			
出库时间			2021年01月01日			
货品编码	品名称	包装规格	总重量(kg)	数量	批号	备注
20180S00003	中华成语词典	/	800	158箱	/	/
20180S00011	成语大字典	/	2 750	550箱	/	/

二、任务要求

请对配送货物暂存区货物,根据公司运力信息(从物流公司出发,往返1次,只考虑重量因素),结合配送作业订单信息,完成配送作业计划。已知配送作业计划表格式如下。

序号	收货客户名称	收货客户地址	配送车辆额定吨位(t)	配送货物总箱数(箱)	配送货物总重量(kg)	最小配送次数

知识链接

配送的重要环节是送货。物流中心的配送作业有确定组织、确定渠道,有一套装备和管理力量、技术力量,有一套制度的体制形式。所以,可以说配送是高水平送货形式。物流配送要求以用户要求为出发点,送货要及时、安全、可靠,同时又要充分考虑配送组织者自身的经济利益。对于配送者来说,必须以"要求"为据,但是不能盲目,应该追求合理性,进而实现共同受益的商业原则。

配送单是配送作业的依据,因此配送单是否经济、合理决定了配送作业是否经济、合理。

一、配送的定义

配送，是指按用户定货要求，在配送中心或其他物流结点进行货物配备，并以最合理方式送交用户的作业。物流配送具有定时、定量、准时性、计划性、即时性、低费用等特点，是现代物流作业的重要环节。

二、配送的原则

配送是一种综合性物流活动，在配送中遵循的基本原则有：

1. 以准确性最高为目标，它是配送中心中重要的服务指标，也是配送的首要原则；
2. 配送是"配"与"送"的有机结合，即"合理地配货""低成本、快速度"地"送货"，进而有效满足顾客的需求；
3. 配送区域范围的设置应合理，配送不宜在大范围内实施，通常仅局限在一个城市或地区范围内进行。

三、配送计划表的内容

配送单有以下主要内容。

1. 收货客户名称

收货客户名称指配送货品的接收人，该信息在配送订单中查找。

2. 收货客户地址

收货客户地址指收货客户所在地址，该信息在配送订单中查找。

3. 配送车辆额定吨位

配送车辆额定吨位指配送车辆的最大装载量，该信息在公司运力信息表中查找。

4. 配送货物总箱数

配送货物总箱数指每个订单需要配送货物的总数量。如果有订单的拆分或合并，要按拆分或合并后的实际数量计算。

5. 配送货物总重量

配送货物总重量指每个订单需要配送货物的总重量。如果有订单的拆分或合并，要按拆分或合并后的实际数量计算。

6. 最小配送次数

最小配送次数根据配送车辆额定吨位和配送货物总重量计算得出。

任务实施

根据青岛市物流公司提供的信息可知,2021年1月1日,该物流公司的配送暂存区已经存放待配送货物,需要根据配送订单任务判断,暂存区的货物是否能满足配送需求,如果不能满足配送需求,则该配送订单不需要编制配送计划。

步骤一:判断配送暂存区货物是否满足配送订单要求。

1. 将配送暂存区货物信息粘贴到Excel。

	A	B	C	D	E	F
1	货品条码	货品名称	数量	单位	总体积	总重量(kg)
2	20180S00007	英汉双解词典	450	箱	/	2320
3	20180Y00019	依能蓝莓黑水果味饮料(500ml)	300	箱	/	1550
4	20180Y00010	维他灌装柠檬茶(310ml)	670	箱	/	3490
5	20180Y00015	农夫山泉茶派柠檬红茶(500ml)	500	箱	/	2520
6	20180S00008	新华字典	400	箱	/	2100
7	20180S00003	中华成语词典	158	箱	/	800
8	20180S00011	成语大字典	550	箱	/	2750

▲ 图4-8-1 配送暂存区货物信息

2. 分别将四个配送订单的货品信息粘贴到Excel,并进行汇总,筛选的货品信息见图4-8-2方框内信息,包括"货品编码""货品名称""包装规格""总重量""数量"等信息,其中"货品名称""总重量""数量"这三项信息是缮制配送作业计划表,计算是否拼车配送的关键信息。粘贴效果如图4-8-3所示。

配送订单1					
客户指令号	20201220X101	客户名称	联华超市(福州路店)	紧急程度	一般
库房	青岛市物流公司库房	配送类型	正常配送	是否送货	是
收货人	徐明	收货地址	青岛市福州路24号		
配送时间	2021年01月01日				
货品编码	货品名称	包装规格	总重量(Kg)	数量	批号	备注
20180S00007	英汉汉解词典	/	1100	200 箱	/	/
20180Y00019	依能蓝莓黑水果味饮料 500ml	/	1550	300 箱	/	/
20180Y00010	维他灌装柠檬茶 310ml	/	2340	450 箱	/	/

▲ 图4-8-2 筛选需要配送的货物信息

货品编码	货品名称	包装规格（mm）	总重量（Kg）	数量	批号	备注
20180S00007	英汉双解词典	/	1100	200箱	/	/
20180Y00019	依能蓝莓黑水果味饮料（500ml）	/	1550	300箱	/	/
20180Y00010	维他灌装柠檬茶（310ml）	/	2340	450箱	/	/
货品编码	货品名称	包装规格（mm）	总重量（Kg）	数量	批号	备注
20180S00007	英汉双解词典	/	1220	250箱	/	/
20180Y00015	农夫山泉茶派柠檬红茶（500ml）	/	2520	500箱	/	/
货品编码	货品名称	包装规格（mm）	总重量（Kg）	数量	批号	备注
20180S00008	新华字典	/	2100	400箱	/	/
20180Y00010	维他灌装柠檬茶（310ml）	/	1150	220箱	/	/
货品编码	货品名称	包装规格（mm）	总重量（Kg）	数量	批号	备注
20180S00003	中华成语词典	/	800	158箱	/	/
20180S00011	成语大字典	/	2750	550箱	/	/

▲ 图4-8-3 筛选需要配送的货物信息

3. 根据图4-8-3，整理表格，将多余行信息删除，多余列信息删除，最终需要配送的货品汇总，如图4-8-4所示。

货品条码	货品名称	数量	单位	总体积	总重量（kg）
20180S00007	英汉双解词典	450	箱	/	2320
20180Y00019	依能蓝莓黑水果味饮料（500ml）	300	箱	/	1550
20180Y00010	维他灌装柠檬茶（310ml）	670	箱	/	3490
20180Y00015	农夫山泉茶派柠檬红茶（500ml）	500	箱	/	2520
20180S00008	新华字典	400	箱	/	2100
20180S00003	中华成语词典	158	箱	/	800
20180S00011	成语大字典	550	箱	/	2750

▲ 图4-8-4 配送货物信息汇总

4. 将需要配送货品的货品名称和数量跟图4-8-1中货品名称、数量对比，发现暂存区的货品能满足配送需求，开始编制配送计划表。

步骤二：分析最小配送次数。

1. 将配送计划表空白表粘贴到Excel，见图4-8-5。

序号	收货客户名称	收货客户地址	配送车辆额定吨位（t）	配送货物总箱数（箱）	配送货物总重量（kg）	最小配送次数

▲ 图4-8-5 配送单格式

2. 已知公司运力信息如下,详见图 4-8-6。

司机	车辆编号	额定吨位（t）	车辆类型	用途
孙亮	S23081	1	微型	市内配送
吴鹏	S27542	3	小型	干线运输
黄涛	S86459	4	中型	干线运输
张云	S54672	5	大型	干线运输

▲ 图 4-8-6　公司运力信息表

根据车辆用途可知,配送作业只能选择额定吨位为 1 吨的微型车,又根据图 4-8-3 可知每个配送订单货品的总重量:配送订单 1 为(1 100＋1 550＋2 340)kg;配送订单 2 为(1 220＋2 520)kg;配送订单 3 为(2 100＋1 150)kg;配送订单 4 为(800＋2 750)kg。考虑配送的经济性,需要将不同订单的货物拼车,使配送车辆尽可能接近满载。根据以上分析可知订单 1 合计 4 990 kg,接近满载,需要配送 5 次;订单 2 合计 3 740 kg,订单 3 合计 3 250 kg,故订单 2、3 可以拼车合计 6 990 kg,需要配送 7 次;订单 4 合计 3 550 kg,需要配送 4 次。

3. 根据图 4-8-5 需要填写内容,筛选配送订单 1 中客户名称、收货地址、配送货物总箱数、配送货物总重量,如图 4-8-7 所示。

配送订单 1						
客户指令号	20201220X101	客户名称	联华超市(福州路店)	紧急程度	一般	
库房	青岛市物流公司库房	配送类型	正常配送	是否送货	是	
收货人	徐明	收货地址	青岛市福州路 24 号			
配送时间	2021 年 01 月 01 日						
货品编码	货品名称	包装规格	总重量（Kg）	数量	批号	备注
20180S00007	英汉汉解词典	/	1100	200 箱	/	/
20180Y00019	依能蓝莓黑水果味饮料 500ml	/	1550	300 箱	/	/
20180Y00010	维他灌装柠檬茶 310ml	/	2340	450 箱	/	/

▲ 图 4-8-7　分析配送单信息

4. 将上述信息填入配送计划表,如图 4-8-8 所示。

序号	收货客户名称	收货客户地址	配送车辆额定吨位（t）	配送货物总箱数	配送货物总重量（KG）	最小配送次数
1	联华超市(福州路店)	胶州市福州路 24 号	1	950	4990	5

▲ 图 4-8-8　填写配送计划表示例

步骤三:完成配送计划表上所有信息的填写。

其余配送计划表信息填写同上,配送订单2、3合并填写,最终得配送计划表见表4-8-1。

表4-8-1 配送计划表

序号	收货客户名称	收货客户地址	配送车辆额定吨位(t)	配送货物总箱数	配送货物总重量(KG)	最小配送次数
1	联华超市(福州路店)	青岛市福州路24号	1	950	4990	5
2	联华超市(广州路店)	青岛市广州路43号	1	750	3740	7
3	联华超市(兰州路店)	青岛市兰州路78号	1	620	3250	
4	联华超市(郑州路店)	青岛市郑州路99号	1	708	3550	4

配送计划表编制任务完成。

任务九　缮制运输作业计划表

学习目标

1. 了解运输的定义，熟悉运输计划单的内容；
2. 掌握节约里程法的计算方法和运输计划单的缮制技巧；
3. 培养学生深度思考问题、解决问题的能力，培养学生团队沟通的能力和细致耐心的职业素养。

任务导入

2021年1月1日，青岛市物流公司接到华联超市有限公司的货物运输业务，要求给分布在A、B、C、D四市的门店提供长途干线运输物流服务（以下青岛市物流公司所在地简称"S市"）。仓库主管将任务分配给仓管员张亮，需要完成当天的运输作业计划表。

一、已知信息

1. 2020年12月31日17:00，青岛市物流公司干线货物发运暂存区库存信息如下。

货品条码	货品名称	数量	单位	总体积	总重量(kg)
20180Y00002	维他柠檬茶(2.5L)	300	箱	/	1480
20180Y00009	百岁山矿泉水(5L)	400	箱	/	2020
20180Y00001	恒大冰泉矿泉水(2.5L)	450	箱	/	2300
20180S00013	新华成语词典	200	箱	/	1050
20180Y00014	依云矿泉水(5L)	470	箱	/	2300
20180Y00010	维他灌装柠檬茶(310ml)	200	箱	/	1000
20180S00017	成语大词典(彩色本)	190	箱	/	1130
20180S00006	英汉大词典	200	箱	/	1100
20180Y00018	依云矿泉水(2.5L)	140	箱	/	710
20180Y00019	依能蓝莓黑水果味饮料(500ml)	90	箱	/	450
20180S00007	英汉汉英词典	140	箱	/	780
20180S00012	古代汉语词典	120	箱	/	600
20180S00008	新华字典	150	箱	/	730

2. 公司运力信息如下。

司机	车辆编号	额定吨位(t)	车辆类型	用途
孙 明	S23081	1	微型	市内配送
吴 鹏	S27542	6	大型	干线运输
黄 志	S86459	6	大型	干线运输
刘 辛	S54672	8	大型	干线运输

3. 运输作业订单信息如下。

▼ 运输通知单1

客户指令号	20190101X001	托运客户	S市联华超市有限公司
始发站	S市	目的站	A市
托运人	胡文华	取货地址	S市世纪大道28号
联系方式	13867341794	取货时间	2021.01.01
收货单位	联华超市(红檀路店)	收货地址	A市钟南区红檀路22号

货品条码	货品名称	单位	包装规格	总体积	总重量(kg)	数量	备注
20180Y00002	维他柠檬茶(2.5L)	箱	/	/	1440	90	/
20180Y00009	百岁山矿泉水(5L)	箱	/	/	1680	80	/
20180Y00001	恒大冰泉矿泉水(2.5L)	箱	/	/	1920	120	/

▼ 运输通知单2

客户指令号	20190101X002	托运客户	S市联华超市有限公司
始发站	S市	目的站	B市
托运人	胡文华	取货地址	S市世纪大道28号
联系方式	13867341794	取货时间	2021.01.01
收货单位	联华超市(景苑路店)	收货地址	B市淮海区景苑路221号

货品条码	货品名称	单位	包装规格	总体积	总重量(kg)	数量	备注
20200S00013	新华成语词典	箱	/	/	1050	70	/
20200Y00014	依云矿泉水(5L)	箱	/	/	1890	90	/

▼ 运输通知单 3

客户指令号	20190101X003	托运客户	S市联华超市有限公司
始发站	S市	目的站	C市
托运人	胡文华	取货地址	S市世纪大道28号
联系方式	13867341794	取货时间	2021.01.01
收货单位	联华超市(名苑路店)	收货地址	C市湖塘区名苑路22号

货品条码	货品名称	单位	包装规格	总体积	总重量(kg)	数量	备注
20180S00017	成语大词典(彩色本)	箱	/	/	1 140	95	/
20180S00006	英汉大词典	箱	/	/	800	50	/
20180Y00018	依云矿泉水(2.5L)	箱	/	/	560	35	/
20180Y00019	依能蓝莓黑水果味饮料(500ml)	箱	/	/	450	45	/

▼ 运输通知单 4

客户指令号	20190101X004	托运客户	S市联华超市有限公司
始发站	S市	目的站	D市
托运人	胡文华	取货地址	S市世纪大道28号
联系方式	13867341794	取货时间	2021.01.01
收货单位	联华超市(霞飞路店)	收货地址	D市吴顺区霞飞路22号

货品条码	货品名称	单位	包装规格	总体积	总重量(kg)	数量	备注
20180S00007	英汉汉英词典	箱	/	/	700	70	/
20180S00012	古代汉语词典	箱	/	/	600	40	/
20180S00008	新华字典	箱	/	/	750	50	/

4. 各城市之间的运输距离信息(单位:km)。

S市				
45	A市			
50	83	B市		
72	150	97	C市	
65	100	120	110	D市

5. 各城市之间的运输网络。

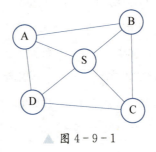

▲ 图 4-9-1

二、任务要求

请对干线货物发运暂存区的货物,根据公司运力信息(不考虑体积因素,在满载前提下,优先安排额定吨位大的车辆),结合运输作业通知单信息,按照节约里程最优原则,安排最优运输线路,完成运输作业计划。

序号	车辆类型	额定吨位(t)	运输线路顺序				总箱数(箱)	总重量(t)
			1	2	3	4		

知识链接

运输是指用特定的设备和工具,将物品从一个地点向另一个地点运送的物流活动。它是物流的中心环节之一,也是现代物流活动最重要的一个功能。物流运输涉及人力、物力、财力的调度。现代物流运输的重要内容是提高运输的经济效益。

运输计划单规定了运输的线路及装载情况,是控制运输成本的重要依据。因此在运输作业之前,必须缮制一份科学合理的运输计划单。

一、运输计划单的内容

运输计划单包括以下内容。

1. 车辆类型

车辆类型指运输车辆的类型,该信息在运力信息表中查找。

2. 运输线路顺序

运输线路顺序根据节约里程法,计算出的最优运输线路规划。

3. 车辆额定吨位

车辆额定吨位指运输车辆的最大装载量,该信息在公司运力信息表中查找。

4. 总箱数

总箱数是每条线路需要运输货物的总数量。

5. 总重量

总重量是指每条线路需要运输货物重量的总和。

二、节约里程法介绍

1. 定义

节约里程法是用来解决运输车辆数目不确定的问题的启发式算法,又称节约算法或节约法,是运输配送线路的优化方法。

2. 基本思想

为达到高效率的运输配送,使运输配送的时间最小距离最短成本最低,而寻找的最佳运输配送路线。

3. 计算过程

(1) 制作运输里程表,列出配送中心到用户及用户间的最短距离。
(2) 按节约里程公式求得相应的节约里程数,节约里程的计算公式为:两个用户分别到配送中心的距离－两个用户之间的距离。计算结果有正有负,节约里程为负数时,说明该线路并没有节约里程,无优化意义,在表内写 0。
(3) 将节约里程按从大到小顺序排列。
(4) 根据载重量约束与节约里程大小,顺序连接各客户结点,形成运输线路。
关于"节约里程法"的相关理论知识,详见项目二"配送作业"。

任务实施

分析:根据青岛市物流公司提供的信息可知,2021 年 1 月 1 日,该物流公司的干线货物发运暂存区已经存放待运输货物,需要根据运输订单任务判断暂存区的货物是否能满足订单需求,当某种货品出库量不足时,按实际出库量进行出库。

步骤一:判断运输订单是否为 2021 年 1 月 1 日当天的作业任务。

客户指令号	20190101X001	托运客户	S市联华超市有限公司
始发站	S市	目的站	A市
托运人	胡文华	取货地址	S市世纪大道28号
联系方式	13867341794	取货时间	2021.01.01

▲ 图4-9-2 判断订单作业时间

根据运输订单的"取货时间"判断，不属于"2021年1月1日"的订单，则该订单不需要做入当天运输计划。本例题的四个订单取货时间为：2021年1月1日，故四个运输订单需要做入当天运输计划。

步骤二：判断干线发运暂存区货物是否能满足运输订单需求。

1. 将干线发运暂存区货物信息粘贴到Excel，如图4-9-3。

货品条码	货品名称	数量	单位	总体积	总重量
20180Y00002	维他柠檬茶（2.5L）	300	箱	/	1480
20180Y00009	百岁山矿泉水（5L）	400	箱	/	2020
20180Y00001	恒大冰泉矿泉水（2.5L）	450	箱	/	2300
20180S00013	新华成语词典	200	箱	/	1050
20180Y00014	依云矿泉水（5L）	470	箱	/	2300
20180Y00010	维他灌装柠檬茶（310ml）	200	箱	/	1000
20180S00017	成语大词典（彩色本）	190	箱	/	1130
20180S00006	英汉大词典	200	箱	/	1100
20180Y00018	依云矿泉水（2.5L）	140	箱	/	710
20180Y00019	依能蓝莓黑水果味饮料（500ml）	90	箱	/	450
20180S00007	英汉汉英词典	140	箱	/	780
20180S00012	古代汉语词典	120	箱	/	600
20180S00008	新华字典	150	箱	/	730

▲ 图4-9-3 干线发运暂存区货物信息

2. 分别将运输订单的货品信息粘贴到Excel，并进行汇总。

运输通知单 1

客户指令号		20190101X001		托运客户		S市联华超市有限公司	
始发站		S市		目的站		A市	
托运人		胡文华		取货地址		S市世纪大道28号	
联系方式		13867341794		取货时间		2021.01.01	
收货单位		联华超市（红檀路店）		收货地址		A市钟南区红檀路22号	
货品条码	货品名称	单位	包装规格	总体积	总重量(KG)	数量	备注
20180Y00002	维他柠檬茶（2.5L）	箱	/	/	1440	90	/
20180Y00009	百岁山矿泉水（5L）	箱	/	/	1680	80	/
20180Y00001	恒大冰泉矿泉水（2.5L）	箱	/	/	1920	120	/

▲ 图4-9-4 筛选需要运输的货物信息

3. 将订单需要筛选的信息粘贴如下。

货品条码	货品名称	单位	包装	总体	总重量	数量	备注	
20180Y00002	维他柠檬茶（2.5L）	箱	/	/	1440	90	/	订单1信息
20180Y00009	百岁山矿泉水（5L）	箱	/	/	1680	80	/	
20180Y00001	恒大冰泉矿泉水	箱	/	/	1920	120	/	
货品条码	货品名称	单位	包装	总体	总重量	数量	备注	
20180S00013	新华成语词典	箱	/	/	1050	70	/	订单2信息
20180Y00014	依云矿泉水（5L）	箱	/	/	1890	90	/	
货品条码	货品名称	单位	包装	总体	总重量	数量	备注	
20180S00017	成语大词典（彩色本）	箱	/	/	1140	95	/	订单3信息
20180S00006	英汉大词典	箱	/	/	800	50	/	
20180Y00018	依云矿泉水（2.5L）	箱	/	/	560	35	/	
20180Y00019	依能蓝莓黑水果味饮料（500ml）	箱	/	/	450	45	/	
货品条码	货品名称	单位	包装	总体	总重量	数量	备注	
20180S00007	英汉汉英词典	箱	/	/	700	70	/	订单4信息
20180S00012	古代汉语词典	箱	/	/	600	40	/	
20180S00008	新华字典	箱	/	/	750	50	/	

▲ 图 4-9-5 筛选需要配送的货物信息

4. 根据图 4-9-5，需要运输的货品汇总如图 4-9-6 所示。

货品条码	货品名称	单位	包装规格	总体积	总重量(KG)	数量	备注
20180Y00002	维他柠檬茶（2.5L）	箱	/	/	1440	90	/
20180Y00009	百岁山矿泉水（5L）	箱	/	/	1680	80	/
20180Y00001	恒大冰泉矿泉水	箱			1920	120	/
20180S00013	新华成语词典	箱			1050	70	/
20180Y00014	依云矿泉水（5L）	箱			1890	90	/
20180S00017	成语大词典（彩色本）	箱			1140	95	
20180S00006	英汉大词典	箱			800	50	
20180Y00018	依云矿泉水（2.5L）	箱			560	35	
20180Y00019	依能蓝莓黑水果味饮料（500ml）	箱			450	45	

▲ 图 4-9-6 配送货物信息汇总

5. 将需要配送货品的货品名称和数量跟图 4-9-3 中货品名称、数量对比，发现暂存区的货品能满足运输需求，开始编制运输计划单。

步骤三：用节约里程法优化运输线路。

1. 将运输计划单空白表粘贴到 Excel，见图 4-9-7。
2. 已知公司运力信息如图 4-9-8 所示。

根据车辆用途可知，运输作业可以选择的车辆有三个，额定吨位分别为 6、6、8 吨的大型车。

序号	车辆类型	额定吨位（t）	运输线路顺序				总箱数（箱）	总重量（t）
			1	2	3	4		

▲ 图 4-9-7 配送单格式

司机	车辆编号	额定吨位（t）	车辆类型	用途
孙 明	S23081	1	微型	市内配送
吴 鹏	S27542	6	小型	干线运输
黄 志	S86459	6	中型	干线运输
刘 辛	S54672	8	大型	干线运输

▲ 图 4-9-8 公司运力信息表

3. 分析每个订单的总重量、目的地，如图 4-9-9 所示。

客户指令号		20190101X001		托运客户		S市联华超市有限公司	
始发站		S市		目的站		A市	
托运人		胡文华		取货地址		S市世纪大道28号	
联系方式		13867341794		取货时间		2021.01.01	
收货单位		联华超市（红檀路店）		收货地址		A市钟南区红檀路22号	
货品条码	货品名称		单位	包装规格	总体积	总重量（KG）	数量	备注
20180Y00002	维他柠檬茶（2.5L）		箱	/	/	1440	90	/
20180Y00009	百岁山矿泉水（5L）		箱	/	/	1680	80	/
20180Y00001	恒大冰泉矿泉水（2.5L）		箱	/	/	1920	120	/

▲ 图 4-9-9 分析订单 1

根据图 4-9-9 可知，订单 1 运输总重量为 5.04 t，目的地为 A 市，同理可得订单 2 运输总重量为 2.94 t，目的地为 B 市，订单 3 运输总重量为 2.95 t，目的地为 C 市，订单 4 运输总重量为 2.05 t，目的地为 D 市。

4. 根据节约里程法，选择运输线路，计算过程如下。

（1）制作运输里程表，列出配送中心到用户及用户间的最短距离。已知各城市之间的运输距离信息（单位：km），如表 4-9-1 所示。

▼ 表4-9-1

S市				
45	A市			
50	83	B市		
72	115	97	C市	
65	100	113	110	D市

(2) 按节约里程公式求得相应的节约里程数,节约里程公式为:两个用户分别到配送中心的距离一两个用户之间的距离。例如:SA=45、SB=50、AB=83,则AB的节约里程为45+50-83=12。同理可得其他节约里程数见表4-9-2。

▼ 表4-9-2

S市				
45	A市			
50	12	B市		
72	2	25	C市	
65	10	2	27	D市

(3) 将节约里程按从大到小顺序排列。

▼ 表4-9-3

序号	路线	节约里程
1	CD	27
2	BC	25
3	AB	12
4	AD	10
5	AC	0
6	BD	0

(4) 根据载重量约束与节约里程大小,优先考虑节约里程大的线路,以此类推,形成两个运输线路,顺序连接各客户结点,形成运输线路,如下图。

线路一:S-C-D

运量=2.95+2.05=5 t,运输距离=72+65+110=247 km,用一辆6 t车运输,节约里程为27 km。

线路二:S-A-B

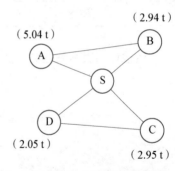

▲ 图4-9-10 优化线路图

运量＝5.04＋2.94＝7.98 t，运输距离＝45＋50＋83＝178 km，用一辆8 t车运输，节约里程为12 km。

步骤四：填写运输计划表。

1. 根据节约里程法分析结果填写运输计划表，如表4-9-4所示。

▼ 表4-9-4

序号	车辆类型	额定吨位	运输线路顺序				总箱数	总重量(t)
			1	2	3	4		
1	大型	6	S	C	D			5
2	大型	8	S	A	B			7.98

2. 总箱数的计算：在运输订单表中查找，如订单1（目的地A市）货物总箱数为290箱。同理可知订单2（目的地B市）货物总箱数为160箱，订单3（目的地C市）货物总箱数为225箱，订单4（目的地D市）货物总箱数为160箱。

货品条码	货品名称	单位	包装规格	总体积	总重量(KG)	数量	备注
20180Y00002	维他柠檬茶（2.5L）	箱	/	/	1440	90	/
20180Y00009	百岁山矿泉水（5L）	箱	/	/	1680	80	/
20180Y00001	恒大冰泉矿泉水(2.5L)	箱	/	/	1920	120	/

▲ 图4-9-11 货物总箱数计算

3. 根据以上分析，S-A-B线路有两个订单，货物总箱数为450箱，S-C-D线路货物总箱数为385箱。填写运输计划表如下。

▼ 表4-9-5

序号	车辆类型	额定吨位(t)	运输线路顺序				总箱数（箱）	总重量(t)
			1	2	3	4		
1	大型	6	S	C	D		385	5
2	大型	8	S	A	B		450	7.98

运输计划表编制任务完成。

任务十　物流作业优化总结汇报

学习目标

1. 了解演讲的必备素质、口语表达的基础技巧及汇报礼仪；
2. 掌握汇报技巧及 PPT 制作技巧；
3. 培养学生的口语表达能力、逻辑表达技巧、心理素质等典型综合素养。

任务导入

仓管员张亮在完成仓储作业优化和配送运输作业优化后，根据仓库主管要求，将上述优化结果以 PPT 形式进行展示，并对每个项目成果的制作过程、意义作用做概要汇报。

一、已知信息

根据仓储作业优化和配送运输作业优化结果，完成任务。

二、制作要求

编制工作汇报 PPT，编制内容按照以下规定。

1. "PPT"文件内容必须包括：封面页、目录页、正文页、致谢页，共 4 部分；PPT 封面需有"现代物流综合实训""第一阶段作业任务优化""小组名称""日期"等内容；目录和正文中包含七个项目内容。
2. "PPT"文件排版格式及要求如下。

(1) 封面页

标题(中文：宋体加粗；英文：Times New Roman 体，48 号；单倍行距)；
内容(中文：宋体加粗；英文：Times New Roman 体，28 号；单倍行距)。

(2) 目录页

一级标题(中文：宋体加粗；英文：Times New Roman 体，48 号；单倍行距)；
二级标题(中文：宋体加粗；英文：Times New Roman 体，32 号；单倍行距)；
三级标题(中文：宋体加粗；英文：Times New Roman 体，24 号；单倍行距)。

(3) 正文页

一级标题(中文：宋体加粗；英文：Times New Roman 体，40 号；单倍行距)；
二级标题(中文：宋体加粗；英文：Times New Roman 体，28 号；单倍行距)；
内容(中文：宋体加粗；英文：Times New Roman 体，20 号；单倍行距)。

备注：正文页标题，每一张正文页的标题均默认为一级标题格式。

(4) 致谢页

标题（中文：宋体加粗；英文：Times New Roman 体，66 号；单倍行距）；

内容（中文：宋体加粗；英文：Times New Roman 体，36 号；单倍行距）；

知识链接

一、汇报礼仪

1. 要养成严谨的时间观念，不要过早抵达，更不要迟到；

2. 敲门力度要轻，得到允许后方可进门，切不可冒冒失失，破门而入，即便门开着，也应在门外轻轻敲门，以适当的方式告诉听取汇报者；

3. 汇报时一定要注意仪容仪表，着装整洁，陈述过程表情自然，陈述前后有开头语和结束语，并鞠躬。

二、汇报语言表达

1. 汇报人员总结时语言表达要条理清晰，用语简洁准确，手势得体，口齿清楚，语速得当。

2. 学会运用演讲艺术，包括开场白的艺术、结尾的艺术、立论的艺术、举例的艺术、反驳的艺术、幽默的艺术、鼓动的艺术、语音的艺术、表情动作的艺术等。运用各种演讲艺术，使演讲具备逻辑和感染力这两种力量。

三、沟通技巧

1. 对老师提出的问题能正确回答，简洁明确，详略得当；

2. 演讲时要注意与台下互动，来渲染场上氛围，增强演讲感染力；

3. 善于从台下找寻对于自己投以善意、专注以及温柔等肯定的眼光，并在扫视全场的同时把自己的视线不时投向强烈"点头"以示首肯的人，这样可以增强自信心，将自我状态调整到最佳，使汇报更有效，能够更全面地展现自我。

任务实施

作业优化汇报是根据完成的作业任务优化内容，编制 PPT，编制内容包含作业任务优化所包含的全部内容，因此，我们需要新建 PPT，并按照格式要求，将前面七个项目的成果总结到 PPT 中。

步骤一：新建 PPT，按照要求编辑首页。

1. 点右键，新建 PPT，如图 4-10-1。

▲ 图 4-10-1 新建 PPT

2. 点击"设计"选择 PPT 模板,我们选第一个模板为例,再确认点击右侧"应用本模板",见图 4-10-2。

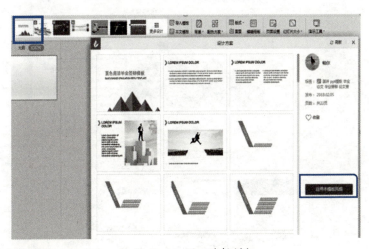

▲ 图 4-10-2 选择模板

3. 按照 PPT 制作要求,输入有关文字,如图 4-10-3。
4. 根据要求修改文字格式,见图 4-10-4,首页完成。

步骤二:编辑目录页。

1. 新建幻灯片,见图 4-10-5。
2. 按照之前的项目顺序编写目录,如图 4-10-6。
3. 按照上述操作,逐步完成正文、致谢页等的编辑。

步骤三:按照完成的 PPT,逐个页面介绍 PPT 中的内容,下面展示部分任务的幻灯片成果。

▲ 图 4-10-3 编辑文字

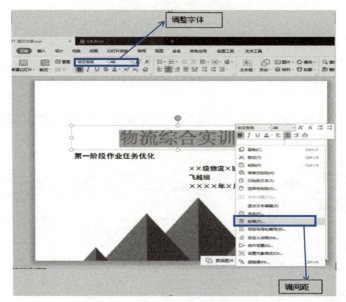

▲ 图 4-10-4 编辑格式

▲ 图 4-10-5 新建幻灯片

目录：
- 一、缮制库存信息表
- 二、缮制ABC分类表
- 三、完成移库图
- 四、缮制入库计划表
- 五、缮制出库计划表
- 六、缮制补货作业计划表
- 七、缮制盘点单

▲ 图4-10-6 幻灯片目录页

▲ 图4-10-7 讲解幻灯片

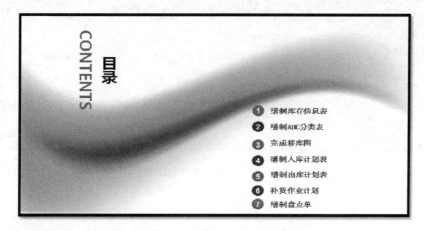

▲ 图4-10-8 幻灯片一 目录

一、缮制库存信息表

储位编码	货品条码	货品名称	单位	库存结余量
B00200	20180S00001	德芙Dove丝滑牛奶巧克力	箱	10
B00201	20180S00002	德芙巧克力礼盒装	箱	50
B00202	20180S00003	德芙牛奶巧克力	箱	2
A00201	20180S00008	绿箭无糖口香糖	箱	8
A00001	20180Y00004	大白兔奶糖	箱	20
B00001	20180Y00005	康师傅茉莉蜜茶	箱	8
B00102	20180Y00006	统一冰绿茶	箱	32
A00103	20180Y00007	百事可乐	箱	11
A00100	20180Y00008	可口可乐	箱	24
A00102	20180Y00009	波力海苔罐装	箱	25

▲ 图 4-10-9　幻灯片二　缮制库存信息表

二、缮制ABC分类表

序号	货物名称	出库量	所占比重%	累计比重%	分类结果
1	康师傅茉莉蜜茶	2040	15.2%	15.2%	A
2	统一冰绿茶	1740	13.0%	28.2%	A
3	波力海苔罐装	1585	11.8%	40.0%	A
4	百事可乐	1550	11.6%	51.5%	A
5	大白兔奶糖	1530	11.4%	62.9%	B
6	可口可乐	1510	11.3%	74.2%	B
7	德芙牛奶巧克力	1183	8.8%	83.0%	B
8	德芙Dove丝滑牛奶巧克力	1020	7.6%	90.6%	C
9	德芙巧克力礼盒装	980	7.3%	97.9%	C
10	绿箭无糖口香糖	280	2.1%	100.0%	C

▲ 图 4-10-10　幻灯片三　缮制 ABC 表

三、完成移库图

A区

绿箭无糖口香糖（8）箱			
A00200	A00201	A00202	A00203
大白兔奶糖（20）箱	可口可乐（24）箱		
A00100	A00101	A00102	A00103
波力海苔罐装（25）箱	百事可乐（11）箱		
A00000	A00001	A00002	A00003

▲ 图 4-10-11　幻灯片四　绘制移库图

四、缮制入库计划表

序号	品名	入库数（箱）	规格	组托数	层数	每层箱数	拟放货位
1	百事可乐	24箱	580×300×200	1	4	6	A00002
2	百事可乐	24箱	580×300×200	1	4	6	A00003
3	康师傅茉莉蜜茶	40箱	370×190×270	1	3	15	B00002
4	可口可乐	24箱	480×380×200	1	4	6	A00102
5	可口可乐	24箱	480×380×200	1	4	6	A00103
6	德芙牛奶巧克力	20箱	440×240×200	1	4	15	B00101

▲ 图4-10-12　幻灯片五　缮制入库计划表

五、缮制出库计划表

1. 托盘货架区出库计划

出库单1

	货物名称		康师傅茉莉蜜茶			
序号	客户名称	拣选单位	出货货位	数量	月台	备注
1	联华超市（文化路店）	箱	B00000	2	发货区	
2	联华超市（清远路店）	箱	B00000	2	发货区	
3	联华超市（胡雨路店）	箱	B00000	4	发货区	
4	联华超市（踏云路店）	箱	B00002	5	发货区	
	合计			13		

出库单2

	货物名称		德芙牛奶巧克力			
序号	客户名称	拣选单位	出货货位	数量	月台	备注
1	联华超市（清远路店）	箱	B00100	2	发货区	
2	联华超市（胡雨路店）	箱	B00101	5	发货区	
	合计			7		

▲ 图4-10-13　幻灯片六　缮制出库计划表——托盘货架区出库计划1

五、缮制出库计划表

1. 托盘货架区出库计划

出库单3

	货物名称		可口可乐			
序号	客户名称	拣选单位	出货货位	数量	月台	备注
1	联华超市（顺盈路店）	箱	A00101	15	发货区	
2	联华超市（胡雨路店）	箱	A00101	9	发货区	
3	联华超市（胡雨路店）	箱	A00102	5	发货区	
	合计			29		

出库单4

	货物名称		百事可乐			
序号	客户名称	拣选单位	出货货位	数量	月台	备注
1	联华超市（顺盈路店）	箱	A00001	11	发货区	
2	联华超市（顺盈路店）	箱	A00002	4	发货区	
	合计			15		

▲ 图4-10-14　幻灯片七　缮制出库计划表——托盘货架区出库计划2

五、缮制出库计划表 2.电子拣选区出库计划

出库单1

序号	客户名称 物品名称	货位	单位	联华超市（文化路店） 订购数量	计划出库量	实际出库量
1	康师傅茉莉蜜茶	C000004	瓶	3	3	3
2	上好佳鲜虾片	C000104	袋	2	2	2
3	波力海苔罐装	C000103	盒	5	5	5

出库单2

序号	客户名称 物品名称	货位	单位	联华超市（清远路店） 订购数量	计划出库量	实际出库量
1	德芙巧克力礼盒装	C000001	盒	5	5	5
2	可口可乐	C000102	瓶	4	4	4
3	百事可乐	C000101	瓶	2	2	2

出库单3

序号	客户名称 物品名称	货位	单位	联华超市（顺畅路店） 订购数量	计划出库量	实际出库量
1	大白兔奶糖	C000003	瓶	2	2	2
2	康师傅茉莉蜜茶	C000004	瓶	1	1	1
3	统一冰绿茶	C000100	瓶	2	2	2
4	绿箭无糖口香糖	C000107	盒	4	4	4

▲图4-10-15 幻灯片八 缮制出库计划表——电子拣选区出库计划1

五、缮制出库计划表 2.电子拣选区出库计划

出库单4

序号	客户名称 物品名称	货位	单位	联华超市（胡雨路店） 订购数量	计划出库量	实际出库量
1	德芙牛奶巧克力	C000002	盒	2	2	2
2	德芙巧克力礼盒装	C000001	盒	3	3	3
3	德芙Dove丝滑牛奶巧克力	C000000	盒	1	1	1

出库单5

序号	客户名称 物品名称	货位	单位	联华超市（晴云路店） 订购数量	计划出库量	实际出库量
1	可口可乐	C000102	瓶	3	3	3
2	百事可乐	C000101	瓶	3	3	3
3	绿箭无糖口香糖	C000107	盒	1	1	1
4	康师傅茉莉蜜茶	C000004	瓶	3	3	3

▲图4-10-16 幻灯片九 缮制出库计划表——电子拣选区出库计划2

▲图4-10-17 幻灯片十 缮制补货作业计划

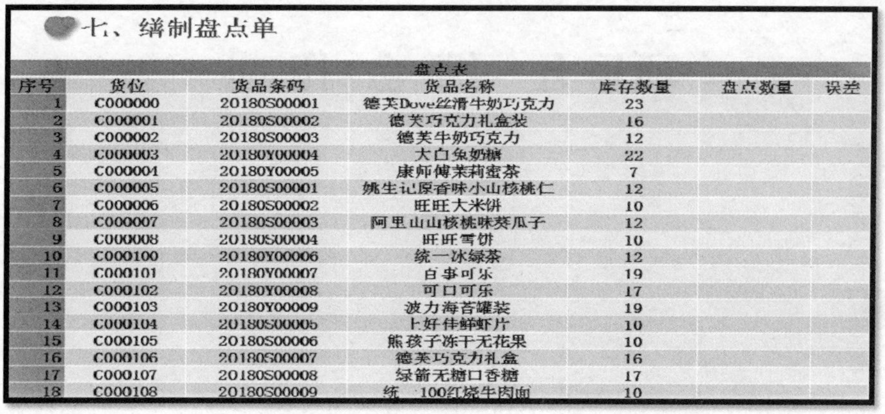

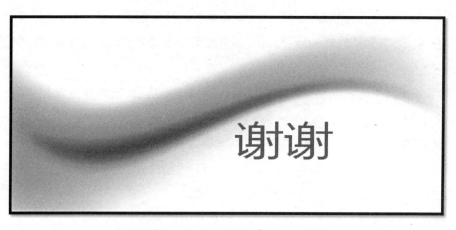

▲ 图 4-10-18　幻灯片十一　缮制盘点单

▲ 图 4-10-19　幻灯片十二　致谢

项目小结

　　本项目主要介绍了作业任务单的制作。介绍了包括库存信息表、ABC 分类表、移库计划表、入库计划表、出库计划表、补货计划表、配送作业表、运输计划表、盘点单九项任务单的格式和相关概念，以及缮制各项任务单的操作步骤和注意事项；其中数据透视、VLOOKUP 函数、数据筛选等几个重要的操作技巧贯穿整个项目。同时本项目还对作业任务汇报总结进行了介绍，介绍了汇报 PPT 的制作和汇报流程、汇报技巧等内容。

项目五　综合作业

本项目以青岛市福兴祥物流有限公司的日常业务为背景,以物流中心仓储作业、运输作业的任务为线索,以各个任务环节所需要的相关知识、设备操作为重点,设计典型职场情景和工作任务,培养学生岗位胜任能力和综合职业素养。每个任务中都设置了"任务导入""知识链接""任务实施"等环节,理论融合实操,实现理实一体化教学。通过学习,要求达到以下学习目标:

1. 熟练掌握入库作业流程、移库作业流程、补货作业流程、出库作业流程、盘点作业流程、运输作业流程;

2. 能根据物流中心库存信息及客户需求,掌握补货的计算方法;

3. 熟练掌握叉车、液压搬运车、笼车、手推车、RF手持终端、电子标签拣选系统等设备的使用与维护;

4. 熟练操作物流管理系统,下达指令,打印各项工作单据;

5. 理解5S管理规范,培养安全意识。

项目五 综合作业

项目导学

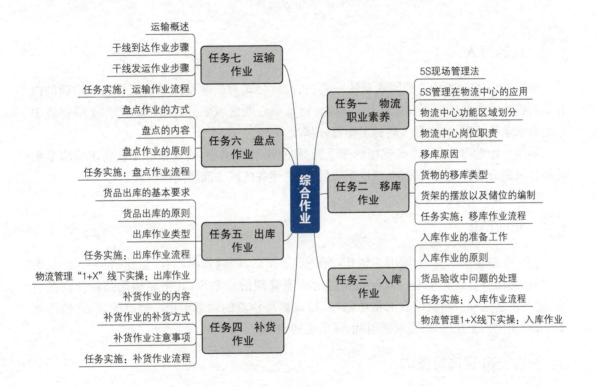

任务一　物流职业素养

学习目标

1. 理解5S现场管理的意义,理解各岗位分工及各岗位的职责;
2. 熟悉场地区域划分,能熟练应用5S现场管理法进行作业前的准备和作业完成后的整理;
3. 培养学生的安全意识和规范操作意识,锻炼其动手操作能力。

任务导入

吴刚是A市物流中心的刚入职的一名仓管员,公司为吴刚安排了员工培训。培训的内容是对物流中心的认知,包括5S管理理念、物流中心的区域划分、岗位职责等,了解物流中心的日常运转情况,为自己今后的工作打好基础。

吴刚开始学习公司的《5S现场管理手册》和仓库管理事项,物流中心主任要求吴刚全面熟悉区域划分及各岗位设置,在完成学习后,能描述各区域功能和岗位职责。

知识链接

物流中心是指以大、中城市为依托,有一定规模的,经营商品储存、运输、包装、加工、装卸、搬运的场所。物流中心一般配有先进的物流管理信息系统,其主要功能是促使商品更快、更经济的流动。物流中心的集中储存,可以提高物流的调节水平。物流配送、运输等环节,可以加快物流速度,缩短流通时间,降低流通费用。

一、5S现场管理法

1. 5S的含义

5S即整理(SEIRI)、整顿(SEITON)、清扫(SEISO)、清洁(SEIKETSU)、素养(SHITSUKE),又被称为"五常法则"。

采用5S管理法可以改善和增加作业面积,保证现场无杂物,减少货物磕碰的机会,保障安全,规范管理还可以消除混放、混料等差错事故,有利于减少库存量,节约资金,提高工作效率。

2. 5S的内容

(1) 整理(SEIRI):区分要与不要的物品,现场只保留必需的物品。
(2) 整顿(SEITON):必需品依规定定位、定方法摆放整齐有序,明确标示。
(3) 清扫(SEISO):清除现场内的脏污、清除作业区域的物料垃圾。

(4) 清洁（SEIKETSU）：将整理、整顿、清扫实施的做法制度化、规范化，维持其成果。

(5) 素养（SHITSUKE）：人人按章操作、依规行事，养成良好的习惯，使每个人都成为有教养的人。

3. 推行 5S 现场管理法的目的

5S 可以帮助我们分析、判断、处理所存在的各种问题，不仅能提高生产力，还可以改善和不断地提高企业形象。

(1) 提高工作效率。

良好的工作环境和工作氛围，再加上很有修养的合作伙伴，能够让员工们可以集中精神，认认真真地干好本职工作，必然就能大大地提高工作效率。

(2) 保障企业安全生产。

整理、整顿、清扫，必须做到储存明确，东西摆在定位上物归原位，工作场所内都应保持宽敞、明亮，通道随时都是畅通的，地上不能摆放不该放置的东西，工厂有条不紊，意外事件的发生自然就会相应地大为减少，当然安全就会有了保障。

(3) 改善和提高企业形象。

整齐、整洁的工作环境，容易吸引顾客，让顾客心情舒畅；同时，由于口碑的相传，企业会成为其他公司的学习榜样，从而能大大提高企业的威望。

(4) 缩短作业周期，确保交货。

工厂无尘化；无碎屑、碎块和漏油，经常擦拭和保养，机械移动率高；模具、工装夹具管理良好，调试、寻找时间减少；设备产能、人员效率稳定，综合效率可把握率高。

二、5S 管理在物流中心的应用

1. 准备工作

在进行仓储作业之前，以及作业完成后，仓管员需要按照 5S 管理要求，对装备、场地等进行检查整理。以"物流管理'1＋X'线下实操"流程为例，5S 管理的具体操作和要求如下。

(1) 仓管员检查装备是否齐全，是否符合要求。要求提供的装备有：手持终端、安全帽、安全马甲、任务表单，见图 5-1-1。

▲ 图 5-1-1 需要的装备

（2）检查无误后，仓管员按顺序穿戴安全设备。

完成作业后，仓管员将手持终端设备归位。脱下安全设备，并将安全马甲叠放整齐，将安全帽摆放在安全马甲左侧。

2. 叉车操作

叉车司机在作业之前，需要按照 5S 管理有关规定，进行检查，规范操作，具体要求如下。

（1）检查轮胎胎压，外表是否有裂缝，是否存在安全隐患，见图 5-1-2。

▲ 图 5-1-2 检查外观

▲ 图 5-1-3 检查货叉

（2）检查两个货叉之间的间距是否标准，见图 5-1-3。

（3）上叉车，系好安全带，见图 5-1-4。

▲ 图 5-1-4 系安全带

▲ 图 5-1-5 试车

（4）开启总电闸，松开手刹。

试车前，叉车司机先操作上仰后倾门架，见图 5-1-5。

(5) 挂前进挡试车，检车叉车是否存在动力方面问题。

完成作业后，叉车复位，清洁作业区域，见图 5-1-6。

▲ 图 5-1-6 车辆复位

三、物流中心功能区域划分

1. 干线发运区：用于需干线发运货物的存放。
2. 控制区：信息员专用作业区域，利用系统操作物流信息。
3. 客户区：用于取派货物的存放。
4. 干线到达区：用于干线到达货物的存放。
5. 纸箱回收区：用于存放作业生成的空纸箱。
6. 异常货物存放区：用于存放作业中发现的异常货物。

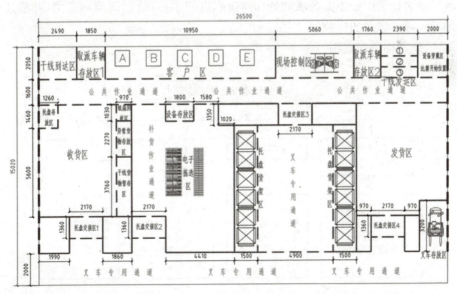

▲ 图 5-1-7 A 市物流中心布局图

7. 干线货物暂存区:用于存放非当日派送的货物。
8. 收货区:用于存放仓储待入库货物。
9. 电子拣选区:散货存放区。
10. 托盘货架区:整箱货物存放区。
11. 发货区:用于存放仓储出库后待发运的货物。
12. 托盘交接区:用于托盘的交接。
13. 设备存放区:用于存放手推车、搬运车等设备。
14. 取派车辆存放区:用于存放笼车。
15. 叉车存放区:用于存放叉车。
16. 叉车专用通道:电瓶式叉车作业的专属区域,只能由叉车司机操作电瓶式叉车作业,其他人员和设备不能进入叉车作业区。

四、物流中心岗位职责

A 市物流中心现有员工 150 人,主要涵盖物流信息员、取派司机、仓管员、叉车司机等岗位。每个岗位的主要职责如下:

信息员(客服员/调度员)负责系统信息录入、处理,单据打印,协同操作员完成各项任务;

取派司机负责入库、补货、出库、运输、配送等作业;

仓管员负责入库、补货、出库、拣选、盘点等作业;

叉车司机操作叉车,负责货物的上、下架等作业。

 任务实施

吴刚根据对物流中心主要区域划分和岗位职责的学习,绘制岗位职责图,并描述仓储工作流程的不同环节涉及的岗位。

步骤一:绘制岗位职责图。

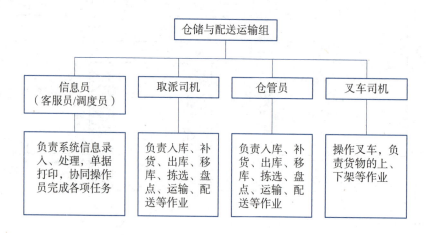

步骤二:描述仓储工作流程的不同环节涉及的岗位。

环节	涉及岗位
入库环节	信息员(客服员/调度员)、取派司机、仓管员、叉车司机
补货环节	信息员(客服员/调度员)、取派司机、仓管员、叉车司机
移库环节	信息员(客服员/调度员)、叉车司机
盘点环节	信息员(客服员/调度员)、仓管员
出库环节	信息员(客服员/调度员)、取派司机、仓管员、叉车司机
配送运输环节	信息员(客服员/调度员)、取派司机、仓管员、叉车司机

知识补充

手持终端(RF)是物流行业的重要设备,也是物流专业教学、物流技能大赛、物流管理"1+X"等级考核中要求必须掌握的重要设备,下面对该设备的几个常用功能键的使用作简要介绍,RF主要按键界面见图5-1-8。

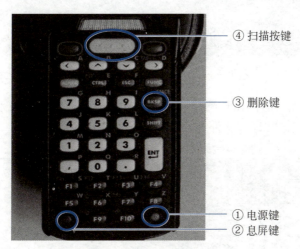

▲ 图5-1-8 手持按键界面

一、功能键介绍

1. 开机与关机

开机:关机状态下,长按电源键(约3s)。关机:开机状态下,长按电源键(约3s)。

2. 息屏

开机状态下,按下息屏键,屏幕关闭,可以降低耗电。再次按下此键,屏幕长亮。

3. 删除

按删除键(BKSP 键)可以删除输入的错误字符。

4. 扫描

按下扫描按钮(黄色按键),手持顶部的扫描灯出现红色亮光,可以扫描货品条码、托盘条码等信息。

二、考试系统登录流程

1. 按电源键开机,出现图 5-1-9 界面。

▲图 5-1-9 开机界面

▲图 5-1-10 系统盘

2. 点击"我的设备"图标,出现图 5-1-10 界面,按如下步骤操作:双击左上角第一个图标"Application",再双击"PDA"文件夹,出现图 5-1-11 界面。

▲图 5-1-11 选择图标

▲图 5-1-12 登录界面

3. 双击图 5-1-11 中圈中的图标,出现登录界面,见图 5-1-12,输入用户名、密码,点击"登录"即可进入考试系统。

任务二 移库作业

学习目标

1. 了解移库作业的原因；
2. 理解移库作业的方式；
3. 掌握移库作业的步骤；
4. 培养学生的安全意识、质量意识、沟通表达能力及团队合作的职业素养。

任务导入

一、已知信息

1. A市物流中心的托盘货架区摆放情况如下。

日用品区（A区）					
立白新金桔洗洁精（8箱）[20170328]	立白新金桔洗洁精（8箱）[20170428]	立白新金桔洗洁精（8箱）[20170428]		康师傅茉莉蜜茶（15箱）[20200508]	康师傅茉莉蜜茶（15箱）[20200510]
A00200	A00201	A00202	A00203	A00204	A00205
A00100	A00101	A00102	A00103	A00104	A00105
				心相印茶语丝享卷纸（10箱）[20171210]	心相印茶语丝享卷纸（10箱）[20171220]
A00000	A00001	A00002	A00003	A00004	A00005
饮料区（B区）					
雪碧清凉柠檬汽水（500 ml）（10箱）[20200111]	雪碧清凉柠檬味汽水（500 ml）（10箱）[20200228]	果の每日茶百香果绿茶（5箱）[20200401]	果の每日茶百香果绿茶（5箱）[20200401]		
B00200	B00201	B00202	B00203	B00204	B00205

饮料区(B区)					
			心相印心柔3层卷纸(12箱) [20170430]		
B00100	B00101	B00102	B00103	B00104	B00105
	崂山矿泉水 (5箱) [20200307]	崂山矿泉水 (5箱) [20200411]	农夫山泉(550ml) (5箱) [20200328]	农夫山泉(550ml) (5箱) [20200407]	
B00000	B00001	B00002	B00003	B00004	B00005

2. A市物流中心的各类货物的周转量如下：

序号	货品条码	货品名称	分类结果
1	6922868288052	心相印茶语丝享卷纸	A类
2	6922307206012	崂山矿泉水	
3	6921168509256	农夫山泉(550 ml)	
4	6959764600817	康师傅茉莉蜜茶	B类
5	6922868283101	心相印心柔3层卷纸	
6	6956416205093	果の每日茶百香果绿茶	
7	6925220721556	美年达橙味汽水(600 ml)	
8	6920459951941	康师傅茉莉果茶	
9	6920174736700	立白新金桔洗洁精	C类
10	6928804010220	雪碧清凉柠檬味汽水(500 ml)	
11	6920459998434	康师傅茉莉清茶	
12	6924882496710	美年达葡萄味汽水(600 ml)	
13	6924882496611	美年达青苹果味汽水(600 ml)	

二、任务要求

对托盘货架区进行移库作业,移库作业时应满足以下要求：

1. 货品的存放符合分区要求,日用品类货品存放于A区,饮料类货品存放于B区；

2. 根据ABC分类表中的分类结果,将A类货品放置在货架第一层,B类货品放置在货架第二层,C类货品放置在货架第三层；

3. 移库货位要依据从左至右的原则依次选择空货位,且相同名称的货品相邻存放。

知识链接

一、移库原因

造成移库的原因有很多,但是主要的原因有以下三种:
1. 当货品所在货位与系统货物不符时,需要进行移库作业;
2. 优化储位,对货品进行 ABC 管理,以优化库存结构;
3. 对不满一个托盘的货品进行拼托作业,以提高储位的利用率。

二、货物的移库类型

货物的移库类型主要有以下两种。

1. 同一仓库内移库

适用于仓储移库员在同一实物仓库内进行货物储位、仓库形态间移动的处理过程。在进行同一仓库内移库作业时,需要注意以下几个问题:
(1) 库存物品在仓库库位间的任何移动均需要进行移库作业;
(2) 移库需求单位填写移库单交由仓储主管核准后,方可执行移库作业;
(3) 仓库移库员根据仓储主管核准的移库单进行实物及系统的移库作业。

2. 不同仓库间移库

在同一公司内部的不同仓库间的移库作业。此作业主要分为两个步骤:移出库和移入库。移出方做移出库作业,移入方做移入库作业。

三、货架的摆放以及储位的编制

我们将两排货架分为 A、B 两区,每排货架编码原则一致,本教材统一采用地址式编码原则。以 A 区货架为例,货架一共三层、六列,每层有六个储位可用。将第一层第一个货位编制为"A00000",将该货位号分为三组数字:"A0"、"00"、"00",其中第二组"00"为第一层,第三组"00"为第一列,依次类推,第一层第二至第六个货位编制为 A00001、A00002、A00003、A00004、A00005。第二层第一个货位编制为 A00100,其他储位以此类推。

思考:请同学说明第二层第五个储位,第三层第三个储位的货位编制?

任务实施

移库作业需要信息员下达移库指令,叉车司机根据指令,操作叉车、操作手持终端设备,完成移库作业。具体分为以下三个步骤。

步骤一:叉车司机根据移库作业要求,找出需要移库的货物。通过分析,得出以下货物

需要移库作业:

1. B00103心相印心柔3层卷纸(12箱)移至A00100;
2. A00204、A00205康师傅茉莉蜜茶(15箱)分别移至B00100、B00101;
3. B00202、B00203果の每日茶百香果绿茶(5箱)移至B00102、B00103。

接下来,我们以"果の每日茶百香果绿茶"从源储位"B00203"移到目标储位"B00103"为例,讲解信息员、叉车司机怎样完成移库任务。

步骤二:信息员作业流程。

1. 信息员登录现代物流综合作业系统:在浏览器搜索栏输入网址http://127.0.0.1:8060/plats/login.jsp,右下角出现"现代物流综合作业系统"界面,账号输入"1",密码输入"1",确认进入系统,如下图5-2-1,根据任务要求,选择并点击"移库作业单"指令。

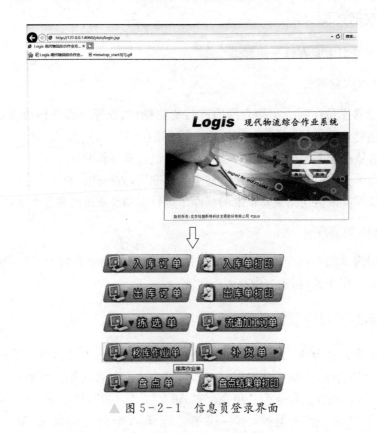

▲图5-2-1 信息员登录界面

2. 点击移库作业单后,进入图5-2-2操作界面,要下达移库指令,需要点击下方的"新增"按钮。

▲图5-2-2 新增界面

3. 点击新增按钮后,出现图5-2-3界面,在"基本信息"栏中,"从库房"和"移至库房"后空白框格内分别填入:A市物流中心。此时"目标库位"栏下方没有移库内容。

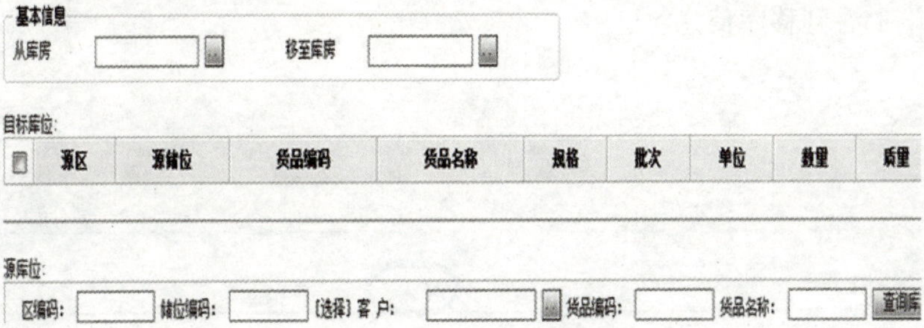

▲ 图5-2-3 填写基本信息

4. 然后在"源储位"信息栏选择需要移库的货品,点击右侧箭头(见图5-2-4),该批货物会自动跳转上移至目标库位(见图5-2-5),然后点击"目标储位"栏的"选择"按钮。

▲ 图5-2-4 选择移库货品

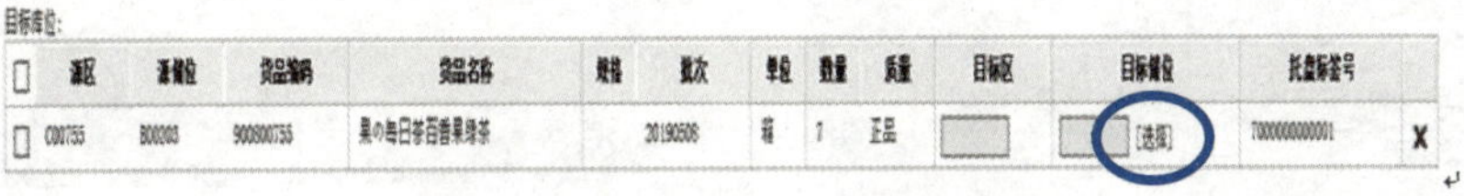

▲ 图5-2-5 目标储位

5. 在目标库区信息栏有一项"目标储位",点击该项目下方的"选择"按钮(见图5-2-5),

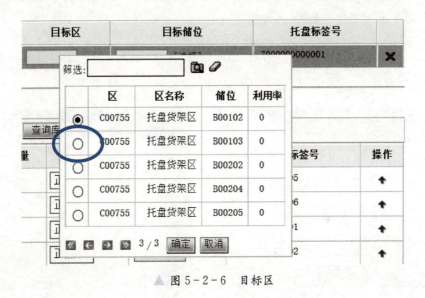

▲ 图5-2-6 目标区

将出现图5-2-6界面,包括"区""区名称""储位""利用率"四项信息。按照分析结论,需要将货物移库至目标储位"B00103",选中该项内容,点击"确定",移库信息填写完毕。

6. 最后,信息员点击"移库作业单提交"(见图5-2-7),移库指令完成,此时叉车司机可以在手持终端上看到移库信息。

▲图5-2-7 移库作业单提交

步骤三:叉车司机作业流程。

1. 叉车司机的职责是根据手持终端的信息提示,操作叉车,将需要移库的货物搬运到指定的储位上,所有操作需要在托盘货架区完成。手持终端操作如下:进入主界面,点击仓储作业(见图5-2-8)。

▲图5-2-8 物流综合系统界面

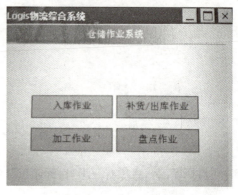

▲图5-2-9 仓储作业

2. 进入仓储作业系统后,选择"补货/出库作业"一项(见图5-2-9),点击该模块,将出现图5-2-10界面。

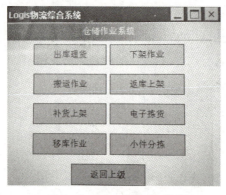

▲图5-2-10 补货/出库作业

▲图5-2-11 移库作业

3. 点击"移库作业"模块,出现图 5-2-11 界面,此时需要叉车司机用叉车将货物从源储位取下,托举到合适位置(见图 5-2-12),再用手持终端扫描托盘标签,将出现图 5-2-13 界面,显示该货物的"源储位"是 B00203,"目标储位"是 B00103。

▲ 图 5-2-12　叉车司机扫描托盘标签　　　　▲ 图 5-2-13　扫描结果显示界面

4. 叉车司机按照手持终端的提示,将货物移至目标储位"B00103",并扫描原储位与目标储位的条码,原储位号和目标储位号将自动输入空白栏,见图 5-2-14。

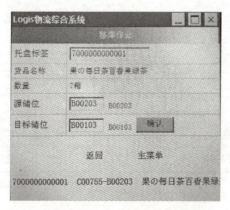

▲ 图 5-2-14　确认"移库"界面

5. 最后,点击确认按钮,"果の每日茶百香果绿茶"完成移库作业。

任务三　入库作业

1. 了解入库作业的准备工作、入库作业的原则；
2. 理解入库作业的基本流程及突发处理情况；
3. 掌握堆码方式及入库作业的步骤；
4. 培养学生的安全意识、质量意识、沟通表达能力及团队合作的职业素养。

任务导入

一、已知信息

A市物流中心收到客户长风集团的采购入库要求如下。

入库订单1					
客户指令号	RK20200501	客户名称	长风集团	紧急程度	一般
库房	A市物流中心	入库类型	正常入库	是否取货	否
预计入库时间		2021年3月8日			
货品编码	货品名称	包装规格(mm)	总重量	数量	批号	备注
6924882496215	果の每日茶柠檬绿茶	190×370×270	200 kg	21箱	20200102	限高三层

二、任务要求

A市物流中心按照长风集团的采购入库要求，规范完成入库作业，整托入库的货品无需验收。

知识链接

一、入库作业的准备工作

1. 熟悉入库货品；
2. 掌握仓库库存情况；

3. 制订仓储计划；
4. 仓库妥善安排货位；
5. 做好货位准备。

二、入库作业的原则

1. 凭单入库；
2. 避免做无用功，先将不合格品排除库外；
3. 如实入库，对于弄虚作假的行为要严厉打击；
4. 尽量做到入库作业的连续性；
5. 货品入库要做到及时、准确、安全、经济。

三、货品验收中问题的处理

1. 凭证不齐：在物品入库凭证未齐之前不得正式验收。
2. 数量短缺：发现物品数量不符合规定，要与有关人员当场做出详细记录。
3. 质量不符：在质量验收中，计件物品应及时验收，发现质量相关问题要按规定的手续，在规定的期限内向有关部门提出索赔要求。

任务实施

本任务需要信息员、仓管员、叉车司机三个岗位员工配合完成。首先需要信息员根据入库订单要求，将信息录入系统，制作、打印入库单，并将入库信息下达给仓管员，再有仓管员负责理货、搬运，最后叉车司机将入库货物上架，完成入库作业。

步骤一：信息员下达入库指令。

1. 信息员登录现代物流综合作业系统，选择"入库订单"。

▲ 图 5-3-1 入库作业界面

2. 点击"入库订单"后进入添加任务界面，点击"新增"按钮，出现图 5-3-2 "入库订单维护"界面，在此界面填写相关信息。

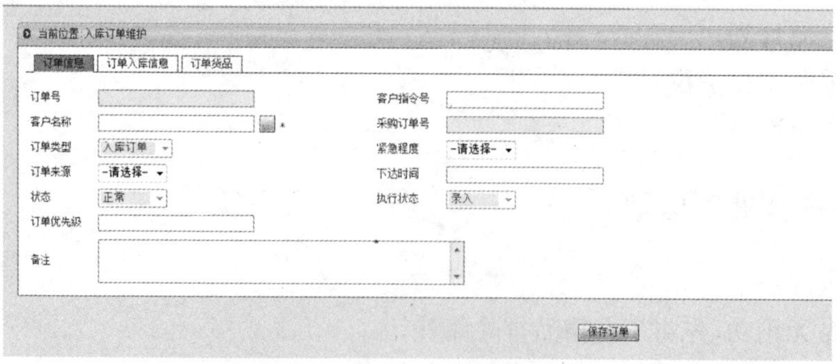

▲ 图 5-3-2 入库订单维护

3. "入库订单维护"共三项,首先点击"订单信息",根据任务导入模块中的"入库订单 1"提供的信息,将该界面的内容填写完整。其中客户指令号、客户名称、下达时间为必填项,其他项目可选填。见图 5-3-3。

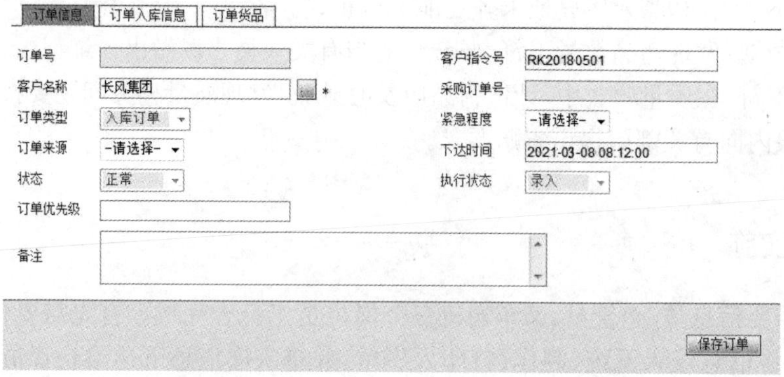

▲ 图 5-3-3 订单信息

4. 点击"订单入库信息",根据已知信息中入库订单的内容,完成该界面的内容,备注项可选填,库房、是否取货、入库类型、预计入库时间四项为必填项,通常入库类型系统默认为"正常入库",入库时间系统默认当前时间,如图 5-3-4。

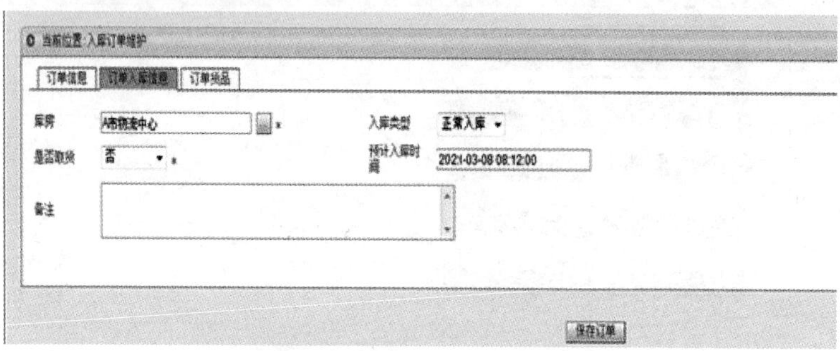

▲ 图 5-3-4 入库信息

5. 信息员点击订单货品,出现图 5-3-5 界面,在此界面填写批次号、数量、备注三项内容,最后点击保存订单。

▲ 图5-3-5 订单货品

6. 保存订单后出现图5-3-6界面,点击"生成作业计划",此时入库信息已全部录入系统。

▲ 图5-3-6 生成作业计划

7. 信息员返回系统主界面(见图5-3-1)点击打印入库单,出现图5-3-7界面,点击"打印"。

▲ 图5-3-7 打印订单

8. 打印入库单后,信息员在入库单"信息员签字"处签字,并通知仓管员前来取入库单据,并进行入库任务。入库单样式如图5-3-8。

▲ 图5-3-8 入库单

步骤二:仓管员收到入库信息并领取入库单据后,开始入库理货、搬运并操作手持完成作业。

1. 仓管员将托盘从托盘存放区搬到收货区指定位置,见图5-3-9。注意:根据安全管理规定,必须两名人员共同搬运托盘。

▲ 图5-3-9 搬运托盘

2. 仓管员操作手持进入主界面,选择"仓储作业"——→"入库作业"——→"入库理货",见图5-3-10。

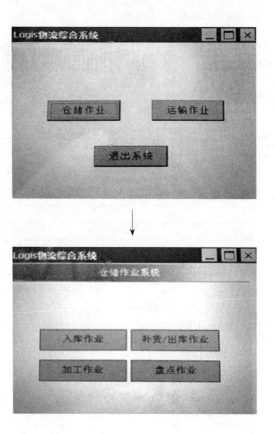

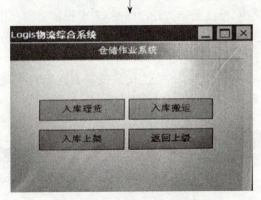

▲ 图5-3-10 入库操作界面

3. 选择"入库理货"后出现图5-3-11界面,仓管员继续点击"理货"按钮,开始理货,出现图5-3-12界面,需要填写待入库货物的相关信息,包括货品条码、托盘标签、批号、实收数量四项信息。

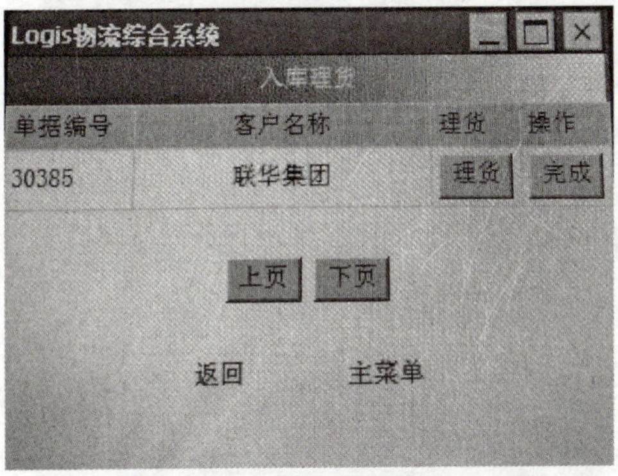

▲ 图5-3-11 理货

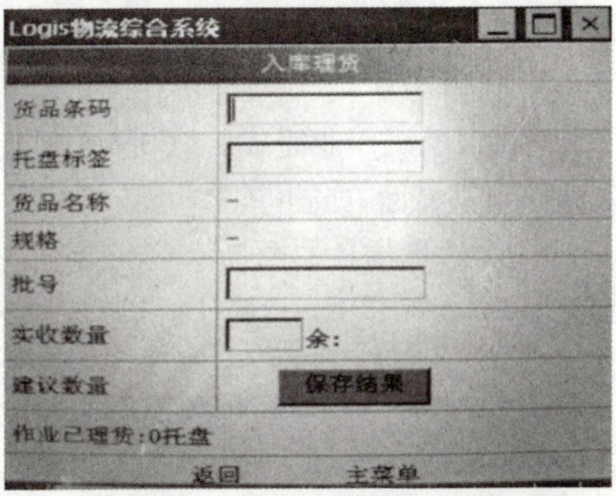

▲ 图5-3-12 理货界面

4. 仓管员根据图5-3-12界面信息提示,扫描入库货物的货品条码和托盘标签,见图5-3-13和图5-3-14。注意:货品条码粘贴在货物外包装上,同一种货物的货品条码是一

▲ 图5-3-13 扫描货品条码

▲ 图5-3-14 扫描托盘条码

致的,可任选一个进行扫描。托盘标签粘贴在托盘侧面。

5. 扫描结果如图,其中"货品条码""托盘标签"需要扫描货物获得,"批号"需要仓管员根据货品实际批号填写,"实收数量"需要仓管员验收货品后,根据实际情况填写,所有信息填写完整后点击保存,如图5-3-15。

6. 仓管员进行理货及堆码作业。注意:仓管员需要认真检查货物外包装,如果出现污损、破损、未封箱的货品需要将其放到货物异常存放区。

▲ 图5-3-15　　　　　　　▲ 图5-3-16　入库搬运界面

7. 理货、堆码作业完成后,仓管员在入库单签字,第一联留给信息员,然后点击返回,回到入库作业主界面,如图5-3-16,再点击"入库搬运"。

8. 入库搬运信息如图5-3-17,需要扫描托盘标签,仓管员完成扫描托盘标签后,手持界面见图5-3-18,点击"确认搬运",入库搬运环节的手持终端操作完成。

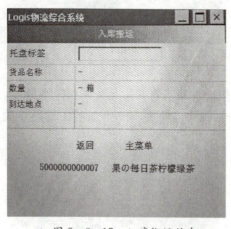 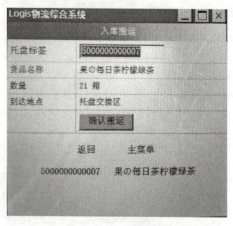

▲ 图5-3-17　入库搬运信息　　　▲ 图5-3-18　确认搬运

9. 仓管员开始用手动液压搬运车搬运入库货物到托盘交接区,并及时通知叉车司机入库货物已到位,尽快入库上架。

步骤三:叉车司机将托盘运至货架区指定储位。

1. 叉车司机打开手持,进入主界面,选择"入库作业"→"入库上架"作业,扫描入库货物的托盘标签后,出现图 5-3-19 界面。此时系统会自动分配入库的储位。界面提示叉车司机货物的入库储位是 B00202。

▲ 图 5-3-19 入库上架

▲ 图 5-3-20 扫描储位条码

2. 将货物运至指定储位,利用手持扫描目标储位标签,如图 5-3-20。注意:储位标签粘贴在货架中层横梁上,为节约时间,叉车司机可在叉车上扫描该标签,无需下车操作。

3. 扫描储位标签后出现图 5-3-21 界面,点击"确认上架",将货物存放至储位 B00202,入库作业完成。

▲ 图 5-3-21 确认上架

 知识补充

物流管理"1+X"等级资格认证线下实操考核的内容包括入库作业、出库作业两项任务。学习者需要一人承担信息员、仓管员、叉车司机三个岗位的工作任务,模拟整个入库作业流程、出库作业流程,考虑到考核时间有限及实际操作难度等问题,根据中物联要求,学习者只需要操作手持,模拟信息流转,不需要移动货物、托盘,不需要使用叉车等设备。因此物流管理"1+X"等级资格认证线下实操的流程相对简化一些,为方便学习者更高效地掌握实操技能,我们以2020年全国物流管理职业技能等级认证实操考核试题为例,介绍实操流程。本任务介绍入库作业的操作流程。

一、任务要求

1. 仓库场地布置图

(1) 存储区托盘货架图(括号内数字表示货物数量)

▼ 表5-3-1

荣耀20i(8/128G) 批次:20190107 (10箱)		荣耀20s(8/128G) 批次:20191006 (10箱)		储位
8000000000011		8000000000012		托盘编号
H1-01-01-03	H1-01-02-03	H1-01-03-03	H1-01-04-03	储位编号
荣耀20(8/128G) 批次:20190606 (27箱)	荣耀20s(6/128G) 批次:20190806 (27箱)			储位
8000000000013	6000000000013			托盘编号
H1-01-01-02	H1-01-02-02	H1-01-03-02	H1-01-04-02	储位编号
		荣耀V20(6/128G) 批次:20181106 (27箱)	荣耀V20(6/128G) 批次:20191105 (27箱)	储位
		8000000000016	6000000000016	托盘编号
H1-01-01-01	H1-01-02-01	H1-01-03-01	H1-01-04-01	储位编号

(2) 理货区储位图(括号内数字表示货物数量,方括号内表示货物的批次)

▼ 表5-3-2

荣耀20(6/128G)(20箱)[20181111]	荣耀20i(6/128G)(20箱)[20191011]	荣耀20i(6/128G)(20箱)[20191001]	荣耀20(6/128G)(20箱)[20191101]	荣耀20S(6/128G)(20箱)[20190111]	储位
8010000200001	8010000020001	8000000002001	8010002000001	8000000000201	托盘编号
托盘一	托盘二	托盘三	托盘四	托盘五	托盘位置

2. 入库单

(1) 素材清单

▼ 入库任务单

客户名称	中物联股份	订单号	RK201912081	入库方式	正常入库	订单类型	入库订单
库房		001		预计入库时间	2021年1月1日14:00		
货品条码	货品名称		数量(箱)	备注			
6928783001501	荣耀20i(6/128G)		20				
6928783001101	荣耀20(6/128G)		20				

(2) 物动量 ABC 分类表

货品名称	ABC 分类
荣耀 20i(6/128G)	A
荣耀 V20(6/128G)	A
荣耀 20(6/128G)	B
荣耀 V20(8/128G)	B

(3) 根据给定的素材完成以下任务

按物动量的 ABC 分类的原理对货物分层管理,同时按照批次数值从小到大的次序对托盘货物进行理货作业,按列数从小到大的次序依次进行上架作业,按正确的理货、搬运和上架流程进行操作,完成货物入库作业。

二、任务分析

根据本任务所学知识,要完成入库任务,需要将待入库货物(暂存于理货区)搬运到托盘货架区,选择合理的储位,完成上架操作。在本题中,待入库的货物、上架的储位,都需要我们根据题目要求自行选择。以荣耀20i(6/128G)为例,介绍操作流程。

1. 选择待入库的货物

在理货区有两托"荣耀20i(6/128G)",批次号分别为[20191011]和[20191001],根据入库作业要求"相同货物按批次数值从大到小顺序理货",即要求选择批次号大的货物进行理货。因此,我们选择批次号为[20191011],根据表 5-3-2 可知,将托盘二的货物作为入库货物。

2. 选择储位

根据货物 ABC 分类表,"荣耀20i(6/128G)"为 A 类货物,需要放在第一层。根据表 5-

3-1可知,第一层只有两个空储位H1-01-01-01和H1-01-02-01可用,再根据入库作业要求中"按照从大到小的顺序依次上架",因此,我们选择储位H1-01-01-01。

完成入库货物、上架储位的选择后,我们开始操作手持终端,模拟入库作业。

三、手持操作步骤

1. 打开手持终端设备(手持终端设备的使用见任务一中的设备使用介绍),进入考试系统,输入登录账号和密码,见图5-3-22。

2. 点击开始作业,选择"入库作业",点击后出现"入库理货""入库搬运""入库上架""返回"四个模块的界面,见图5-3-23。

3. 点击"入库理货",出现如下界面图5-3-24,按照要求,扫描货品条码、托盘标签,输入数量,点击保存,完成"入库理货"。

4. 返回上一级,回到图5-3-23界面,点击"入库搬运",出现图5-3-25界面,根据界面提示扫描托盘标签,点击"确认搬运"。

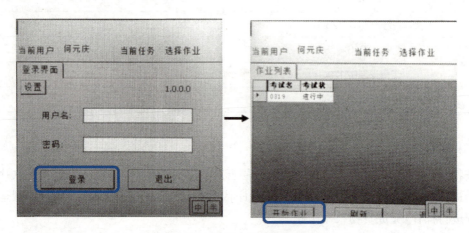

▲ 图5-3-22 登陆考试系统

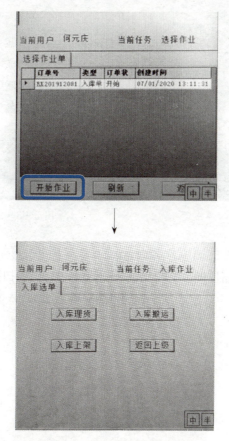

▲ 图 5-3-23 入库作业流程

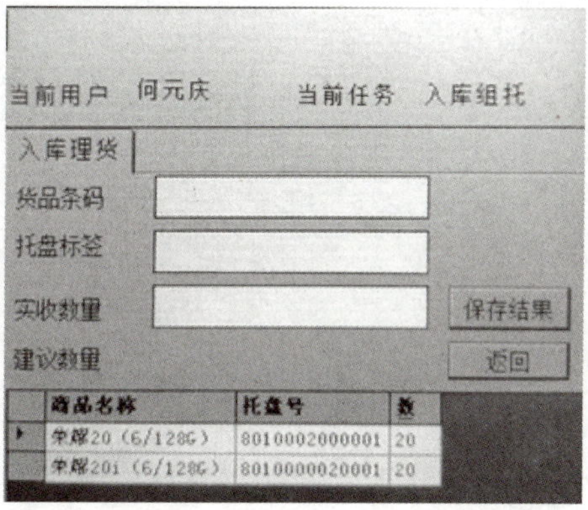

▲ 图 5-3-24 入库理货

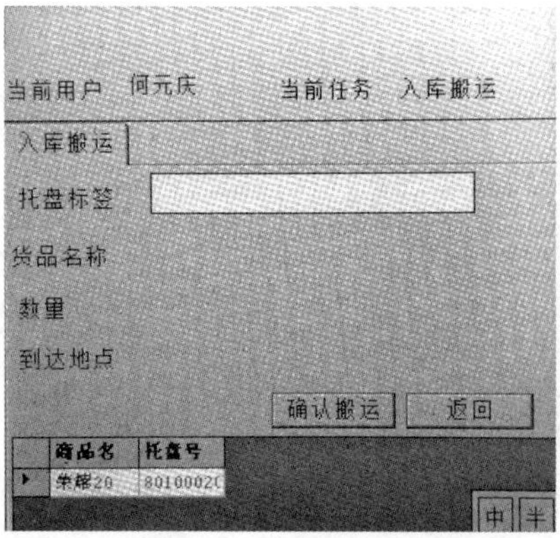

▲ 图 5-3-25 入库搬运 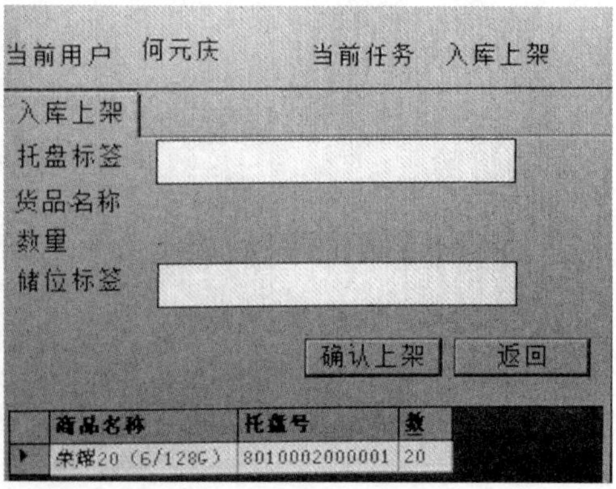　　　　　　▲ 图 5-3-26 入库上架

5. 返回上一级,回到图 5-3-23 界面,点击"入库上架",显示图 5-3-26,根据提示需要扫描托盘标签和储位。储位即分析得出的 H1-01-01-01,扫描完托盘标签后,再到托盘货架区找到储位"H1-01-01-01",进项扫描,然后确认上架,入库作业完成。

任务四　补货作业

1. 了解补货作业的定义和内容；
2. 理解补货作业的方式和时机；
3. 掌握补货作业的作业流程；
4. 培养学生的安全意识、环保意识及团队合作的职业素养。

任务导入

一、已知信息

1. A市物流中心电子拣选区货物情况如下。

序号	储位编码	货品条码	货品名称	数量	品类	补货点	单位	箱装数
1	A00100	6924882496611	美年达青苹果味汽水	12	饮料	5	瓶	10
2	A00101	6920459989463	康师傅冰糖雪梨	6	饮料	5	瓶	10
3	A00102	6920459998434	康师傅茉莉清茶	7	饮料	4	瓶	10
4	A00103	6920459951941	康师傅茉莉果茶	8	饮料	3	瓶	10
5	A00104	6921168509256	农夫山泉(550ml)	10	饮料	4	瓶	10
6	A00105	6938309713403	名仁玫瑰苏打水	7	饮料	5	瓶	10
7	A00000	6959764600817	依能苏打水	8	饮料	7	瓶	10
8	A00001	6922868288052	清风质感纯品	8	日用品	2	卷	8
9	A00002	6922868283101	心相印心柔3层卷纸	5	日用品	3	卷	8
10	A00003	6920174736700	立白新金桔洗洁精	10	日用品	4	瓶	10
11	A00004	6922307206012	崂山矿泉水	9	饮料	4	瓶	10
12	A00005	6928804010220	雪碧清凉柠檬味汽水	10	饮料	3	瓶	10

2. 青岛市物流中心出库作业如下。

出库订单 1					
客户指令号	CK20200502	客户名称	明发集团	紧急程度	一般
库房	A市物流中心	出库类型	正常出库	是否送货	否
收货人	顾家生活馆(倪虹)				
预计出库时间	2021年1月1日				
货品编码	货品名称	包装规格(mm)	单位	数量	批次	备注
6920459998434	康师傅茉莉清茶	/	瓶	3	/	/
6924882496611	农夫山泉	/	瓶	3	/	/
6922868288052	清风质感纯品	285×380×270	箱	7	/	先进先出
6928804010220	雪碧清凉柠檬味汽水	/	瓶	6	/	/

出库订单 2					
客户指令号	CK20200503	客户名称	明发集团	紧急程度	一般
库房	A市物流中心	出库类型	正常出库	是否送货	否
收货人	利民便利店(李清)				
预计出库时间	2021年1月1日				
货品编码	货品名称	包装规格(mm)	单位	数量	批次	备注
6920459951941	康师傅茉莉果茶	/	瓶	4	/	/
6922868288052	清风质感纯品	/	卷	5	/	/
6920174736700	立白新金桔洗洁精	190×370×270	箱	8	/	先进先出
6921168509256	农夫山泉(550 ml)	/	瓶	5	/	/
6959764600817	依能苏打水	190×370×270	箱	25	/	先进先出
6922307206012	崂山矿泉水	/	瓶	6	/	/

出库订单 3					
客户指令号	CK20200504	客户名称	明发集团	紧急程度	一般
库房	A市物流中心	出库类型	正常出库	是否送货	否
收货人	爱婴坊儿童商店(张华)				
预计出库时间	2021年1月1日				
货品编码	货品名称	包装规格(mm)	单位	数量	批次	备注
6922868288052	清风质感纯品	/	卷	3	/	/
6920174736700	立白新金桔洗洁精	/	瓶	5	/	/
6922868283101	心相印心柔3层卷纸	/	卷	6	/	/

知识链接

一、补货作业的内容

1. 确定所需补充的货物；
2. 领取货品；
3. 做好上架前的各种打理、准备工作；
4. 补货上架。

二、补货作业的补货方式

1. 整箱补货

整箱补货即从货架的保管区补货到流动货架的拣货区。这种补货方式的保管区为料架储放区，动管拣货区为两面开放式的流动棚拣货区。拣货员拣货之后把货物放入输送机并运到发货区，当动管区的存货低于设定标准时，则进行补货作业。这种补货方式是由作业员到货架保管区取货箱，用手推车载箱至拣货区。较适合于体积小且少量多样出货的货品。

2. 托盘补货

这种补货方式是以托盘为单位进行补货。当托盘上货品的存货量低于设定标准时，立即补货，方式为使用堆垛机把托盘从保管区运到拣货动管区，也可把托盘运到货架动管区进行补货。这种补货方式适合于体积大或出货量多的货品。

3. 货架上层—货架下层的补货方式

此种补货方式中保管区与动管区属于同一货架，也就是将同一货架上的中下层作为动管区，上层作为保管区，在进货时将动管区放不下的多余货箱放到上层保管区。当动管区的存货低于设定标难时，利用堆垛机将上层保管区的货物搬至下层动管区。这种补货方式适合于体积不大、存货量不高，且多为中小量出货的货物。

三、补货作业注意事项

1. 严格按照补货计划表进行作业，包括货品的储位、名称、单位等信息；
2. 在仓储中找到补货需要的商品后，需将货品重新整理，利用手持终端进行信息流通，以保证现有库存的准确性；
3. 补货时，必须逐个检查货品的保质期，发现问题及时上报。同时严格保证先进先出的原则；
4. 补货时，必须保证所有货品正面朝外，保证货品从外部观察整齐，确保货品信息无差错；

5. 整箱商品拆箱时,首先用小刀将箱子两边的胶带割开,再用手指插入箱子两边的缝隙中向上挑起,然后用刀子沿挑起的方向依次开箱,以保证箱内的货品不被损坏;

6. 补货作业完毕后,需将补货区域进行清理,将纸箱拆平整理,然后放置在纸箱暂存区。

 任务实施

步骤一:分析哪些货物需要补货。

仓管员结合出库单以及电子拣选区货物情况,分析出需要补货的货物如下:

1. 农夫山泉(550 ml)＝10－8＝2 小于补货点 4 需要补货;
2. 心相印心柔 3 层卷纸＝5－6＝－1 小于补货点 3 需要补货;
3. 清风质感纯品＝8－8＝0 小于补货点 2 需要补货。

本任务以"清风质感纯品"为例,介绍补货作业流程。

步骤二:信息员根据仓管员分析出的结果,将信息录入系统,下达出库补货信息。

1. 信息员登录现代物流综合作业系统,进入主界面并点击补货单,如图 5－4－1。

▲ 图 5－4－1 补货作业界面

2. 信息员点击补货单后进入如图 5－4－2 界面,点击新增按钮,开始录入补货信息。

▲ 图 5－4－2 "新增"界面

3. 信息员根据已知信息中的"出库订单"库房信息,在"库房编码"后空白栏填入"A 市物流中心",然后在"库存信息"列选择需要补货的货物"清风质感纯品",在"补货量"栏内输入补货数量,点击"增加"按钮,见图 5－4－3。

备注:如果出现批次不同的同一种货品,根据先进先出原则,优先选择批次较早的货品进行补货。

4. 信息员点击"补货作业单提交",完成补货信息录入工作,见图5-4-4,信息员将命令下达给仓管员与叉车司机。

▲ 图5-4-3 填写库存信息

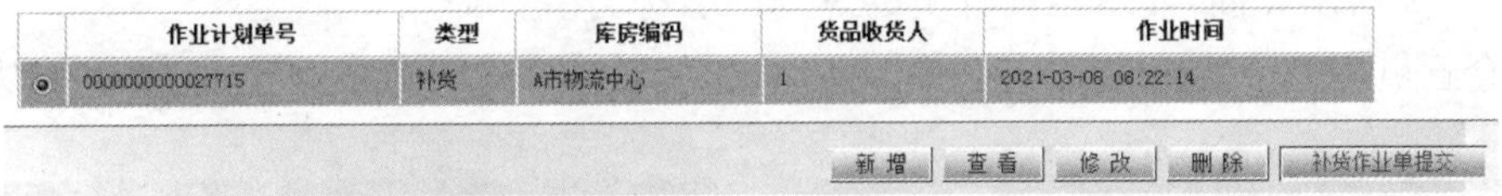

▲ 图5-4-4 补货作业单提交

步骤三:叉车司机收到补货指令,驾驶叉车将货物从货位上取下并送至补货区。

1. 叉车司机操作手持,进入主界面,点击仓储作业进入仓储作业系统,并点击仓储作业→"补货/出库作业"→"下架作业",如图5-4-5。

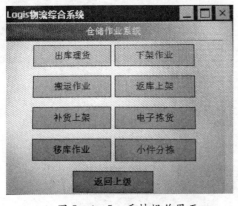

▲ 图5-4-5 手持操作界面

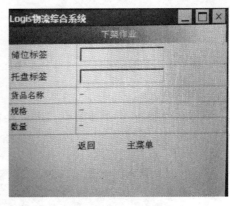

▲ 图5-4-6 下架作业

2. 操作手持进入下架作业界面,如图5-4-6,并利用叉车将货物从货位上取下,然后再次利用手持依次扫描储位标签和托盘标签。

3. 扫描完成后,出现图5-4-7界面,点击"确认下架"按钮,完成货物下架的手持终端操作。叉车司机驾驶叉车将货物运至补货区的托盘交接区,及时通知仓管员交接,图5-4-8。

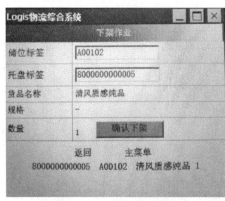

▲ 图 5-4-7 确认下架　　　　　　　▲ 图 5-4-8 搬运货物

步骤四：仓管员完成货物的补货作业。

1. 仓管员接取货物后，打开手持主界面，选择仓储作业、补货/出库作业、搬运作业，进入如图 5-4-9 所示界面，显示当前补货的货物的名称、托盘号。

2. 仓管员用手持扫描托盘标签，如图 5-4-10。仓管员扫描托盘标签后，点击"确认搬运"。

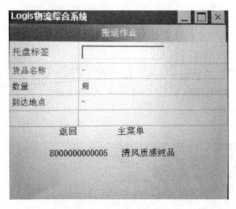

▲ 图 5-4-9 搬运作业界面　　　　　▲ 图 5-4-10 扫描托盘标签

3. 仓管员利用手动搬运车将托盘运至补货作业通道，从托盘中拿取一箱货品，将其搬运至补货台，并将货品包装箱用小刀划开。见图 5-4-11。

▲ 图 5-4-11 拆箱补货

4. 仓管员将补货货物从箱内取出,找到补货货品相对应的储位,将其放到物流箱中。通常补货数量为一箱,因此需要将箱内所有货物取出。注意:货物放入物流箱内的状态,必须保持平整,不能有歪斜、倾倒。

5. 仓管员将剩下的包装箱外壳折叠后,放到纸箱回收区。

6. 仓管员完成补货后,进行返库作业。仓管员打开手持仓储作业主界面,点击补货/出库作业,并继续点击搬运作业。如图5-4-12所示,在下方货品名称后,有"返库"字样,表示本次搬运作业是补货结束后的返库操作。

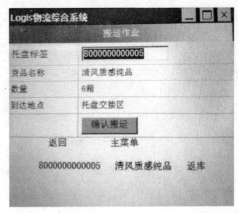

▲图5-4-12 返库搬运 　　　　▲图5-4-13 确认搬运

7. 扫描托盘标签后,界面显示搬运货物的详细信息,包括货品名称、数量、到达地点等,如图5-4-13,然后点击"确认搬运"。

8. 点击确定搬运,仓管员将需要返库的货物搬运至托盘交接区,通知叉车司机及时进行返库操作,仓管员的补货操作完成。

步骤五:叉车司机将返库的托盘放入目标储位。

1. 叉车司机操作手持,点击补货/出库作业,然后选择返库上架作业,见图5-4-14。

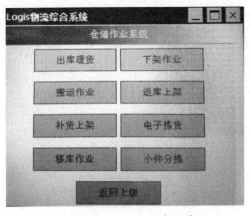 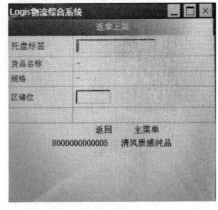

▲图5-4-14 返库操作 　　　　▲图5-4-15 返库上架

2. 点击返库上架按钮后,进入如图5-4-15界面;叉车司机叉取返库货物,抬升货叉至方便扫描托盘标签高度,用手持扫描托盘标签。

3. 叉车司机利用手持扫描托盘标签后,系统会根据托盘货架区储位情况,自动分配返货货物的储位。手持界面将显示返库储位信息,如图5-4-16。

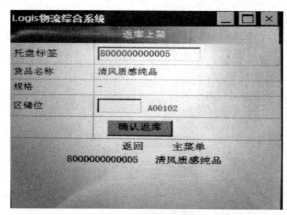
▲ 图5-4-16 返库储位信息

▲ 图5-4-17 扫描储位条码

4. 叉车司机根据返库储位信息进行返库,用手持扫描"A00102"储位标签,如图5-4-17,核对无误后,点击"确认返库",将返库的货物放置在A00102储位上。补货作业全部完成。

任务五 出库作业

学习目标

1. 了解出库作业的基本要求；
2. 理解出库作业的原则；
3. 掌握出库作业的作业步骤；
4. 培养学生的工匠精神，提高学生的职业道德水平、安全意识、沟通表达与团队合作的能力。

任务导入

一、已知信息

2021年1月1日，A市物流中心收到客户发来的出库订单如下：

出库订单					
客户指令号	CK20200501	客户名称	长丰集团	紧急程度	一般
库房	A市物流中心	出库类型	正常出库	是否送货	是
收货人	顾家生活馆				
预计出库时间	2021年1月1日				
货品编码	货品名称	包装规格(mm)	单位	数量	批次	备注
6920459998434	康师傅茉莉果茶	285×380×270	箱	7	/	先进先出
6902083886455	娃哈哈苏打水饮品	/	瓶	1	/	/
6922868288052	清风质感纯品	285×380×270	箱	2	/	先进先出
6922868288052	洁柔卷筒纸		卷	1		
6943052100110	恒大冰泉矿泉水(500ml)	/	瓶	1	/	/
6928804010220	雪碧清凉柠檬味汽水(500ml)	285×380×270	箱	3		先进先出

二、任务要求

出库作业规则：

① 托盘货架区出库时，应遵循先进先出规则，其他存储区无需按此规则出库；
② 电子拣选区出库时，应根据实际情况确定是否要进行补货作业。

知识链接

一、货品出库的基本要求

1. 严格遵守货品出库的各项规章制度；
2. 严格贯彻"先进先出、发陈储新"的原则；
3. 严格贯彻"三不三核五检查"的原则；
4. 注重提高服务水平，力求满足客户需要。

二、货品出库的原则

1. 贯彻先进先出、后进后出的原则；
2. 凭证发货的原则；
3. 严格遵守仓库有关出库的其他各项规章制度的原则；
4. 提供服务质量，满足用户需要的原则。

三、出库作业类型

根据客户发来的出库单要求，将出库作业分为两种：
1. 整箱出库：以整箱为单位进行出库，不必拆箱作业。
2. 零散出库：根据客户的要求，出库货物以瓶、卷等小件形式进行出库的形式。此种出库作业需要到电子拣选区进行。

任务实施

下面将以"康师傅茉莉果茶"为例，介绍托盘货架区出库作业的操作流程；以"洁柔卷筒纸"为例，介绍电子拣选区出库作业的操作流程。

步骤一：信息员操作流程。

1. 信息员登录作业系统，在仓储管理模块点击出库订单，见图5-5-1。
2. 信息员根据出库单信息（以下以"康师傅茉莉果茶""洁柔卷筒纸"的出库操作为例），在图5-5-2界面完成订单信息的录入。录入的信息以已知信息中的"出库订单"信息为依据。首先填写"订单信息"，其中客户码、客户指令、下达时间、客户收货人这四项内容为必填项。
3. 填写"订单出库信息"。在图5-5-2界面点击"订单出库信息"按钮，出现图5-5-3界面，除"备注"栏，其他项均为必填项。

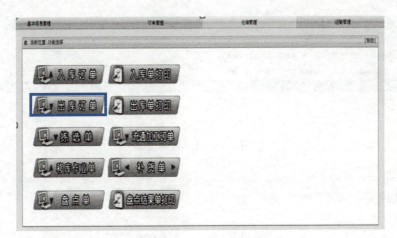

▲ 图 5-5-1 选择出库订单

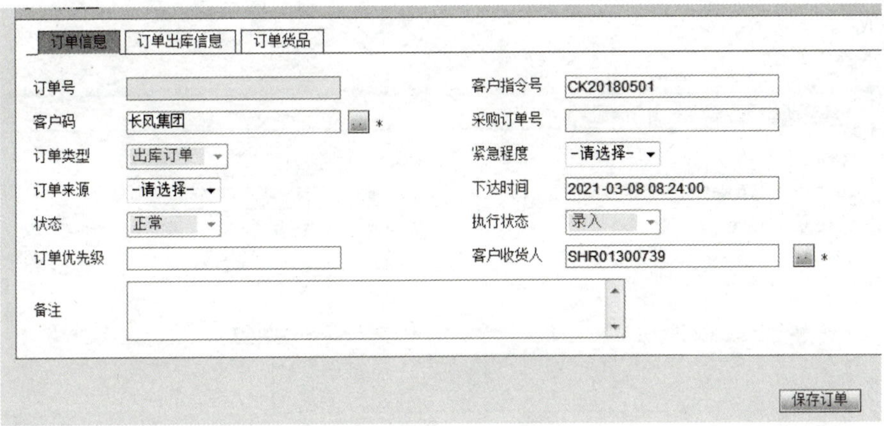

▲ 图 5-5-2 订单信息

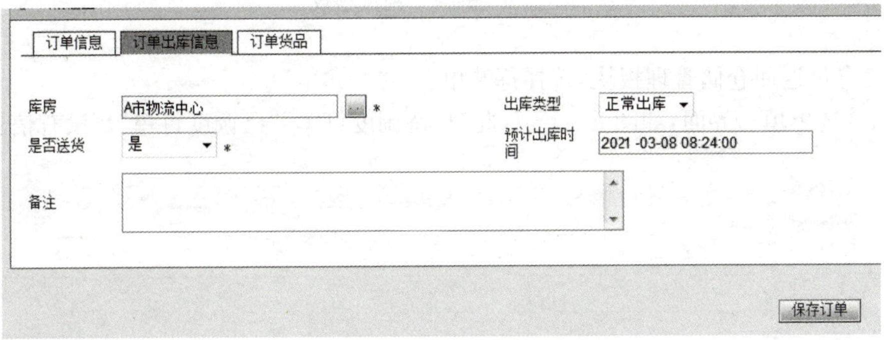

▲ 图 5-5-3 订单出库信息

4. 填写"订单货品"。信息员点击"订单货品"按钮,出现图 5-5-4 界面,选择所要添加的货品"康师傅茉莉果茶",在"数量"栏输入需要出库的数量,如果有特殊要求,在备注栏填写。点击保存订单,出现图 5-5-5 界面。

▲ 图5-5-4 订单货品

▲ 图5-5-5 生成订单

5. 选定刚才录入的出库单,点击生成作业计划,出现图5-5-6界面,信息员继续点击"确认生成"。

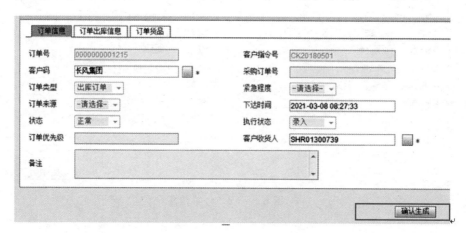

▲ 图5-5-6 确认生成

6. 信息员返回仓储管理板块,选择拣选单。

进入拣选单填写界面,如图5-5-7,此时"待调度订单""已调度订单"都没有信息。

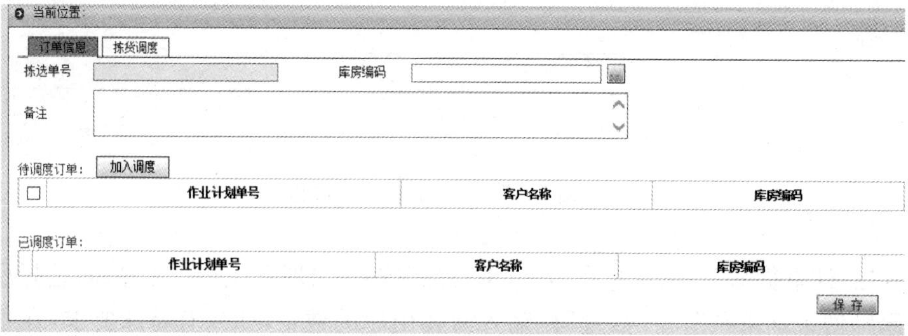

▲ 图5-5-7 拣选订单界面

7. 选中"库房编码"后的按钮,出现库房选项,如图5-5-8。选择"A市物流中心",出现图5-5-9界面,"待调度订单"栏显示有一条出库信息,即刚录入的"康师傅茉莉果茶"出库信息。

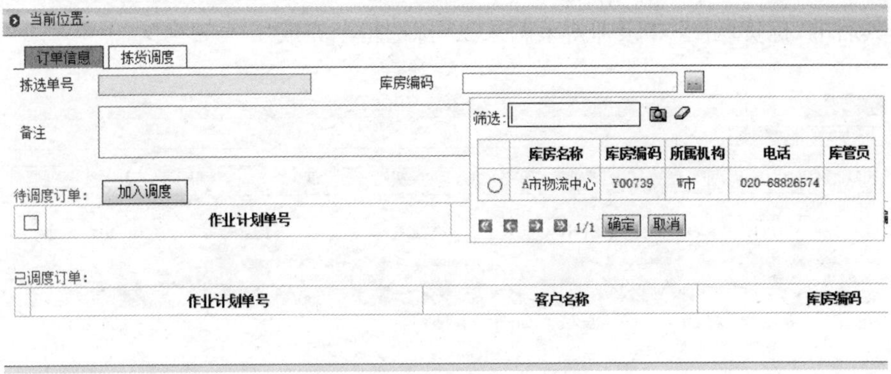

▲ 图5-5-8 填写库房信息

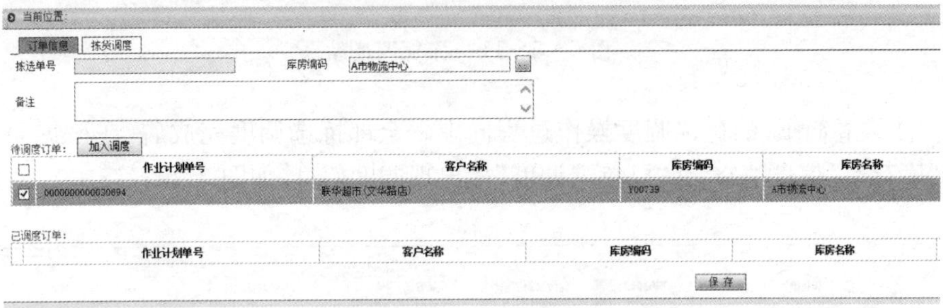

▲ 图5-5-9 待调度订单

8. 点击"待调度订单"后的"加入调度"按钮,此时"已调度订单"栏出现订单信息,如图5-5-10显示"康师傅茉莉果茶"的出库信息,完成调度任务。"洁柔卷筒纸"的出库信息录入、拣选调度操作同上。

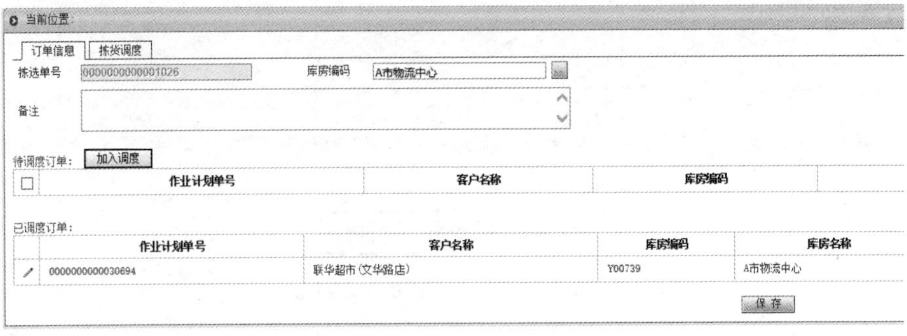

▲ 图5-5-10 完成调度

9. 点击左上角"拣货调度",出现图5-5-11界面,在"待拣货结果"栏显示"康师傅茉莉果茶""洁柔卷筒纸"信息。

10. 以"康师傅茉莉果茶"为例,选中"康师傅茉莉果茶"栏,"库存"栏显示两条库存信息,储位分别是 B00200、B00201,在本任务中,对出库货物没有批次要求,可任选一条信息进行出库,本题选择储位 B00201 的货物进行出库操作,选中后,在右上角"数量"栏内输入出库数量,点击其后的"拣货调度","康师傅茉莉果茶"拣选指令完成。

▲ 图 5-5-11 拣货调度结果

11. "洁柔卷筒纸"的拣选调度操作过程同上。全部拣选调度完成后,在该页面的"待拣选结果""库存"栏信息清空,在"已拣选调度"栏出现调度信息,如图 5-5-12。

▲ 图 5-5-12 完成拣货界面

12. 点击图 5-5-12 右下角"保存"按钮,出现图 5-5-13 界面,再点击"生成作业计划"按钮,拣选单指令完成。

▲ 图 5-5-13 生成作业计划

13. 信息员返回仓储管理板块,点击"出库单打印"。选择刚才录入的出库单,点击"打印"按钮,见图 5-5-14。

14. 信息员在打印出的出库单上签字,并通知仓管员进行出库任务。如图 5-5-15。

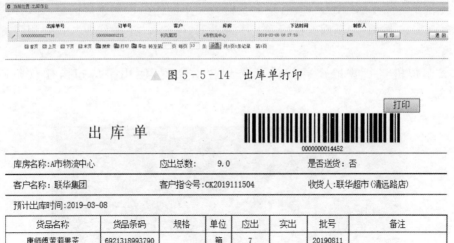

图 5-5-14 出库单打印

打印

出 库 单

0000000014452

库房名称:A市物流中心　　应出总数: 9.0　　是否送货：否

客户名称：联华集团　　客户指令号:CK2019111504　　收货人:联华超市(清远路店)

预计出库时间:2019-03-08

货品名称	货品条码	规格	单位	应出	实出	批号	备注
康师傅茉莉果茶	6921318993790		箱	7		20190811	
洁柔卷筒纸（140g）	6901236375198		卷	2			

信息员(签字)：__________　　仓管员(签字)：__________　　收货人(签字)：__________

第一联（白联）：仓库留存　　第二联（红联）：仓管员留存　　第三联（黄联）：收货人留存

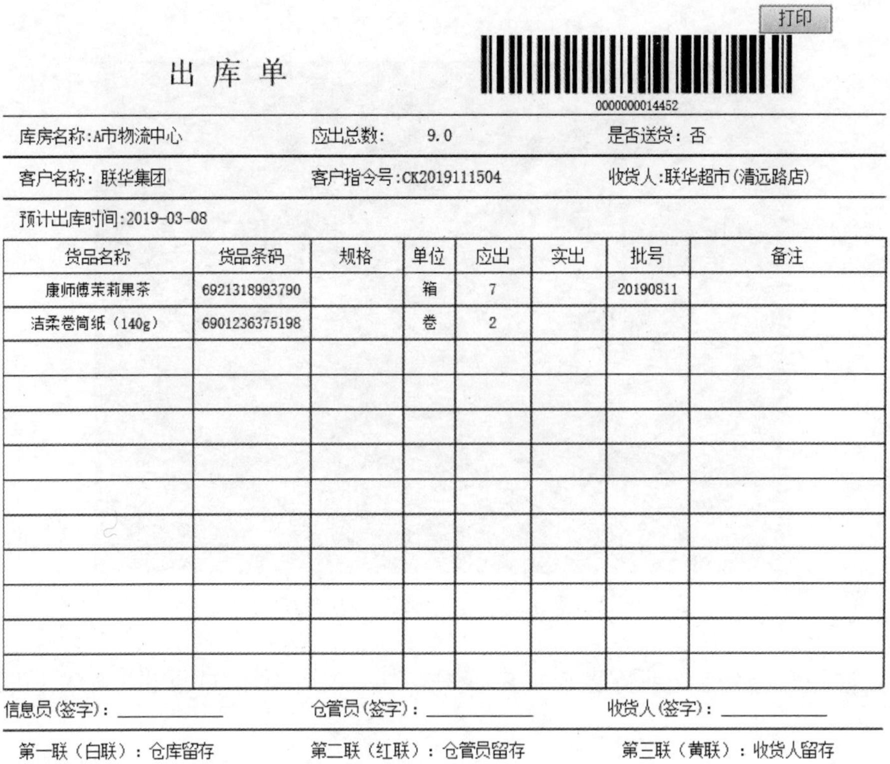

图 5-5-15 出库单

步骤二：叉车司机作业流程。

1. 叉车操作员打开手持进入主界面点击“仓储作业”→“出库作业”→“出库理货”，出现如图 5-5-16 所示的界面。

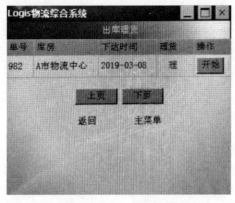

图 5-5-16 出库理货

2. 点击上方图片的"开始","理"字会变蓝。叉车操作员根据手持信息,开始出库作业,点击图5-5-16界面中"返回",返回到上一级界面,再选择"下架作业",找到相应货位扫描储位条码。

3. 叉车司机将货物取出并提升货叉到合适高度,使用手持扫描托盘条码,如图5-5-17。

▲ 图5-5-17 扫描托盘条码

4. 扫描托盘标签后,手持界面如图5-5-18,叉车操作员点击"确认下架",完成下架。

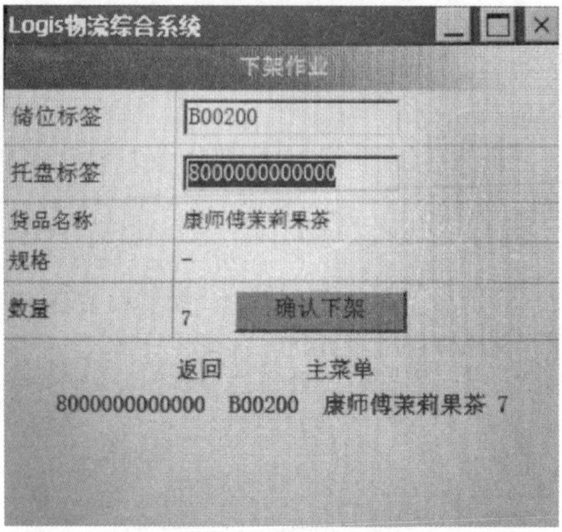

▲ 图5-5-18 确认下架

5. 叉车司机将货品搬运到托盘交接区,通知仓管员出库货物已下架,请尽快完成出库作业,如图5-5-19。

▲ 图 5-5-19 搬运货物

步骤三:仓管员作业流程。

1. 做出库任务,仓管员需要先到信息员处取出库单,如图 5-5-20。信息员打印完出库单,要在出库单下方的"信息员签字处"签字,之后再交给仓管员。

▲ 图 5-5-20 取出库单据

2. 仓管员拿到出库单后,再去设备存放区取手动搬运车,见图 5-5-21。

3. 仓管员用手动液压搬运车,到托盘交接区接取货物,该货物是叉车司机根据出库要求,进行下架操作的货物,见图 5-5-22。

▲ 图 5-5-21 取设备

▲ 图 5-5-22 接取货物

4. 接到货物后,仓管员操作手持,点击"仓储作业"→"出库作业"→"搬运作业",然后用手持扫描托盘标签,点击确认搬运,见图5-5-23。

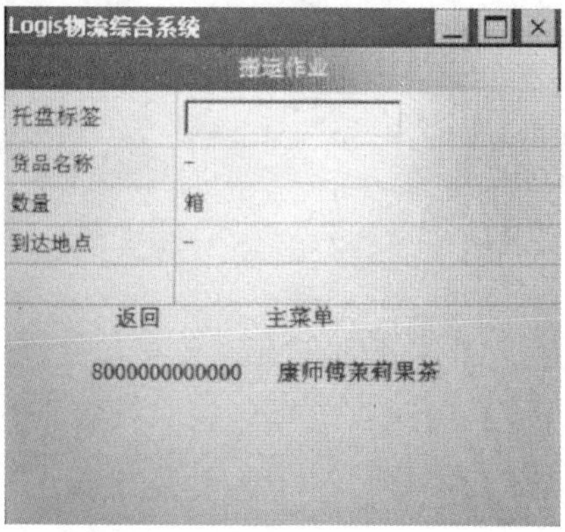

▲ 图 5-5-23 搬运作业

5. 仓管员完成搬运作业后,在手持上点击返回,回到主界面,再进行出库理货:"仓储作业"→"出库理货",出现图5-5-24所示的界面。

6. 仓管员直接点击图5-5-24托盘标签(8000000000000),信息将自动录入,然后点击保存结果。如图5-5-25。

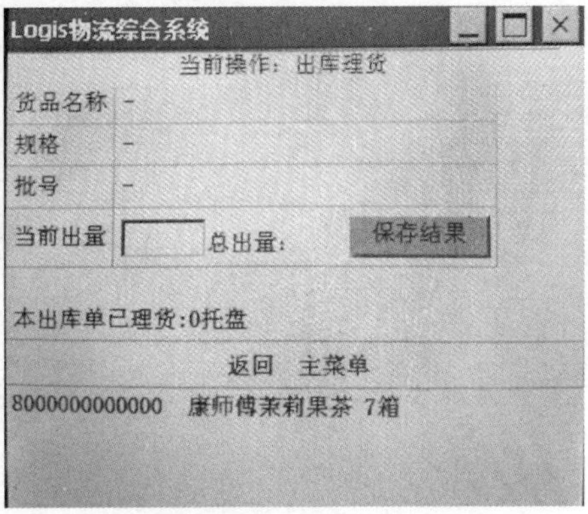

▲ 图5-5-24 出库理货 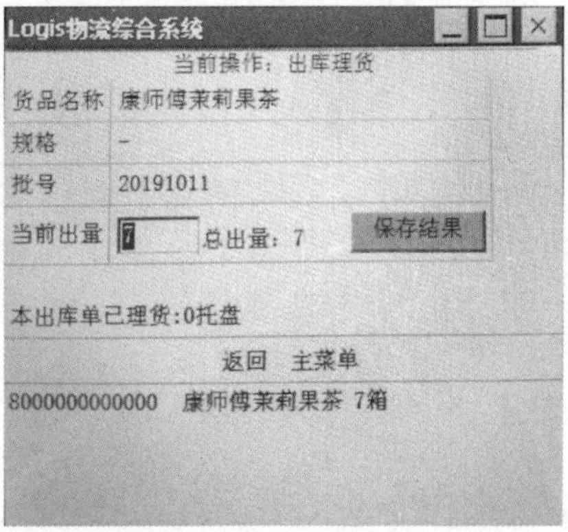　　　　　　▲ 图5-5-25 理货结果

7. 清点货品数量,检查货品外观,将出库货物放至发货暂存区。

仓管员将出库单交给"收货人",并要求他在出库单"收货人"栏签字,留下第三联,如图5-5-26。

▲ 图5-5-26 单据签收

注意:如出库作业完成后,托盘上仍存有货品时,需再次将托盘返库上架到托盘货架区。操作步骤同补货作业的返库上架。若没有货物,则将空托盘放在托盘存放区。

(二)零散货物出库流程

步骤一:流程与整箱出库相同,信息员录入,下达出库任务。

步骤二：仓管员进入电子拣选区作业。

1. 仓管员打开手持主界面，点击仓储作业，选择补货/出库作业，进入电子拣货作业界面，如图 5-5-27。

2. 仓管员用手持分别扫描出库单和物流箱标签，界面如图 5-5-28。

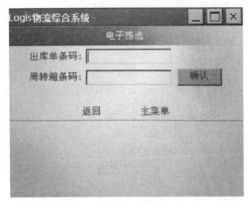

▲ 图 5-5-27　电子拣货界面

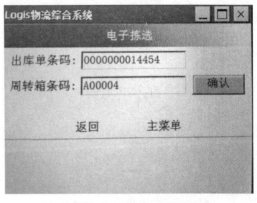

▲ 图 5-5-28　确认拣选界面

3. 仓管员点击确认后，出现指令发送成功界面，见图 5-5-29，点击"确定"，电子拣选指令下达完毕。

4. 此时，电子拣选区的指示灯会亮，仓管员根据指示的数量进行拣取作业。具体操作步骤为：一看、二拣、三按，见图 5-5-30。

▲ 图 5-5-29　下达拣选指令

▲ 图 5-5-30　拣取作业

5. 当所有货物拣选完毕后,最左端的绿灯会亮起,并发出警声,仓管员需要手动关闭,见图 5-5-31。

▲ 图 5-5-31 关闭拣选系统

6. 仓管员将装好货物的物流箱用手推车运至发货区,并贴上条码封箱,见图 5-5-32。零散货物出库完成。

▲ 图 5-5-32 搬运货物

 知识补充

我们以 2020 年全国物流管理职业技能等级认证(初级)实操考核试题为例,介绍出库作业的实操流程。

一、任务要求

1. 存储区托盘货架图（括号内数字表示货物数量）

▼ 表 5-5-1

荣耀 20i(8/128G) 批次：20190107 （10 箱）		荣耀 20s(8/128G) 批次：20191006 （10 箱）		储位
8000000000011		8000000000012		托盘编号
H1-01-01-03	H1-01-02-03	H1-01-03-03	H1-01-04-03	储位编号
荣耀 20(8/128G) 批次：20190606 （27 箱）	荣耀 20s(6/128G) 批次：20190806 （27 箱）			储位
8000000000013	6000000000013			托盘编号
H1-01-01-02	H1-01-02-02	H1-01-03-02	H1-01-04-02	储位编号
		荣耀 V20(6/128G) 批次：20181106 （27 箱）	荣耀 V20(6/128G) 批次：20191105 （27 箱）	储位
		8000000000016	6000000000016	托盘编号
H1-01-01-01	H1-01-02-01	H1-01-03-01	H1-01-04-01	储位编号

2. 素材清单

▼ 表 5-5-2

客户名称	中物联股份	订单号	CK201912081	订单类型	出库订单	库房	001
出库方式	正常出库			预计出库时间	2020 年 12 月 8 日	收货人	联合超市
收货地址	中国北京市西城区月坛北街 30 号						
序号	货品名称		出库储位	数量（箱）	托盘条码	备注	
1	荣耀 20s(6/128G)		H1-01-02-02	27	6000000000013		
2	荣耀 V20(6/128G)		H1-01-03-01	27	8000000000016		

3. 根据给定的素材合理完成以下任务：按货物下架、搬运等流程进行操作，完成货物出库作业。

二、任务分析

根据本任务所学知识,要完成出库任务,需要将待出库货物(位于托盘货架区)搬运到拣选区,进行理货。以荣耀20s(6/128G)为例,介绍操作流程。

首选是选择出库货物,根据表5-5-2,荣耀20s(6/128G)的出库储位是H1-01-02-02,数量是27,对照表5-1,核对后可知,在储位H1-01-02-02的货物是"荣耀20s(6/128G)",数量是"27箱",满足出库要求,开始出库作业操作。

手持操作步骤:

1. 打开手持终端设备(手持终端设备的使用见任务一中设备使用介绍),进入考试系统,输入登录账号和密码。然后点击"开始作业"。出现主菜单界面,选择"出库作业",点击"开始作业",出现"出库下架""搬运作业""出库理货""返回"四个模块的界面,见图5-5-33。

2. 点击"出库下架",出现如下界面图5-5-34,按照要求,扫描托盘标签、储位标签,输入数量,点击保存,完成"出库下架"。

3. 返回上一级,回到图5-5-33界面,点击"搬运作业",根据界面提示扫描托盘标签,点击"确认搬运",见图5-5-35。

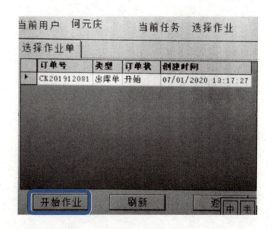

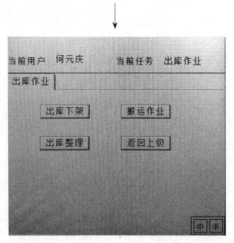

▲ 图 5-5-33 出库作业

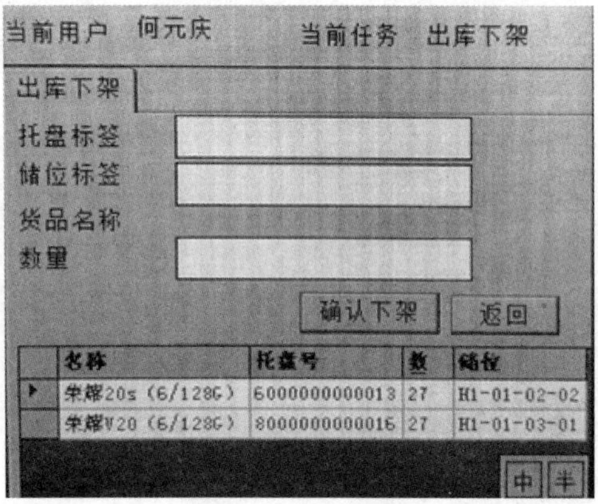

▲ 图 5-5-34 出库下架　　▲ 图 5-5-35 出库搬运

4. 返回上一级,回到图 5-5-33 界面,点击"出库整理",根据界面提示填入出库数量"27",点击下方"托盘号",使之成为蓝色,再点击确认,完成出库作业,见图 5-5-36。

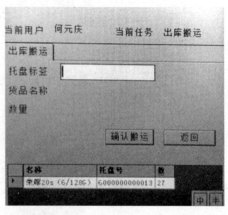

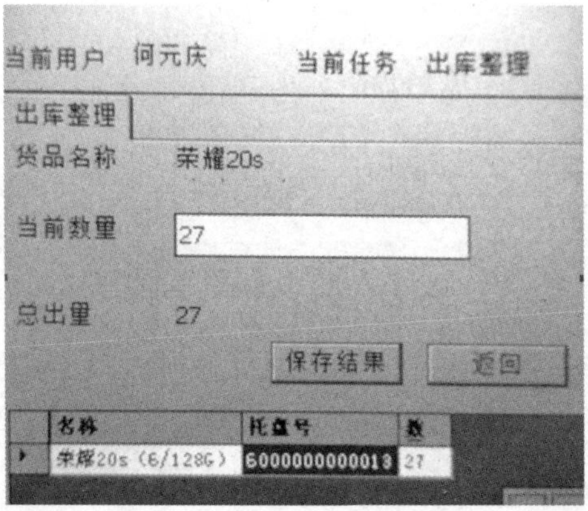

▲ 图 5-5-36 出库整理

任务六　盘点作业

1. 了解盘点作业的内容;
2. 理解盘点作业的原则;
3. 掌握盘点作业的步骤;
4. 培养学生精益求精的职业精神,提升学生的安全防范意识,沟通表达、团队合作的能力。

任务导入

A市物流中心主营业务为仓储、运输、配送和物流信息处理等服务项目,经营范围覆盖省内大部分地区。该物流中心主要开展除易燃易爆危险品、有毒物品、生鲜货品之外的普通货品的存储、保管、装卸搬运、长途干线运输、市内配送、物流信息处理等业务。

A市物流中心每天的工作时间为8:00—17:00,为掌握物流中心库存情况,仓管经理要求仓管员在完成2021年1月1日的入库作业、出库作业、补货作业后,进行物资盘点。

知识链接

一、盘点作业的方式

一种是定期盘点,即仓库的全面盘点,是指在一定时间内(一般是每季度、每半年或每年终财务结算前)进行一次全面的盘点,由货主派人同仓库保管员、货品会计一起进行盘点对账;

另一种是临时盘点,即当仓库发生货物损失事故,或保管员更换,或仓库与货主认为有必要盘点对账时,组织一次局部或全面的盘点。

二、盘点的内容

主要包括以下几个方面:
(1) 数量盘点;
(2) 重量盘点;
(3) 账实核对;
(4) 账账核对。

三、盘点作业的原则

1. 真实：要求盘点所有的点数、资料必须是真实的，不允许作弊或弄虚作假，掩盖漏洞和失误。

2. 准确：盘点的过程要求准确无误，包括资料的输入、陈列的核查、盘点的点数，都必须准确。

3. 完整：所有盘点过程的流程，包括区域的规划、盘点的原始资料、盘点的点数等，都必须完整，不要遗漏区域、遗漏货品。

4. 清楚：盘点过程属于流水作业，不同的人员负责不同的工作，所以所有资料必须清楚，人员的书写必须清楚，货物的整理必须清楚，才能使盘点顺利进行。

任务实施

首先完成货物的出入库、补货作业，步骤参照项目二、三、四。

步骤一：信息员制定盘点计划，下达给仓管员。

1. 信息员打开作业系统主界面，选择盘点单。进入盘点任务界面，点击"新增"。
2. 信息员将盘点任务单填写完整，标星号的信息栏为必填项，见图5-6-1。

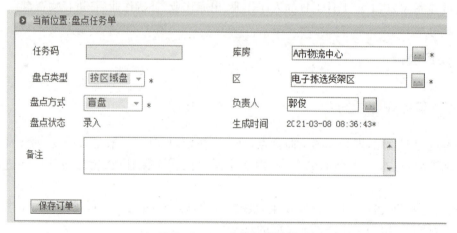

▲ 图5-6-1 重点任务单界面

3. 信息员填写完整后，生产盘点作业单，点击提交处理。

步骤二：仓管员利用手持在电子拣选区对货物进行盘点作业。

1. 仓管员打开手持主界面，点击仓储作业，进入仓储作业系统，选择盘点作业，如图5-6-2。
2. 仓管员点击"盘点"按钮，如图5-6-3，进行盘点。
3. 点击"盘点"按钮后，出现如图5-6-4界面，需要仓管员依次扫描储位标签、货品条码。手持界面下方显示"未作业数量:12"，代表本次盘点的货品有12种。仓管员对每一个储位进行盘点作业，先扫描储位标签，再扫描货品条码，见图5-6-5。

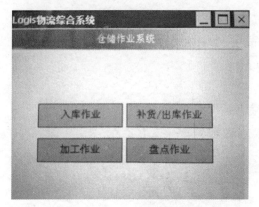

▲ 图 5-6-2 登陆盘点作业界面

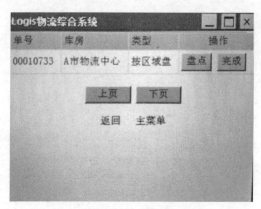

▲ 图 5-6-3 盘点指令下达

▲ 图 5-6-4 重点任务　　　　　　▲ 图 5-6-5 盘点任务操作场景

4. 仓管员盘点每个储位货物的数量，并将盘点结果输入手持中的"实际数量"，然后保存，见图 5-6-6。

5. 仓管员按照上述流程操作。完成最后一个储位的盘点后，手持上会显示"无待盘点的货品"，表示品盘点作业完成，点击"完成"按钮，并通知信息员打印盘点单，见图 5-6-7。

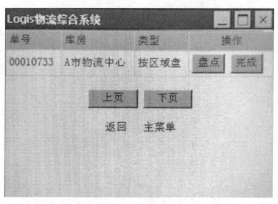

▲ 图 5-6-6 "保存"界面　　　　　　▲ 图 5-6-7 盘点完成界面

步骤三:信息员作业流程。

1. 信息员进入作业系统主界面,点击盘点结果单打印,然后选择右侧的"打印"按钮,见图5-6-8。

▲ 图5-6-8 打印盘点单

2. 信息员打印出盘点结果单,信息员与仓管员分别签字,盘点完成。

任务七 运输作业

学习目标

1. 了解运输作业的方式,理解运输作业的地位;
2. 掌握运输作业的步骤;
3. 培养学生严谨灵活的工作态度,有效沟通与团队合作的意识,锻炼学生深度思考问题和有效解决问题的能力。

任务导入

任务一、干线到达作业

2021年1月1日8:00时,A市物流中心客服员收到W市到货通知信息,具体到货信息详见《到货通知单》。请根据《到货通知单》要求,将当日需派送的货物在规定时间内送达客户手中,非当日派送的货物作暂存处理。

▼ 到货通知单

		到货通知单号:DH2019001			
收货信息	收货人	联华超市(清远路店)	联华超市(胡雨路店)	联华超市(顺盈路店)	联华超市(文华路店)
	是否送货	是	否	是	是
	收货地址	A市高新区礼尚街70号	A市工业园区五华街50号	A市开发区中华路420号	A市滨湖区金箔路28号
	联系人	王晶	张华	陈静	李清
	联系电话	13182819643	13869087609	18039545897	13632419202
	收货时间	2021年1月1日08:30—17:30	2021年1月1日08:30—17:30	2021年1月2日08:30—17:30	2021年1月1日08:30—17:30
托运信息	托运人	W市联华超市	W市联华超市	W市联华超市	W市联华超市
	联系地址	W市黄河区仙境路158号	W市黄河区仙境路158号	W市黄河区仙境路158号	W市黄河区仙境路158号
	联系人	李楠	李楠	李楠	李楠
	联系方式	13885341235	13885341235	13885341235	13885341235
	货品条码	6901233375198	6901234375198	6901236375198	6901235375198
	货品名称	洁云卷筒纸(120g)	洁云卷筒纸(140g)	洁柔卷筒纸(140g)	洁柔卷筒纸(120g)

续表

包装规格(mm)	190×370×270	285×380×270	285×380×270	190×370×270
总体积(m^3)	0.114	0.174	0.174	0.114
总重量(kg)	25	45	45	25
数量(箱)	5	10	10	5
备注	/	/	/	/

任务二、干线发运作业

1. 已知信息

(1) 长途运输班线信息

A 市物流中心有 6 辆货车,用于发往外地执行干线运输作业。干线班车的发运路线、车辆信息、发运时间和预计运输时间等信息如下表。

班线	车辆编号	经停站	进站时间	发车时间	预计运输时间
A市—B市	A30738	无	08:30	11:30	2天整
A市—D市	A85796	A市—C市—D市	09:30	11:30	A市—C市:1天整 C市—D市:1天整
A市—F市	A90051	A市—E市—F市	10:30	13:00	A市—E市:1天整 E市—F市:1天整
A市—I市	A32809	A市—G市—H市—I市	12:00	14:30	A市—G市:1天整 G市—H市:1天整 H市—I市:2天整
A市—L市	A75089	A市—J市—K市—L市	8:30	17:20	A市—J市:2天整 J市—K市:1天整 K市—L市:1天整
A市—P市	A75089	A市—M市—N市—P市	9:30	17:20	A市—M市:1天整 M市—N市:2天整 N市—P市:1天整

(2) 配送车辆信息

A 市物流中心另有自用货车 2 辆,用于执行市内配送的取派作业,车辆信息如下表。

车辆编号	司机	最大载重量(KG)
ACL001	贺礼	100
ACL002	钱程	90

2. 任务要求

根据所提供的《运输通知单》,分工协作完成下列操作:
(1) 完成 11 月 15 日所有的调度、取派作业;
(2) 完成 11 月 15 日所有货品的验收、单据交接任务;
(3) 将 11 月 15 日所有需要干线运输的货品按照要求放置于干线发运区,当日不能装车的放置于干线暂存区。

▼ 运输通知单 1

客户指令号	YS2019001	托运客户	联华超市(文华路店)
始发站	A 市	目的站	G 市
托运人	李清	取货地址	A 市滨湖区金箔路 28 号
联系方式	18039545897	取货时间	2020.11.15 14:30—15:30
收货人	G 市紫金贸易有限公司(张文静)	收货地址	G 市向阳区复兴路 88 号
联系方式	13866882788	收货时间	2020.11.16 08:00—17:30

货品条码	货品名称	单位	包装规格(mm)	总体积(m³)	总重量(kg)	数量	备注
6903244958110	心相印卷纸(180 g)	箱	285×380×270	0.203	42	6 箱	/

▼ 运输通知单 2

客户指令号	YS2019002	托运客户	联华超市(清远路店)
始发站	A 市	目的站	J 市
托运人	王晶	取货地址	A 市高新区礼尚街 70 号
联系方式	13632419202	取货时间	2020.11.15 8:00—17:30
收货人	J 市科谷贸易有限公司(王平)	收货地址	J 市开发区长江路 190 号
联系方式	13840827568	收货时间	2020.11.16 14:00—17:30

货品条码	货品名称	单位	包装规格(mm)	总体积(m³)	总重量(kg)	数量	备注
6922868283101	心相印卷纸(140 g)	箱	190×370×270	0.133	35	6 箱	/

▼ 运输通知单 3

客户指令号	YS2019003	托运客户	联华超市(顺盈路店)
始发站	A 市	目的站	F 市
托运人	陈静	取货地址	A 市开发区中华路 420 号
联系方式	13182819643	取货时间	2020.11.15 08:00—12:30

续表

收货人	F 市古溪贸易有限公司（孙明福）		收货地址	F 市滨湖区河海路 240 号		
联系方式	13835710568		收货时间	2020.11.16, 08:00—12:30		
货品条码	货品名称	单位	包装规格(mm)	总体积(m³)	总重量(kg)	数量	备注
6959764601470	康师傅藤椒牛肉面	箱	285×380×270	0.114	46	3 箱	/

 知识链接

一、运输概述

运输是指用特定的设备和工具，将物品从一个地点向另一个地点运送的物流活动，以此来实现其使用价值，满足社会的不同需要。运输是物流的中心环节之一，也是现代物流活动最重要的一个功能。

二、干线到达作业步骤

1. 信息员登录作业系统，点击到货，并通知司机；
2. 司机到达干线到货区，与仓管员进行取货作业；
3. 信息员制定取（派）调度单，并下发给司机；
4. 司机通过笼车将货物运至客户区。

三、干线发运作业步骤

该作业是司机根据运输通知单要求，将货物运至干线发运区的过程。具体步骤如下。

1. 仓管员或司机分析运输通知单。根据运输通知单上的信息，筛选出不需要作业的运单。对于需要运输的订单，根据车辆进站时间排列先后顺序，同一线路上的货物放在一个发运区。

需要具体分析的内容有：①分析取货时间是否在物流中心工作时间范围内；②根据预计运输时间来分析货物送达时间是否在货物接收方接收的时间范围内；③分析始发站在物流中心是否有班线；④分析货品是否为危险货物。

2. 信息员根据运输通知单，制定运输计划，打印运单和取派通知单，并将指令下达给司机。

3. 司机拿着运单和取派通知单，用笼车（模拟火车）去客户区取货；取货完毕后，将货物送至物流中心的收货区。

4. 司机将货物堆码至托盘，并用手动搬运车运至干线发运区，并根据运单信息，将货物从托盘上按先后顺序放至干线发运区①、干线发运区②、干线发运区③。

任务实施

运输作业需要信息员、仓管员、取派司机(以下简称"司机")三个岗位配合完成。

任务一、干线到达作业

步骤一:信息员作业。

1. 信息员打开作业系统,进入主界面,并点击"到货通知"按钮,如图5-7-1。

▲ 图5-7-1 "到货通知"界面

2. 出现图5-7-2界面,信息员点击"到货"按钮,确认到货指令,并通知仓管员及时完成到货任务。

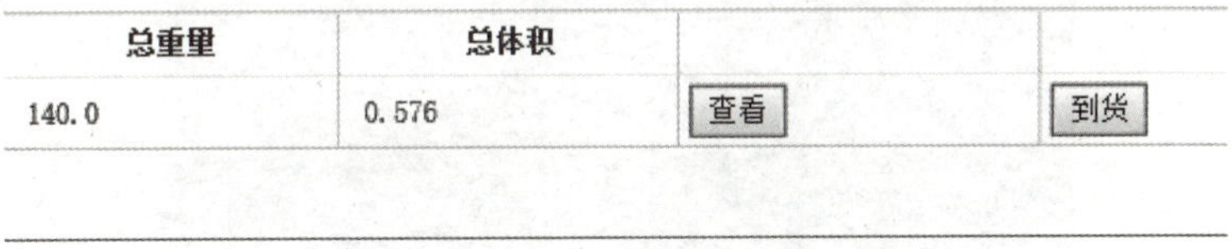

总重量	总体积		
140.0	0.576	查看	到货

▲ 图5-7-2 "到货"按键界面

步骤二:司机取货并将货物送至客户区。

1. 司机与仓管员共同作业,将托盘搬至理货区,如图5-7-3。

▲ 图5-7-3 搬运托盘

2. 司机前往设备存放区，取手动搬运车，至理货区，将托盘、手动搬运车组合，如图 5-7-4。

▲ 图 5-7-4　托盘、手动搬运车组合

3. 司机对干线到达的货物进行分析，找出不需要作业（非当天任务）的货物，并通知信息员。如图 5-7-5。根据到货通知单的"收货时间"判断，是否需要作业。例如，本任务是 2021 年 1 月 1 号下达，因此只对当天的（2021 年 1 月 1 号）任务进行作业，非当天的任务做暂存处理。

▲ 图 5-7-5　检验货物

4. 司机打开手持主界面，选择"运输作业"，点击"干线入站"，开始执行干线到达作业。见图 5-7-6。

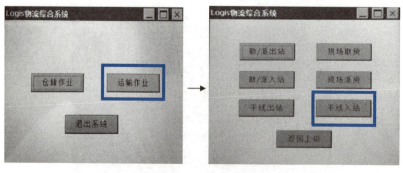

▲ 图 5-7-6　运输作业界面

5. 手持界面出现一条运输业务,选中该记录,再点击"扫描"按钮,如图5-7-7,会出现图5-7-8界面,显示有四条到货记录,包括运单号、总件数、总重量等信息。

▲ 图5-7-7 点击"扫描"　　　　　▲ 图5-7-8 扫描界面

6. 司机扫描运单上条码,见图5-7-9,手持上会显示干线到达货物的"检测件数",如图5-7-10。

 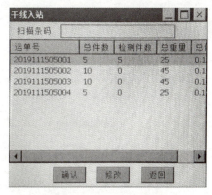

▲ 图5-7-9 扫描运单条码　　　　　▲ 图5-7-10 扫描结果

7. 逐个扫描运单,当四个运单都检测完毕,点击左下角"确认"按钮,出现图5-7-11界面。司机选中该运单,点击"入站",会出现请确认的对话框,选择"是"后,手持进入运输作业主界面,等待信息员制作取(派)调度单。

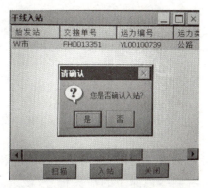

▲ 图5-7-11 干线"入站"确认

步骤三:信息员制作取(派)通知单。

1. 信息员打开作业系统主界面,见图 5-7-12,点击取/派调度,进入调度界面。

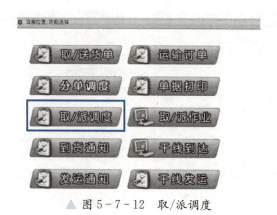

▲ 图 5-7-12 取/派调度

2. 在调度页面,选择当前调度信息,在右下角"当前取派调度信息"栏,根据系统提示,填写完整并保存,见图 5-7-13。

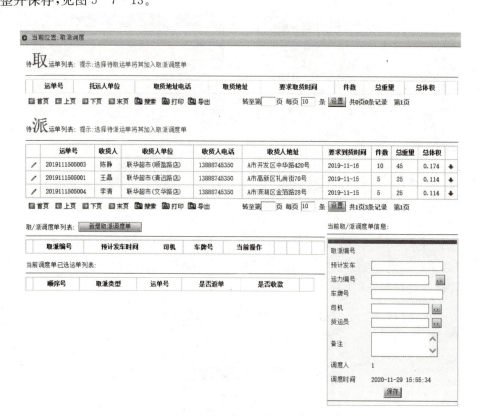

▲ 图 5-7-13 填写取/派调度单信息

3. 保存后,在"取/派调度单列表"下方会出现调度车辆的相关信息,在"待派运单列表"中选择需要调派的货物,点击右侧绿色向下的箭头符号,该条运单信息会自动加入调度车辆;所有取/派货物调度完成后,点击"提交"按钮,见图 5-7-14。

▲ 图 5-7-14 提交调度单

4. 信息员选中当前调度单,然后点击打印,见图 5-7-15。

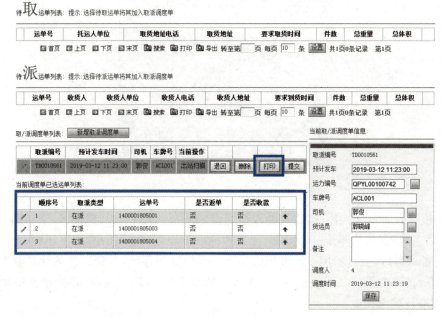

▲ 图 5-7-15 打印调度单

5. 打印出的取派通知单样式如图5-7-16，在"货品信息"栏下方，有"制单人""制单时间"需要信息员在打出的通知单上注明制单时间并签字，"司机签字"一栏需要司机领单签字。

取(派)通知单

单号	TD0011240		操作站		W市
资源	车辆	ACL002		车型	
	司机	贺礼		预计发车时间	2019-11-15 15:55:00
总数量			10.0件		

客户信息

订单/运单号	顺序号	客户	地址	电话	姓名	类型
2019111505001	1	联华超市(清远路店)	A市高新区礼尚街70号	13888745350	王晶	在派
2019111505004	2	联华超市(文华路店)	A市滨湖区金箔路28号	13888745350	李清	在派

货品信息

订单/运单号	货品名称	件数(件)	总重量	总体积	备注
2019111505001	洁云卷筒纸(120g)	5	25	0.114	
2019111505004	洁柔卷筒纸(120g)	5	25	0.114	

制单人：	制单时间：	年 月 日	司机签字：
第一联(白联)：制单人留存	第二联(红联)：物流公司留存：		第三联(黄联)：司机留存

▲ 图5-7-16 取(派)通知单

步骤四：司机送货作业。

1. 司机操控手持进入运输界面，点击取/派出站，选定该作业，点击"出站"按钮，弹出"请确认"的对话框，然后点击"是"，开始出站作业，见图5-7-17。

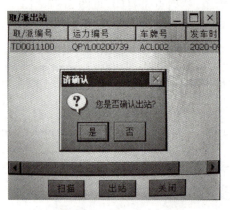

▲ 图5-7-17 取/派出站

2. 司机与仓管员共同作业，将货物放至托盘，并进行合理堆码，见图5-7-18。因为涉及不同的货主，货品规格不统一，堆码时注意遵循以下原则：大不压小，重不压轻。

3. 司机将码好的货物，用手动液压搬运车运至发货暂存区，再到信息员处拿取取(派)通知单第三联(黄联)，第一二两联由信息员保管，见图5-7-19。注意：必须拿到取派通知单后，才可以进行取派作业。

4. 司机将笼车(模拟货车)放至发货区，然后对发货暂存区的货物进行整理，将货物按客户分类放入笼车，见图5-7-20。

▲ 图 5-7-18 堆码作业

▲ 图 5-7-19 取单据

▲ 图 5-7-20 装车作业

5. 司机用笼车将货物运至客户收货区,对每个客户分别进行派送。注意:取派货物时,应松开液压搬运车手柄,笼车落地后才能进行取派作业,见图5-7-21。

▲图5-7-21 派送作业

6. 每派送完一个客户的货物,司机都需要进行手持信息作业。司机操作手持进入主界面,选择"运输作业",再点击"现场派货",见图5-7-22。

7. 进入现场派货界面后,司机选择该客户的运单号,点击"送货",见图5-7-23。

▲图5-7-22 现场派货

▲图5-7-23 点击"送货"界面

8. 司机选择签收类型,如果没有异常货物,选择正常签收。点击签收后,该客户送货物完毕,继续其他客户的送货作业,见图5-7-24。

9. 当所有客户货物送至完毕后,返回主界面,选择"运输作业",再选择"取/派入站",点击"入站",出现"请确认"对话框,见图5-7-25。点击"是",即确认入站。司机将笼车、手动液压搬运车设备归位,干线到达作业完成。

任务二、干线发运作业

物流中心配送司机分析运输通知单1—3,得出运单2货物的送达时间超出收货人收货范围内,不需办理,只有运单1和3需办理。我们以运输订单1为例,说明运输任务的操作流程。

步骤一：信息员制作运输订单。

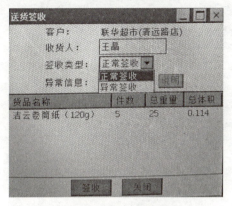
▲图 5-7-24 送货签收

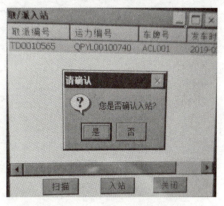
▲图 5-7-25 取/派入站

1. 信息员登录作业系统，进入主界面，选择"运输订单"，点击新增，新建一个运输订单。见图 5-7-26。

▲图 5-7-26 干线发运界面

2. 信息员根据已知信息中的"长途运输班线信息""运输通知单"，完善运输订单信息，标注星号的内容为必填项。见图 5-7-27。

3. 信息员录入信息完成后，点击保存订单，然后点击下方的生成作业计划，见图 5-7-28。

步骤二：信息员下达分单调度指令。

1. 在干线运输作业中，录入运输信息后，需要再进行分单调度。信息员返回系统主界面，选择"分单调度"见图 5-7-29。

2. 点击"分单调度"后，出现图 5-7-30 界面，信息员点击"分单"按钮，完成分单任务。

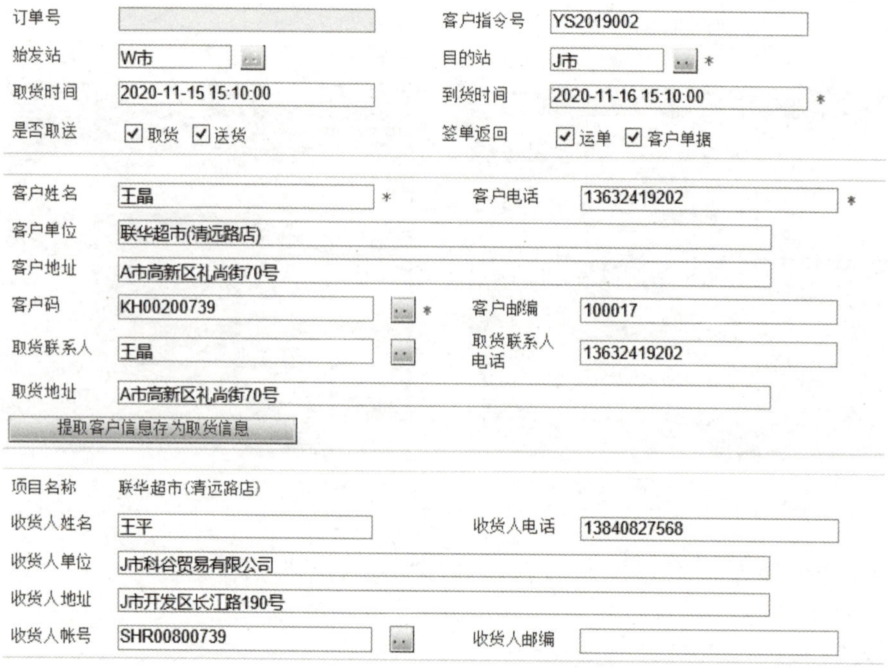

▲ 图 5-7-27 填写运单信息

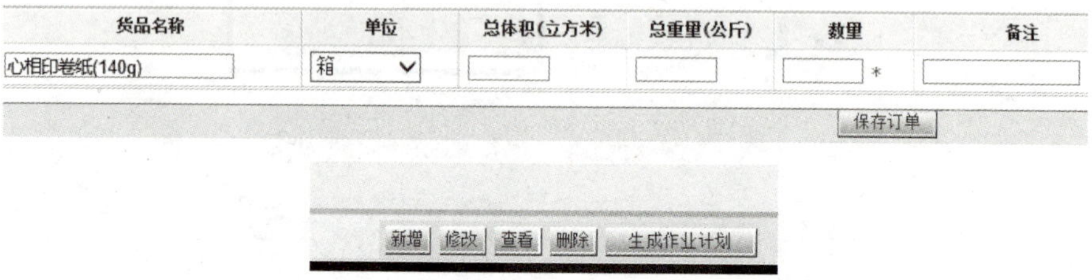

▲ 图 5-7-28 生成作业计划

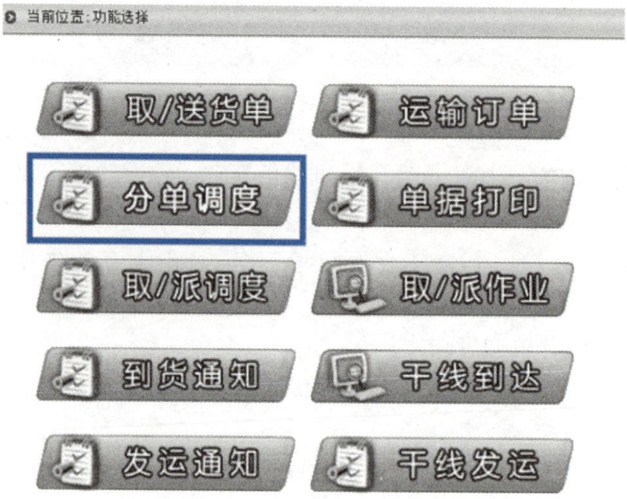

▲ 图 5-7-29 分单调度界面

▲ 图 5-7-30 "分单"按键界面

3. 信息员根据已知条件中的运输订单信息,填制"订单调度",并提交。注意"订单调度"页面的各项信息都需要填写完整。见图 5-7-31。

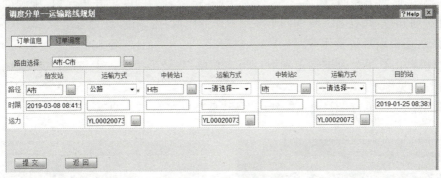

▲ 图 5-7-31 订单调度

4. 点击提交后,出现图 5-7-32 界面,信息员选择"运单打印",打印出运单,及时通知司机准备运输作业。

▲ 图 5-7-32 运单打印

附:打印之后的运单样式

运单	0000000000224
始发站:A 市	目的站:C 市
托运单位:爱婴坊儿童商店	邮编:100005
取货联系人:冯安	联系电话:13869087609
取货地址:上海市虹口成贤街 50 号	
收货单位:C 市龙源工贸有限公司	邮编:
收货人:田浩	收货人电话:15808190976
收货地址:C 市开发区前园路 42 号	

续表

货品名称	数量	单位	总体积(m^3)	总重量(kg)	备注
灰姑娘公主裙	7	箱	0.203	42	

发货人签字:_____ 收货人签字:_____
第一联(白联):发货人留存 第二联(红联):物流公司留存 第三联(黄联):收货人留存

5. 信息员返回主界面,选择取/派调度作业,新增取派调度单并填写取/派调度单信息,打印取(派)通知单,并签名。步骤同干线到货作业中取/派调度,此处省略。

步骤三:司机取货送货作业。

1. 司机到信息员处领取运单和取(派)通知单;登录手持进入主界面,选择运输作业,点击取/派出站,见图5-7-33。

2. 司机选中运单,点击"出站",然后选择"是",见图5-7-34。

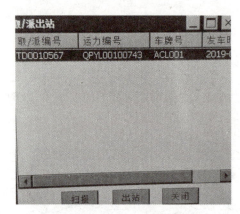

▲ 图5-7-33 取/派出站

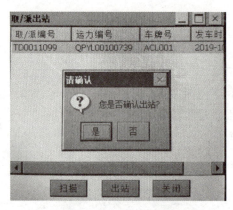

▲ 图5-7-34 确认出站

3. 司机操作手持返回运输主界面,选择现场取货,扫描运单号,出现发货人、货品名称、件数、等信息,点击确认,完成取货的操作,见图5-7-35。

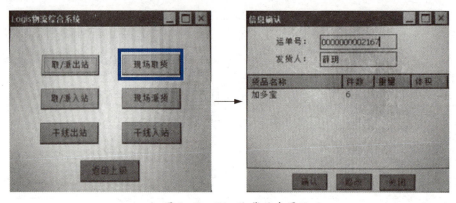

▲ 图5-7-35 取货信息界面

项目五 综合作业 293

4. 所有货物搬至笼车后,司机将其运至收货区,然后将货物从笼车卸至托盘,见图5-7-36。
5. 司机将托盘运至干线发运区,将货物卸至干线发运区1,见图5-7-37。

▲ 图5-7-36 卸货操作

▲ 图5-7-37 干线发运区作业

6. 司机点击手持取/派入站,选中订单后,点击入站。操作同干线到达的取派入站。干线发运作业完成。

项目小结

本项目主要介绍了物流中心综合作业流程,包括入库作业、出库作业、移库作业、补货作业、盘点作业、运输作业共六项作业流程。详细介绍了信息员、仓管员、叉车操作员、司机四类岗位各自的分工职责,以及操作规范。同时本项目还对物流中心的管理规范、场地布置做了介绍,既注重培养学生的实践操作技能,又注重培养其职业综合素养。